"税务干部培训教学题例精解"丛书征订单

本套丛书首发《综合管理》《税收政策法规》《税务稽查》《纳税服务》四个分册。以习近平新时代中国特色社会主义思想为指导,以高质量的税务培训教学为目的,以大量生动活泼、贴近税收工作实际的鲜活案例为基础,以对答案和相关要点进行释解为基本模式,以期提高税务干部适应税收新业务的能力、分析和解决现实问题的能力、思考感悟的能力和学习能力。本套丛书于2019年5月由中国财政经济出版社出版。

一、征订方式(请选择其中一种方式填写电子订购单)

我社提供对公转账和微店下单(个人垫付)两种订购方式,请复制下方链接到网页在线填写订单。选择对公转账的订购单位提交订单后,需自行汇款;选择微店下单的订购单位请按照提示去微店下单付款,发票请到宝贝详情中申请。

二、汇款地址和联系方式

1.银行汇款资料:

收款单位:中国财政经济出版社　　　开户银行:北京银行北洼路支行

账　　号:01090307400120102086779

2.联系方式:

联 系 人:李亚京 董文彦

电子邮箱:liyj@cfemg.cn

联系电话:010-88191539　　010-88190446

QQ 群(电子订单下载):941956634

(请在群内文件里下载此订单电子版,全员禁言,可双击管理员头像单独联系)

三、订书注意事项

1.汇款时请在备注处注明书名。

2.征订原则为书款到账后发书、邮寄发票。

3.汇款后15天未收到书和发票,请联系相关人员办理查询业务,3个月内有效。

4.订购邮费标准:一次性订购1-27册,每册加收10元运费,一般通过圆通邮寄;订购28册(含)以上免运费,一般通过汽运邮寄,送货大院门口(自行选购快递方式除外)。

5.汇款金额200元(含)以下单位均开具增值税普通发票;微店购书目前只支持增值税普通发票;符合条件的单位如果申请专票,请将专票六项信息写全。

书号	书　名	参考单价
18906	《综合管理》	48.00
18907	《税收政策法规》	58.00
18905	《税务稽查》	52.00
18904	《纳税服务》	40.00
	一套四本	198.00

请复制链接到网页填写或扫码手机填写电子订单(请选择其中一种方式)		
电脑填写电子订单 (请复制链接到网页在线填写订单)	http://fghb2018168.mikecrm.com/ndc7lEM	请注意!电脑或手机扫码提交订单只需要选择其中一种方式!
手机扫码填写订单(微信扫码)		
订单使用说明	复制上方链接(或扫码)到网页可填写电子订单,内容包括发票信息、邮寄信息、订购详情等,按照电子订单内容顺序填写并提交或选择微店下单购买。	

税务干部培训教学题例精解

综合管理

中央财经大学税收教育研究所 编著

中国财经出版传媒集团
中国财政经济出版社

图书在版编目（CIP）数据

综合管理/中央财经大学税收教育研究所编著.—北京：中国财政经济出版社，2019.4
（税务干部培训教学题例精解）
ISBN 978-7-5095-8906-9

Ⅰ.①综… Ⅱ.①中… Ⅲ.①税收管理-中国-干部培训-教材 ②行政管理-中国-干部培训-教材 Ⅳ.①F812.423②D63

中国版本图书馆 CIP 数据核字（2019）第 046277 号

责任编辑：贾延平　　　　　　　责任校对：徐艳丽
封面设计：孙俪铭

中国财政经济出版社出版
URL：http://www.cfeph.cn
E-mail：cfeph@cfeph.cn
（版权所有　翻印必究）
社址：北京市海淀区阜成路甲 28 号　邮政编码：100142
营销中心电话：010-88191537
北京时捷印刷有限公司印刷　各地新华书店经销
787×1092 毫米　16 开　17.5 印张　254 000 字
2019 年 5 月第 1 版　2019 年 5 月北京第 1 次印刷
定价：48.00 元
ISBN 978-7-5095-8906-9
（图书出现印装问题，本社负责调换）
本社质量投诉电话：010-88190744
打击盗版举报热线：010-88191661　QQ：2242791300

序

习近平总书记在第五批全国干部学习培训教材序言中指出：善于学习，就是善于进步。

成长为一个好干部，一靠自身努力，二靠组织培养。《2018—2022年全国干部教育培训规划》提出，引导和帮助干部丰富专业知识、提升专业能力、锤炼专业作风、培育专业精神，以新理论、新知识、新技术、新方法为主要内容，以高精尖缺和骨干专业技术人才为主要对象，加强专业技术人员培训。国家税务总局2019年全国税务工作会议明确要求，认真落实好《2018—2022年全国税务系统干部教育培训规划》，开展多层次、大范围税务干部培训。要以岗位胜任力为重点，实施干部专业化能力提升计划，特别是加强对新业务知识的培训。

全国税务教育培训多年实践发展的过程，实质也是鼓励新思路、新方法勇于实践探索的过程。中央财经大学税收教育研究所组织编写的"税务干部培训教学题例精解"系列丛书，可谓是税务教育培训方法实践探索长河中的一朵浪花。这套丛书以习近平新时代中国特色社会主义思想为指导，以高质量的税务培训教学为目的，以大量生动活泼、贴近税收工作实际的鲜活案例为基础，以对答案和相关要点进行释解为基本模式，以期提高税务干部适应税收新业务的能力、分析和解决现实问题的能力、思考感悟的能力和学习能力。

本套丛书首发《综合管理》《税收政策法规》《税务稽查》《纳税服务》四个分册，每册根据专业特点自成体系，其内容紧紧围绕相关应知应会知识，涵盖综合文秘、税收政策、纳税服务、税务稽查等方面，突出党建工作、减税降费、社保和非税收入等业务，着眼于不断增强税务干部队伍适应新时代党和国家税收事业发展要求的能力。

本套丛书依据最新的税收法律法规、政策制度和相关规定，关注税收征管改革和税收政策调整的最新动向，围绕税收工作重点、难点和热点问题，体现三个特点：一是专业性，在内容设计和知识点分布上围绕税收中心工作和重点工作，依据现行税收征管体制和征管方式，按税收工作岗位类别组织内容，专业性较强。二是实用性，大量使用税收实际工作中真实生动的案例和材料，尽量实现情景再现，还原实际工作场景，贴近税收工作，注重实用性。三是有效性，主要通过对案例和习题的释解，以问答或习题精解的方式帮助税务干部熟悉业务和相应的知识点，为税务干部业务学习和能力提升提供方法指导和参考资料；同时，本套丛书也可作为财经类院校税收专业学生的教学案例和实训素材。

是为序。

郝昭成

2019 年 4 月

编写说明

"税务干部培训教学题例精解"之一《综合管理》参照数字人事行政管理类业务能力升级测试大纲，全面梳理税务机关行政综合管理岗位需要掌握的知识和技能，以最新政策和文件为依据，编写了相应的测试题，并对相关知识点进行了较为详尽的解析，以帮助税务干部提高岗位业务能力。

本书的教学题例涵盖了税务机关综合管理岗位需要掌握的知识点，主要包括政治理论、党建知识、政务管理、财务与机关事务管理、干部管理、监督管理六大方面内容，突出了习近平新时代中国特色社会主义思想、党的政治建设、新公务员法、税收改革、税务系统队伍建设、数字人事等。其中，政治理论部分主要包括习近平新时代中国特色社会主义思想和党的十九大精神；党建知识部分主要包括党章、党支部工作条例、基层组织工作条例和新形势下税务系统党的建设等内容；政务管理部分主要包括公文处理、信息宣传、保密工作、会务管理、信访舆情、绩效管理、督查督办等；财务与机关事务管理部分主要包括预算管理、"三公"经费与国库集中支付、国有资产与基建管理、政府采购、机关事务管理等；干部管理部分主要包括公务员管理、机构编制管理（新税务机构设置和职责）、干部选拔任用（含领导班子管理和离退休管理）、人才培养与教育培训等；监督管理部分主要包括执纪问责、巡查监督、督察内审和内控机制建设等内容。

编　者

2019 年 4 月

目　　录

第一章　政治理论 …………………………………………（ 1 ）
　（一）单选题 ……………………………………………（ 1 ）
　（二）多选题 ……………………………………………（ 15 ）
　（三）判断题 ……………………………………………（ 27 ）
　（四）简答题 ……………………………………………（ 33 ）

第二章　党建知识 …………………………………………（ 36 ）
　一、党章 …………………………………………………（ 36 ）
　（一）单选题 ……………………………………………（ 36 ）
　（二）多选题 ……………………………………………（ 41 ）
　（三）判断题 ……………………………………………（ 44 ）
　二、党支部工作条例 ……………………………………（ 45 ）
　（一）单选题 ……………………………………………（ 45 ）
　（二）多选题 ……………………………………………（ 47 ）
　（三）判断题 ……………………………………………（ 48 ）
　（四）简答题 ……………………………………………（ 51 ）
　三、新形势下税务系统党的建设 ………………………（ 54 ）
　（一）单选题 ……………………………………………（ 54 ）
　（二）多选题 ……………………………………………（ 55 ）
　（三）简答题 ……………………………………………（ 56 ）

第三章　政务管理 …………………………………………（ 57 ）
　（一）单选题 ……………………………………………（ 57 ）
　（二）多选题 ……………………………………………（ 77 ）

（三）判断题 ……………………………………………… （92）
　　（四）简答题 ……………………………………………… （102）

第四章　财务与机关事务管理 ……………………………… （104）
　　（一）单选题 ……………………………………………… （104）
　　（二）多选题 ……………………………………………… （120）
　　（三）判断题 ……………………………………………… （129）
　　（四）简答题 ……………………………………………… （141）

第五章　干部管理 …………………………………………… （144）
　一、公务员管理 ……………………………………………… （144）
　　（一）单选题 ……………………………………………… （144）
　　（二）多选题 ……………………………………………… （155）
　　（三）判断题 ……………………………………………… （163）
　　（四）简答题 ……………………………………………… （168）
　二、税务系统机构编制管理 ………………………………… （170）
　　（一）单选题 ……………………………………………… （170）
　　（二）多选题 ……………………………………………… （177）
　　（三）判断题 ……………………………………………… （184）
　三、干部选拔任用（含领导班子管理和离退休管理） ……… （188）
　　（一）单选题 ……………………………………………… （188）
　　（二）多选题 ……………………………………………… （192）
　　（三）判断题 ……………………………………………… （197）
　　（四）简答题 ……………………………………………… （201）
　四、税务人才培养与教育培训 ……………………………… （205）
　　（一）单选题 ……………………………………………… （205）
　　（二）多选题 ……………………………………………… （211）
　　（三）判断题 ……………………………………………… （216）
　　（四）简答题 ……………………………………………… （218）

第六章　监督管理 …………………………………………… （222）
　　（一）单选题 ……………………………………………… （222）

（二）多选题……………………………………………（238）
（三）判断题……………………………………………（247）
（四）简答题……………………………………………（264）

后　记……………………………………………………（269）

第一章 政治理论

(一) 单选题

1. 习近平新时代中国特色社会主义思想的核心内容是（　　）。
   A. "八个明确""十四个坚持"　　B. 坚持党的领导
   C. 坚持人民中心　　D. "五位一体""四个全面"

   【参考答案】A
   【答案解析】习近平新时代中国特色社会主义思想的精神实质和丰富内涵，从理论和实践结合方面系统回答新时代坚持和发展什么样的中国特色社会主义、怎样坚持和发展中国特色社会主义，集中体现在党的十九大报告精辟概括的"八个明确"和新时代中国特色社会主义"十四个坚持"基本方略之中。

2. 习近平新时代中国特色社会主义思想明确：我们统筹推进"五位一体"总体布局、协调推进"（　　）"战略布局，"十二五"规划胜利完成，"十三五"规划顺利实施，党和国家事业全面开创新局面。
   A. 四个伟大　　B. 全面小康
   C. 四个全面　　D. 四个自信

   【参考答案】C
   【答案解析】习近平新时代中国特色社会主义思想指出，明确中国特色社会主义事业总体布局是"五位一体"、战略布局是"四个全面"，强调坚定道路自信、理论自信、制度自信、文化自信。

3. 习近平新时代中国特色社会主义思想，明确中国特色社会主义最本质的特征是（　　）。

A. 中国共产党领导　　　　B. 社会主义初级阶段
C. 民主协商制度　　　　　D. 谋幸福，谋未来

【参考答案】A

【答案解析】习近平新时代中国特色社会主义思想基本方略，中国共产党领导是中国特色社会主义最本质的特征，在十三届全国人民代表大会上被写入了宪法。《宪法》第一条第二款："社会主义制度是中华人民共和国的根本制度。"后增写一句，内容为："中国共产党领导是中国特色社会主义最本质的特征。"

4. 中国特色社会主义的本质要求和重要保障是（　　）。

A. 全面从严治党　　　　　B. 全面建成小康
C. 全面依法治国　　　　　D. 全面深化改革

【参考答案】C

【答案解析】习近平新时代中国特色社会主义思想和基本方略第六条指出，全面依法治国是中国特色社会主义的本质要求和重要保障。

5. 坚持总体国家安全观必须坚持国家利益至上，以人民安全为宗旨，以（　　）为根本，统筹外部安全和内部安全、国土安全和国民安全、传统安全和非传统安全、自身安全和共同安全，完善国家安全制度体系，加强国家安全能力建设，坚决维护国家主权、安全、发展利益。

A. 文化安全　　　　　　　B. 政治安全
C. 国家安全　　　　　　　D. 经济安全

【参考答案】B

【答案解析】习近平新时代中国特色社会主义思想基本方略第十条指出，坚持总体国家安全观。必须坚持国家利益至上，以人民安全为宗旨，以政治安全为根本，统筹外部安全和内部安全、国土安全和国民安全、传统安全和非传统安全、自身安全和共同安全，完善国家安全制度体系，加强国家安全能力建设，坚决维护国家主权、安全、发展利益。

6. 坚持党对一切工作的领导。党政军民学，东西南北中，党是领导一切的。因此，必须增强（　　）。

A. 政治意识、大局意识、核心意识、看齐意识
B. 政治意识、大局意识、权威意识、看齐意识

C. 政治意识、全局意识、核心意识、看齐意识

D. 政治意识、全局意识、权威意识、看齐意识

【参考答案】A

【答案解析】党政军民学，东西南北中，党是领导一切的。因此，必须增强政治意识、大局意识、核心意识、看齐意识，自觉维护党中央权威和集中统一领导，自觉在思想上、政治上、行动上同党中央保持高度一致，完善坚持党的领导的体制机制，坚持稳中求进工作总基调。

7. 发展是解决我国一切问题的基础和关键，发展必须是科学发展，必须坚定不移贯彻（　　）的发展理念。

A. 创新、协调、绿色、开放、共享

B. 创造、协调、生态、开放、共享

C. 创新、统筹、绿色、开放、共享

D. 创造、统筹、生态、开放、共享

【参考答案】A

【答案解析】习近平新时代中国特色社会主义思想基本方略第八条指出，发展是解决我国一切问题的基础和关键，发展必须是科学发展，必须坚定不移贯彻创新、协调、绿色、开放、共享的发展理念。

8. 坚持全面从严治党，必须（　　），统筹推进党的各项建设，不断增强党的执政能力。

A. 把制度治党为根本遵循　　B. 把党的政治建设摆在首位

C. 把思想建党摆在首位　　　D. "关键少数"不用考虑

【参考答案】B

【答案解析】习近平新时代中国特色社会主义思想基本方略第十四条坚持全面从严治党指出，勇于自我革命，从严管党治党，是我们党最鲜明的品格，必须以党章为根本遵循，把党的政治建设摆在首位，思想建党和制度治党同向发力，统筹推进党的各项建设，抓住"关键少数"，坚持"三严三实"，坚持民主集中制，严肃党内政治生态，严明党的纪律，强化党内监督，发展积极健康的党内政治文化，全面净化党内政治生态。

9. 党的十九大报告提出的"四个伟大"是指（　　）。

A. 伟大斗争、伟大建设、伟大成就、伟大理想

B. 伟大斗争、伟大工程、伟大事业、伟大梦想
C. 伟大战斗、伟大工程、伟大成就、伟大梦想
D. 伟大战斗、伟大建设、伟大事业、伟大理想

【参考答案】B

【答案解析】改革开放以来,在我们党的许多重要文献中把伟大事业同伟大工程联系起来。党的十八届六中全会将伟大斗争、伟大工程、伟大事业并提,突出了新时代条件下我们党治国理政的重要战略支撑。党的十九大把伟大斗争、伟大工程、伟大事业、伟大梦想作为一个统一整体提出了,这是我们党的一个重大理论创新,进一步明确了党在新时代治国理政的总战略、引领全局的总览图、谋划工作的总坐标。伟大斗争指具有许多新的历史特点的伟大斗争;伟大工程指党的建设新的伟大工程;伟大事业指中国特色社会主义伟大事业;伟大梦想指实现中华民族伟大复兴梦想。

10. 党的十九大报告指出,新时代坚持和发展中国特色社会主义基本方略第一条是( )。

A. 坚持全面深化改革　　　　B. 坚持社会主义核心价值体系
C. 坚持党对一切工作的领导　　D. 坚持全面从严治党

【参考答案】C

【答案解析】新时代坚持和发展中国特色社会主义的基本方略第一条是"坚持党对一切工作的领导"。党政军民学,东南西北中,党是领导一切的。中国共产党的领导是中国特色社会主义最本质的特征,是中国特色社会主义制度的最大优势。

11. 综合分析国际国内形势和我国发展条件,从2020年到21世纪中叶可以分两个阶段来安排。第一个阶段,在全面建成小康社会的基础上,再奋斗15年,基本实现社会主义现代化。第二个阶段,在基本实现现代化的基础上,再奋斗15年,把我国建成富强、民主、文明、和谐、美丽的社会主义现代化强国。第一阶段是指( )。

A. 2020年　21世纪中叶　　B. 2035年　2045年
C. 2020年　2035年　　　　D. 2035年　21世纪中叶

【参考答案】C

【答案解析】20世纪80年代后期,根据邓小平同志提出的分"三步走"、基本实现社会主义现代化的设想,到21世纪中叶,基本实现现代化。现在,党的十九大报告提出到2035年基本实现社会主义现代化,这意味着将原定的第二个百年奋斗目标的实现时间提前了15年。这是综合分析国际国内形势和我国发展条件之后做出的重大决策,也是我们党适应我国发展实际做出的必然选择,顺应人民对美好生活的新期待。

12. 九十六年来,为了实现一个历史使命,无论是弱小还是强大,无论是顺境还是逆境,我们党都初心不改、矢志不渝,团结带领人民历经千难万险,付出巨大牺牲,敢于面对曲折,勇于修正错误,攻克了一个又一个看似不可攻克的难关,创造了一个又一个彪炳史册的人间奇迹。这个历史使命是指( )。

A. 新民主主义革命   B. 社会主义革命
C. 社会主义现代化   D. 中华民族伟大复兴

【参考答案】D

【答案解析】党的十九大报告第二部分第七自然段:"九十六年来,为了实现中华民族伟大复兴的历史使命,无论是弱小还是强大,无论是顺境还是逆境,我们党都初心不改、矢志不渝,团结带领人民历经千难万险,付出巨大牺牲,敢于面对曲折,勇于修正错误,攻克了一个又一个看似不可攻克的难关,创造了一个又一个彪炳史册的人间奇迹。"

13. 我国社会生产力水平总体上显著提高,社会生产能力在很多方面进入世界前列,一些突出问题已经成为满足人民日益增长的美好生活需要的主要制约因素,这些突出问题是指( )。

A. 发展不协调不充分   B. 发展不平衡不完善
C. 发展不协调不完善   D. 发展不平衡不充分

【参考答案】D

【答案解析】党的十九大报告第一部分第二十一自然段:"同时,我国社会生产力水平总体上显著提高,社会生产能力在很多方面进入世界前列,更加突出的问题是发展不平衡不充分,这已经成为满足人民日益增长的美好生活需要的主要制约因素。"

14. 必须坚持厉行法治,推进科学立法、严格执法、公正司法、全民守法，被称为国家治理的一场深刻革命的是（　　）。

　　A. 依法治国　　　　　　　　B. 依法行政

　　C. 以德治国　　　　　　　　D. 以德理政

【参考答案】A

【答案解析】党的十九大报告第六部分第七自然段："全面依法治国是国家治理的一场深刻革命，必须坚持厉行法治，推进科学立法、严格执法、公正司法、全民守法。"

15. 建设现代化经济体系，必须把发展经济的着力点放在实体经济上，下列表述中应作为主攻方向的是（　　）。

　　A. 提高经济发展质量　　　　B. 提高产业体系质量

　　C. 提高民生经济质量　　　　D. 提高供给体系质量

【参考答案】D

【答案解析】党的十九大报告第五部分第三自然段："建设现代化经济体系，必须把发展经济的着力点放在实体经济上，把提高供给体系质量作为主攻方向，显著增强我国经济质量优势。"

16. 中国特色社会主义进入新时代，我国社会主要矛盾已经转化为（　　）。

　　A. 美好生活需要和不充分不平衡的发展之间的矛盾

　　B. 幸福生活需要和不平衡不充分发展之间的矛盾

　　C. 幸福生活需要和不充分不平衡发展之间的矛盾

　　D. 美好生活需要和不平衡不充分发展之间的矛盾

【参考答案】D

【答案解析】党的十九大精神：中国特色社会主义进入新时代，我国社会主要矛盾已经转化为美好生活需要和不平衡不充分发展之间的矛盾。

17. 指导党和人民实现中华民族伟大复兴的正确理论是（　　）。

　　A. 中国特色社会主义道路　　B. 中国特色社会主义理论体系

　　C. 中国特色社会主义制度　　D. 中国特色社会主义文化

【参考答案】B

【答案解析】党的十九大精神：指导党和人民实现中华民族伟大复兴的正确理论是中国特色社会主义理论体系。

第一章 政治理论

18. 党的十九大报告指出,我国经济正处在转变发展方式、优化经济结构、转换增长动力的攻关期,下列关于我国经济发展阶段的说法中,正确的是（　　）。
   A. 高速增长阶段转向高质量发展阶段
   B. 高速增长阶段转向中速增长阶段
   C. 高质量发展阶段转向高速增长阶段
   D. 中速增长阶段转向高速增长阶段

【参考答案】A

【答案解析】党的十九大报告指出：我国经济已由高速增长阶段转向高质量发展阶段,正处在转变发展方式、优化经济结构、转换增长动力的攻关期,建设现代化经济体系是跨越关口的迫切要求和我国发展的战略目标。

19. 关于党的十九大主题,下列说法中正确的是（　　）。
   A. 不忘初心,继续前进　　B. 不忘初心,牢记使命
   C. 不忘初心,方得始终　　D. 不忘初心,砥砺前行

【参考答案】B

【答案解析】党的十九大主题是：不忘初心,牢记使命,高举中国特色社会主义伟大旗帜,决胜全面建成小康社会,夺取新时代中国特色社会主义伟大胜利,为实现中华民族伟大复兴的中国梦不懈奋斗。

20. 伟大斗争、伟大工程、伟大事业、伟大梦想,紧密联系、相互贯通、相互作用,其中,起决定性作用的是党的建设新的（　　）。
   A. 伟大斗争　　B. 伟大工程
   C. 伟大事业　　D. 伟大梦想

【参考答案】B

【答案解析】伟大斗争、伟大工程、伟大事业、伟大梦想,紧密联系、相互贯通、相互作用,其中起决定性作用的是党的建设新的伟大工程。

21. 增强金融服务实体经济能力,提高直接融资比重,促进多层次资本市场健康发展,就要深化（　　）改革。
   A. 金融体制　　B. 经济体制

C. 财税体制　　　　　　　D. 资本市场

【参考答案】A

【答案解析】党的十九大报告第五部分第七自然段："深化金融体制改革，增强金融服务实体经济能力，提高直接融资比重，促进多层次资本市场健康发展。"

22. 突出基层党组织的政治功能，把企业、农村、机关、学校、科研院所、街道社区、社会组织等基层党组织建设成为宣传党的主张、贯彻党的决定、领导基层治理、团结动员群众、推动改革发展的坚强战斗堡垒。基层党组织建设要以提升（　　）为重点。

A. 创造力　　　　　　　　B. 凝聚力
C. 战斗力　　　　　　　　D. 组织力

【参考答案】D

【答案解析】党的十九大报告第十三部分第八自然段："要以提升组织力为重点，突出政治功能，把企业、农村、机关、学校、科研院所、街道社区、社会组织等基层党组织建设成为宣传党的主张、贯彻党的决定、领导基层治理、团结动员群众、推动改革发展的坚强战斗堡垒。"

23. 中国共产党一经成立，就把（　　）作为党的最高理想和最终目标。

A. 反帝反封建　　　　　　B. 推翻"三座大山"
C. 实现中华民族伟大复兴　D. 实现共产主义

【参考答案】D

【答案解析】党的十九大报告第二部分第三自然段："中国共产党一经成立，就把实现共产主义作为党的最高理想和最终目标，义无反顾肩负起实现中华民族伟大复兴的历史使命，团结带领人民进行了艰苦卓绝的斗争，谱写了气吞山河的壮丽史诗。"

24. （　　）是发展的根本目的。

A. 经济快速发展　　　　　B. 壮大综合国力
C. 实现"中国梦"　　　　 D. 增进民生福祉

【参考答案】D

【答案解析】党的十九大报告第三部分第十三自然段："增进民生福

祉是发展的根本目的。"

25. 增强政治意识、大局意识、核心意识、看齐意识，坚决维护党中央权威和集中统一领导，严明党的政治纪律和政治规矩，层层落实管党、治党的政治责任。为此，全党必须尊崇（　　）。

A. 党章　　　　　　　　B. 党纪
C. 宪法　　　　　　　　D. 准则

【参考答案】A

【答案解析】党的十九大报告第一部分第十二自然段："推动全党尊崇党章，增强政治意识、大局意识、核心意识、看齐意识，坚决维护党中央权威和集中统一领导，严明党的政治纪律和政治规矩，层层落实管党治党政治责任。"

26. 不敢腐的目标初步实现，不能腐的笼子越扎越牢，不想腐的堤坝正在构筑，反腐败斗争（　　）已经形成并巩固发展。

A. 阶段性成果　　　　　B. 全面胜利
C. 最终胜利　　　　　　D. 压倒性态势

【参考答案】D

【答案解析】党的十九大报告第一部分第十二自然段："不敢腐的目标初步实现，不能腐的笼子越扎越牢，不想腐的堤坝正在构筑，反腐败斗争压倒性态势已经形成并巩固发展。"

27. 必须坚持人民主体地位，坚持立党为公、执政为民，践行全心全意为人民服务的根本宗旨，把党的群众路线贯彻到治国理政全部活动之中，把人民对（　　）作为奋斗目标。

A. 富裕生活的向往　　　B. 丰富物质文化生活的向往
C. 党和国家的期盼　　　D. 美好生活的向往

【参考答案】D

【答案解析】党的十九大报告第三部分第七自然段："人民是历史的创造者，是决定党和国家前途命运的根本力量。必须坚持人民主体地位，坚持立党为公、执政为民，践行全心全意为人民服务的根本宗旨，把党的群众路线贯彻到治国理政全部活动之中，把人民对美好生活的向往作为奋斗目标，依靠人民创造历史伟业。"

28. 一个国家、一个民族发展中更基本、更深沉、更持久的力量是指（   ）。

    A. 道路自信   B. 理论自信

    C. 制度自信   D. 文化自信

【参考答案】D

【答案解析】党的十九大报告指出，文化自信是一个国家、一个民族发展中更基本、更深沉、更持久的力量。

29. 增强党自我净化能力，根本靠强化（   ）和群众监督。

    A. 党的自我监督   B. 人大监督

    C. 舆论监督   D. 司法监督

【参考答案】A

【答案解析】党的十九大报告的"全面从严治党"部分指出，健全党和国家监督体系。增强党自我净化能力，根本靠强化党的自我监督和群众监督。

30. 《中国共产党章程》经中国共产党第十九次全国代表大会部分修改后于（   ）通过。

    A. 2017 年 10 月 18 日   B. 2017 年 10 月 24 日

    C. 2017 年 10 月 26 日   D. 2017 年 10 月 30 日

【参考答案】B

【答案解析】中国共产党第十九次全国代表大会在选举新一届中央委员会和中央纪律检查委员会，通过关于十八届中央委员会报告的决议、关于十八届中央纪律检查委员会工作报告的决议、关于《中国共产党章程（修正案）》的决议后，于 2017 年 10 月 24 日上午在人民大会堂胜利闭幕。

31. 党的十九大党章增加了上级党的纪律检查委员会加强对下级纪律检查委员会的（   ）内容。

    A. 指导   B. 监督

    C. 领导   D. 引导

【参考答案】C

【答案解析】党的十九大党章修正案第四十五条第一款增写了"上级

党的纪律检查委员会加强对下级纪律检查委员会的领导"的内容，把纪委双重领导体制具体化、程序化、制度化要求在党章相关条款中予以明确，体现了党的十八大以来纪律检查体制改革实践、理论和制度创新的重要成果，有利于从体制机制上进一步保障纪委履行党章规定的职责。

32. 根据中国共产党第十九次全国代表大会修改的《中国共产党章程》，中国共产党党员要自觉遵守党的纪律，首先是党的（　　）和模范遵守国家的法律法规，严格保守党和国家的秘密，执行党的决定，服从组织分配，积极完成党的任务。

　　A. 组织纪律政治规矩　　　　B. 政治纪律政治规矩
　　C. 组织制度政治规矩　　　　D. 规章制度政治制度

【参考答案】B

【答案解析】政治纪律是各级党组织和全体党员在政治立场、政治方向、政治言论、政治行为方面必须遵守的规矩，是牵头的管总的纪律，遵守党的政治纪律是遵守党的全部纪律的重要基础。

33. （　　），十三届全国人大一次会议在人民大会堂举行闭幕大会，表决通过了《中华人民共和国监察法》。

　　A. 2017 年 11 月 7 日　　　　B. 2018 年 3 月 14 日
　　C. 2018 年 3 月 20 日　　　　D. 2018 年 3 月 21 日

【参考答案】C

【答案解析】2018 年 3 月 20 日，十三届全国人大一次会议在人民大会堂举行闭幕大会，表决通过了《中华人民共和国监察法》。

34. 监察委员会依照法律规定独立行使监察权，不受（　　）、社会团体和个人的干涉。

　　A. 行政机关　　　　　　　　B. 司法机关
　　C. 党政机关　　　　　　　　D. 审判机关

【参考答案】A

【答案解析】监察委员会按照法律规定独立行使检察权，不受行政机关、社会团体和个人的干涉。

35. 国家监察委员会主任每届任期同全国人民代表大会每届任期相同，连续任职不得超过（　　）届。

A. 一 B. 两
C. 三 D. 四

【参考答案】B

【答案解析】国家监察委员会主任每届任期同全国人民代表大会每届任期相同，连续任职不得超过两届，即十年。

36. 国家监察委员会由（ ）产生，负责全国监察工作。
A. 全国人民代表常务委员会 B. 全国人民代表大会
C. 全国政治协商会议 D. 中央纪委全会

【参考答案】B

【答案解析】国家监察委员会由全国人民代表大会产生，负责全国监察工作。

37. 监察委员会依照中华人民共和国监察法和有关法律规定履行监督、调查、（ ）职责。
A. 审查 B. 处置
C. 审判 D. 处理

【参考答案】B

【答案解析】根据《中华人民共和国监察法》第十一条：监察委员会依照中华人民共和国监察法和有关法律规定履行监督、调查、处置职责。

38. 我国宪法规定，宪法的修改，由全国人民代表大会常务委员会或者（ ）以上的全国人民代表大会代表提议，并由全国人民代表大会以全体代表的（ ）以上的多数通过。
A. 四分之一 三分之二 B. 三分之一 三分之二
C. 五分之一 三分之二 D. 四分之一 二分之一

【参考答案】C

【答案解析】根据《中华人民共和国宪法》第六十四条规定宪法的修改，由全国人民代表大会常务委员会或者五分之一以上的全国人民代表大会代表提议，并由全国人民代表大会以全体代表的三分之二以上的多数通过。

39. 宪法以（ ）的形式确认了中国各族人民奋斗的成果，规定了国家的根本制度和根本任务，是国家的根本法，具有最高的法律效力。

A. 序言　　　　　　　　B. 法律
C. 文件　　　　　　　　D. 决议

【参考答案】B

【答案解析】宪法以法律的形式确认了中国各族人民奋斗的成果，具有最高法律效力。

40. 习近平在党的群众路线教育实践活动总结大会上的讲话，显示出了从严治党的决心。他在会上强调：历史使命越光荣，奋斗目标越宏伟，执政环境越复杂，我们就越要增强忧患意识，越要（　　）。

　　A. 依法治国　　　　　　B. 从严治党
　　C. 治国理政　　　　　　D. 顺应民心

【参考答案】B

【答案解析】习近平在党的群众路线教育实践活动总结大会上的讲话，显示出了从严治党的决心，他在会上强调：历史使命越光荣，奋斗目标越宏伟，执政环境越复杂，我们就越要增强忧患意识，越要从严治党，使我们党永远立于不败之地。

41. 从严治党，关键是要抓住（　　）这个"关键少数"。

　　A. 中央干部　　　　　　B. 基层干部
　　C. 领导干部　　　　　　D. 党委书记

【参考答案】C

【答案解析】习近平在参加十二届全国人大三次会议上海代表团审议时再次强调，从严治党，关键是要抓住领导干部这个"关键少数"，从严管好各级领导干部。

42. 纪检监察机关要防止"灯下黑"。这就要求纪检监察机关（　　）。

　　A. 做足铁杵磨针的功夫　　B. 做到打铁还需自身硬
　　C. 具有抓铁有痕的意志　　D. 拿出滴水穿石的劲头

【参考答案】B

【答案解析】习近平在十八届中央纪委第五次会议上的讲话中指出，纪检监察机关要防止"灯下黑"，严肃处理以案谋私、串通包庇、跑风漏气等突出问题，清理好门户，做到打铁还需自身硬。

43. 习近平指出，各级党员领导干部要（　　）。
①把好权力关、金钱关、美色关　②宁静致远、淡泊明志
③少出去应酬，多回家吃饭　　　④注重家风建设
A. ①②③　　　　　　　　　　　B. ①②④
C. ②③④　　　　　　　　　　　D. ①②③④

【参考答案】D

【答案解析】参考十八大以来，习近平在各地考察时的重要讲话。

44. 全面从严治党，重在落实"两个责任"。"两个责任"是指（　　）。
①党委主体责任　　　　　　②党委书记领导责任
③纪委监督责任　　　　　　④纪委书记主管责任
A. ①②　　　　　　　　　　B. ③④
C. ①③　　　　　　　　　　D. ②④

【参考答案】C

【答案解析】习近平提出"各级党组织要担负起全面从严治党主体责任"。全面从严治党，也要切实落实纪委监督执纪问责责任。

45. 习近平新时代中国特色社会主义思想是对马克思列宁主义、毛泽东思想、邓小平理论、"三个代表"重要思想，科学发展观的继承和发展，是马克思主义中国化最新成果，是党和人民实践经验和集体智慧的结晶，是中国特色社会主义理论体系的重要组成部分，是全党全国人民为实现中华民族伟大复兴而奋斗的行动指南。这一思想的核心要义是（　　）。

A. 坚持和发展中国特色社会主义
B. 实现社会主义现代化
C. 推进马克思主义中国化时代化大众化
D. 坚持以经济建设为中心

【参考答案】A

【答案解析】本题实际上考查了习近平新时代中国特色社会主义思想的核心要义回答的问题，属于识记型和推理型，较灵活。

46. 党的十八大以来，为更好地适应我国国家安全面临的新形势、新

任务，实现国家长治久安，我们党明确提出了总体国家安全观。总体国家安全观的宗旨是（　　）。

A. 政治安全　　　　　　　　B. 经济安全
C. 人民安全　　　　　　　　D. 军事、文化、社会安全

【参考答案】C

【答案解析】本题考查总体安全观的相关知识。总体国家安全观是指坚持国家利益至上，以人民安全为宗旨，以政治安全为根本，以经济安全为基础，以军事、文化、社会安全为保障，以促进国际安全为依托，维护各领域国家安全，构建国家安全体系，走中国特色国家安全道路。

47. 高度重视和不断加强党的自身建设，是中国共产党从小到大、由弱变强，从挫折中奋起，在战胜困难中不断成熟的一大法宝，也是党领导的伟大事业不断取得胜利的根本保证。中国特色社会主义进入新时代，党的建设的根本方针是（　　）。

A. 全面加强党的执政本领　　B. 坚持党要管党、全面从严治党
C. 坚持解放思想、改革创新　　D. 全面推进党的政治建设

【参考答案】B

【答案解析】本题考查党的建设的相关知识，属于识记类题型。"坚持党要管党、全面从严治党"是新时代党的建设的根本方针。

48. 党的十九大提出实施乡村振兴战略，是以习近平同志为核心的党中央着眼党和国家事业全局，深刻把握现代化建设规律和城乡关系变化特征，顺应亿万农民对美好生活的向往，对"三农"工作作出的重大决策部署，是新时代做好"三农"工作的总抓手。实施乡村振兴战略的根本目的是（　　）。

A. 确保国家粮食安全　　　　B. 建立新型土地承包关系
C. 转移农村剩余劳动力　　　D. 推进农业农村现代化

【参考答案】D

【答案解析】本题考查乡村振兴战略的根本目的。ABC 选项是乡村振兴战略实施的措施，应排除。

（二）多选题

1. 发展必须是科学发展，必须坚定不移地贯彻（　　）的发展理念。

A. 创新　　　　　　B. 统筹
C. 协调　　　　　　D. 绿色
E. 开放　　　　　　F. 共享
G. 生态

【参考答案】ACDEF

【答案解析】习近平新时代中国特色社会主义思想基本方略的第四条指出：发展是解决我国一切问题的基础和关键，发展必须是科学发展，必须坚定不移地贯彻创新、协调、绿色、开放、共享的发展理念。

2. 中国特色社会主义事业总体布局是"五位一体"，具体是指（　　）"五位一体"总体布局。

A. 经济建设　　　　B. 政治建设
C. 党的建设　　　　D. 社会建设
E. 生态文明　　　　F. 文化建设

【参考答案】ABDEF

【答案解析】中国特色社会主义事业总体布局是"五位一体"。"五位一体"总体布局是指经济建设、政治建设、文化建设、社会建设、生态文明建设五位一体总体布局。

3. 确立新时代党的强军思想在国防和军队建设中的指导地位，坚持（　　），更加注重聚焦实战，更加注重创新驱动，更加注重体系建设，更加注重集约高效，更加注重军民融合，实现党在新时代的强军目标。

A. 政治建军　　　　B. 改革强军
C. 科技兴军　　　　D. 依法治军

【参考答案】ABCD

【答案解析】习近平新时代中国特色社会主义思想基本方略的第十一条指出，建设一支听党指挥、能打胜仗、作风优良的人民军队，是实现"两个一百年"奋斗目标、实现中华民族伟大复兴的战略支撑。必须全面贯彻党领导人民军队的一系列根本原则和制度，确立新时代党的强军思想在国防和军队建设中的指导地位，坚持政治建军、改革强军、科技兴军、依法治军，更加注重聚焦实战，更加注重创新驱动，更加注重体系建设，更加注重集约高效，更加注重军民融合，实现党在新时代的强军目标。

4. 要落实意识形态工作责任制，加强阵地建设和管理，旗帜鲜明反对和抵制各种错误观点，应该注意区分的问题有（　　）。

　　A. 政治原则问题　　　　　B. 观念意识问题
　　C. 思想认识问题　　　　　D. 学术观点问题
　　E. 思路方向问题

【参考答案】：ACD

【答案解析】党的十九大报告指出，在意识形态管理上，要落实意识形态工作责任制，加强阵地建设和管理，注意区分政治原则问题、思想认识问题、学术观点问题。这就要求我们，必须以更坚决的态度和行动进一步落实意识形态工作责任制，旗帜鲜明地弘扬正能量，批驳错误思潮和观点。要压紧压实做好意识形态工作的政治责任、领导责任，全面落实意识形态工作责任制。

5. 全党要更加自觉地坚定党性原则，勇于直面问题，敢于刮骨疗毒，消除一切损害党的先进性和纯洁性的因素，清除一切侵蚀党的健康肌体的病毒，不断增强党的（　　）能力，确保我们党永葆旺盛生命力和强大战斗力。

　　A. 政治领导力　　　　　B. 思想引领力
　　C. 群众组织力　　　　　D. 社会号召力
　　E. 社会公信力

【参考答案】ABCD

【答案解析】习近平告诫全党，我们党要始终成为时代先锋、民族脊梁，始终成为马克思主义执政党，自身必须始终过硬。同时，要求全党要更加自觉地坚定党性原则，勇于直面问题，敢于刮骨疗毒，消除一切损害党的先进性和纯洁性的因素，清除一切侵蚀党的健康肌体的病毒，不断增强党的政治领导力、思想引领力、群众组织力、社会号召力，确保我们党永葆旺盛生命力和强大战斗力。

6. 社会主义核心价值体系包括的内容有（　　）。

　　A. 马克思主义的指导思想　　B. 中国特色社会主义共同理想
　　C. 社会主义荣辱观　　　　　D. 实现复兴的中国梦

E. 民族精神和时代精神

【参考答案】ABCE

【答案解析】社会主义核心价值体系包括四个方面的基本内容，即马克思主义指导思想、中国特色社会主义共同理想、以爱国主义为核心的民族精神和以改革创新为核心的时代精神、社会主义荣辱观。

7. 全面推进依法治国总目标，包括（　　）。

A. 建设中国特色社会主义法制体系

B. 建设中国特色社会主义法治体系

C. 建设社会主义法治国家

D. 建设社会主义法制国家

E. 建设社会主义民主集中制国家

【参考答案】BC

【答案解析】全面推进依法治国总目标是建设中国特色社会主义法治体系、建设社会主义法治国家。这就是，在中国共产党的领导下，坚持中国特色社会主义制度，贯彻中国特色社会主义法治理论，形成完善的党内法规体系，坚持依法治国、依法执政、依法行政共同推进，坚持法治国家、法治政府、法治社会一体建设，实现科学立法、严格执法、公正司法、全民守法，促进国家治理体系和治理能力现代化。

8. 关于把握经济发展新常态，下列说法正确的有（　　）。

A. 新常态不是一个事件，不要用好或坏来判断

B. 新常态虽然主要表现在经济领域，但在文化、旅游、城市管理等领域也有体现

C. 新常态不是一个避风港，不要把不好做或难做好的工作都归结于新常态

D. 新常态不是不要国内生产总值增长，而是要更好地发挥主观能动性、更有创造精神地推动发展

E. 新常态不是一种单一状态，而是需要包容，大部分的工作都可以应用新常态

【参考答案】：ACD

【答案解析】习近平曾提出"适应""把握"和"引领"新常态的要

求。他说,要把适应新常态、把握新常态、引领新常态作为贯穿发展全局和全过程的大逻辑。而要"适应""把握"进而"引领"经济发展新常态,正确的认识无疑是前提。新常态不是一个事件,第一个认识误区是将新常态当成一个事件,以"好"或"坏"来界定新常态的"性质"。新常态不是一个筐子,不要什么都往里面装。新常态主要表现在经济领域,不要滥用新常态概念,搞出一大堆"新常态",什么文化新常态、旅游新常态、城市管理新常态等,甚至把一些不好的现象都归结于新常态。新常态不是一个避风港,讲清这一问题,习近平连说了三个"不是",指出新常态不是不干事,不是不要发展,不是不要国内生产总值增长,而是要更好地发挥主观能动性、更有创造精神地推动发展。

9. 我们党面临的执政环境是复杂的,影响党的先进性、弱化党的纯洁性的因素也是复杂的,一些突出问题尚未得到根本解决,这些问题有( )。

A. 思想不纯　　　　　　B. 组织不纯
C. 道德不纯　　　　　　D. 作风不纯
E. 行为不纯

【参考答案】ABD

【答案解析】十九大报告第十三部分第二段:"我们党面临的执政环境是复杂的,影响党的先进性、弱化党的纯洁性的因素也是复杂的,党内存在的思想不纯、组织不纯、作风不纯等突出问题尚未得到根本解决。"

10. 党的十九大的主题是:不忘初心,牢记使命,( )。

A. 高举中国特色社会主义伟大旗帜
B. 决胜全面建成小康社会
C. 夺取新时代中国特色社会主义伟大胜利
D. 为实现中华民族伟大复兴的中国梦不懈奋斗

【参考答案】ABCD

【答案解析】党的十九大大会主题是:不忘初心,牢记使命,高举中国特色社会主义伟大旗帜,决胜全面建成小康社会,夺取新时代中国特色社会主义伟大胜利,为实现中华民族伟大复兴的中国梦不懈奋斗。

11. 不忘初心，方得始终。中国共产党人的初心和使命，就是（　　）。

  A. 为中国人民谋幸福　　　　B. 为中华民族谋复兴

  C. 为中国人民谋福祉　　　　D. 为中国人民谋复兴

【参考答案】AB

【答案解析】党的十九大报告强调："不忘初心，方得始终。中国共产党人的初心和使命，就是为中国人民谋幸福，为中华民族谋复兴。"

12. 发展是解决我国一切问题的基础和关键，发展必须是科学发展。因此，必须坚定不移贯彻（　　）的发展理念。

  A. 创新　　　　　　　　　　B. 协调

  C. 绿色　　　　　　　　　　D. 开放

  E. 共享　　　　　　　　　　F. 和谐

【参考答案】ABCDE

【答案解析】党的十九大报告："发展是解决我国一切问题的基础和关键，发展必须是科学发展，必须坚定不移贯彻创新、协调、绿色、开放、共享的发展理念。"

13. 党的建设必须坚持民主集中制，必须实行正确的集中，牢固树立（　　）。

  A. 政治意识　　　　　　　　B. 大局意识

  C. 核心意识　　　　　　　　D. 看齐意识

  E. 服务意识

【参考答案】ABCD

【答案解析】《中国共产党章程》："必须实行正确的集中，牢固树立政治意识、大局意识、核心意识、看齐意识，坚定维护以习近平同志为核心的党中央权威和集中统一领导，保证全党的团结统一和行动一致，保证党的决定得到迅速有效的贯彻执行。"

14. 党的十九大提出的"四个伟大"是指（　　）。

  A. 伟大斗争　　　　　　　　B. 伟大胜利

  C. 伟大事业　　　　　　　　D. 伟大梦想

  E. 伟大工程

【参考答案】ACDE

【答案解析】党的十九大报告中指出："伟大斗争、伟大工程、伟大事业、伟大梦想，紧密联系、相互贯通、相互作用。"

15. 全党全国各族人民要紧密团结在党中央周围，高举中国特色社会主义伟大旗帜，锐意进取，埋头苦干，为实现（　　）三大历史任务而奋斗。

　　A. 共产主义　　　　　　　　B. 推进现代化建设
　　C. 完成祖国统一　　　　　　D. 维护世界和平与促进共同发展

【参考答案】BCD

【答案解析】党的十九大报告指出："全党全国各族人民要紧密团结在党中央周围，高举中国特色社会主义伟大旗帜，锐意进取，埋头苦干，为实现推进现代化建设、完成祖国统一、维护世界和平与促进共同发展三大历史任务，为决胜全面建成小康社会、夺取新时代中国特色社会主义伟大胜利、实现中华民族伟大复兴的中国梦、实现人民对美好生活的向往继续奋斗！"

16. 为了使廉洁纪律、群众纪律、工作纪律、生活纪律严起来，需要重点强化（　　）。

　　A. 政治纪律　　　　　　　　B. 组织纪律
　　C. 组织监督　　　　　　　　D. 党内监督

【参考答案】AB

【答案解析】党的十九大报告指出："重点强化政治纪律和组织纪律，带动廉洁纪律、群众纪律、工作纪律、生活纪律严起来。"

17. 全面推进党的政治建设、思想建设、（　　），把制度建设贯穿其中，深入推进反腐败斗争，不断提高党的建设质量。

　　A. 组织建设　　　　　　　　B. 作风建设
　　C. 纪律建设　　　　　　　　D. 廉政建设

【参考答案】ABC

【答案解析】党的十九大报告第十三部分第三段："全面推进党的政治建设、思想建设、组织建设、作风建设、纪律建设，把制度建设贯穿其中，深入推进反腐败斗争，不断提高党的建设质量。"

18. 落实意识形态工作责任制,加强阵地建设和管理,但要注意区分(　　)。

A. 政治原则问题　　　　　　B. 思想认识问题

C. 工作作风问题　　　　　　D. 学术观点问题

【参考答案】ABD

【答案解析】十九大报告指出:"落实意识形态工作责任制,加强阵地建设和管理,注意区分政治原则问题、思想认识问题、学术观点问题,旗帜鲜明反对和抵制各种错误观点。"

19. 下列属于十九大修改的《中国共产党章程》新写入的内容有:(　　)。

A. "一带一路"建设

B. 致力于中华民族伟大复兴的爱国者

C. 不断增强人民群众获得感

D. 军民融合发展战略

【参考答案】ABCD

【答案解析】十九大修改的《中国共产党章程》一共新增了十大方面:

①习近平新时代中国特色社会主义思想;

②中国特色社会主义文化;

③实现中华民族伟大复兴的中国梦;

④党章根据我国社会主要矛盾的转化作出相应修改;

⑤推进国家治理体系和治理能力现代化;

⑥供给侧结构性改革、"绿水青山就是金山银山";

⑦人类命运共同体、"一带一路";

⑧全面从严治党、四个意识;

⑨"党是领导一切的";

⑩实现巡视全覆盖、推进"两学一做"。

20. 党的十九大修改的《中国共产党章程》在总纲部分增写了坚持总体国家安全观,坚决维护国家(　　)的内容。

A. 主权　　　　　　　　　　B. 稳定

C. 安全　　　　　　　　D. 发展利益

【参考答案】ACD

【答案解析】十九大修改的《中国共产党章程》在总纲部分增写了坚持总体国家安全观,坚决维护国家主权、安全、发展利益的内容。

21. 监察委员会依照《中华人民共和国监察法》和有关法律规定对公职人员开展廉政教育,对其（　　）情况进行监督检查。

A. 依法履职　　　　　　B. 秉公用权
C. 廉洁从政从业　　　　D. 道德操守

【参考答案】ABCD

【答案解析】《中华人民共和国监察法》第十一条第一款,监察委员会对公职人员开展廉政教育,对其依法履职、秉公用权、廉洁从政从业以及道德操守情况进行监督检查。

22. 监察委员会依照《中华人民共和国监察法》和有关法律规定对涉嫌贪污贿赂、（　　）、徇私舞弊以及浪费国家资财等职务违法和职务犯罪进行调查。

A. 滥用职权　　　　　　B. 玩忽职守
C. 权力寻租　　　　　　D. 利益输送

【参考答案】ABCD

【答案解析】《中华人民共和国监察法》第十一条第二款,监察委员会对涉嫌贪污贿赂、滥用职权、玩忽职守、权力寻租、利益输送、徇私舞弊以及浪费国家资财等职务违法和职务犯罪进行调查。

23. 根据我国现行宪法第十一条的规定:国家保护个体经济、私营经济等非公有制经济的合法的权利和利益。国家（　　）和非公有制经济的发展,并对非公有制经济依法实行监督和管理。

A. 鼓励　　　　　　　　B. 支持
C. 引导　　　　　　　　D. 制约

【参考答案】ABC

【答案解析】根据我国现行宪法第十一条的规定,国家保护个体经济、私营经济等非公有制经济的合法的权利和利益。国家鼓励、支持、引导和非公有制经济的发展,并对非公有制经济依法实行监督和管理。

24. 中国特色社会主义进入新时代,我国社会主要矛盾已经转化为人民日益增长的美好生活需要和不平衡不充分的发展之间的矛盾。但是,我国社会主要矛盾的变化没有改变我们对我国社会主义所处历史阶段的判断,依据是（　　）。

　　A. 我国总体上仍处于不发达阶段

　　B. 我国仍然面临极其复杂的国际环境

　　C. 我国仍然是世界上最大的发展中国家

　　D. 我国社会主要矛盾的变化只是社会主义初级阶段这个历史阶段中的变化

【参考答案】ACD

【答案解析】本题考查我国社会主义所处历史阶段的判断,即社会主义初级阶段不变的原因。B选项为国际原因。

25. 改革开放40年来,我国民营经济从小到大、从弱到强,不断发展壮大。截至2017年底,我国民营企业数量超过2 700万家,个体工商户超过6 500万户,注册资本超过165万亿元。概括起来说,民营经济具有"五六七八九"的特征,即贡献了50%以上的税收、60%以上的国内生产总值、70%以上的技术创新成果、80%以上的城镇劳动就业、90%以上的企业数量。我国经济发展能够创造中国奇迹,民营经济功不可没。这表明,民营经济已成为（　　）。

　　A. 实现中华民族伟大复兴中国梦的重要力量

　　B. 推动社会主义市场经济发展的重要力量

　　C. 建设现代化经济体系的重要主体

　　D. 控制国民经济命脉的主导力量

【参考答案】ABC

【答案解析】本题考查民营经济在新时代的地位。"国民经济命脉的主导力量"是公有制经济,D选项不正确。

26. 国家治理体系是在党领导下管理国家的制度体系,是一整套紧密相连、相互协调的国家制度;国家治理能力则是运用国家制度管理社会各方面事务的能力。二者的关系主要表现为（　　）。

　　A. 国家治理体系和治理能力是相辅相成的有机整体

B. 好的国家治理体系可以提高国家治理能力

C. 提高国家治理能力可以充分发挥国家治理体系的效能

D. 国家治理体系越完备，国家治理能力就一定越强

【参考答案】ABC

【答案解析】本题考查国家治理体系和国家治理能力之间的关系。国家治理体系和治理能力是一个国家的制度和制度执行能力的集中体现，二者相辅相成。国家治理体系和治理能力是一个国家的制度和制度执行能力的集中体现，二者相辅相成。同时，又不能把国家治理体系和国家治理能力等同起来，不是国家治理体系越完善，国家治理能力就越强。必须把国家治理体系和治理能力结合在一起，把二者当作一个相辅相成的有机整体，通过好的国家治理体系提高治理能力，通过提高国家治理能力充分发挥国家治理体系的效能。因此，D 选项错误。

27. 全面准确地理解和把握"一国"与"两制"的关系，应在坚持"一国"基础上，实现"两制"之间的和谐相处、相互促进。为此，必须做到（　　）。

A. 把利用国际有利条件和发挥港澳优势有机结合起来

B. 把坚持"一国"原则和尊重"两制"差异有机结合起来

C. 把维护中央权力和保障特别行政区高度自治权有机结合起

D. 把发挥祖国内地坚强后盾作用和提高港澳自身竞争力有机结合起来

【参考答案】BCD

【答案解析】本题考查"一国"和"两制"的关系的要求。在"一国"的基础之上，"两制"的关系应该完全可以做到和谐相处、相互促进。要把坚持"一国"原则和尊重"两制"差异、维护中央权力和保障特别行政区高度自治权、发挥祖国内地坚强后盾作用和提高港澳自身竞争力有机结合起来，任何时候都不能偏废。A 选项是国际因素，而"一国两制"是国内事务。

28. 坚定文化自信，是事关国运兴衰，事关文化安全，事关民族精神独立性的大问题。坚定中国特色社会主义道路自信、理论自信、制度自信，说到底就是要坚定文化自信。讲文化自信，我们有充足的理由和充

足底气，因为中国特色社会主义文化（　　）。

A. 源自于博大精深的中华优秀传统文化

B. 承继于激昂向上的革命文化

C. 熔铸于生机勃勃的社会主义先进文化

D. 植根于中国特色社会主义伟大实践

【参考答案】ABCD

【答案解析】本题考查中国特色社会主义文化的来源和构成，是党的十九大报告的原话。中国特色社会主义文化源自于中华民族5 000多年文明历史所孕育的中华优秀传统文化，熔铸于党领导人民在革命、建设、改革中创造的革命文化和社会主义先进文化，植根于中国特色社会主义伟大实践，是中国人民胜利前行的强大精神力量。

29. 2018年4月，十三届全国人民代表大会第一次会议通过《宪法修正案》。把国家倡导的社会主义核心价值观正式写入宪法，进一步凸显了社会主义核心价值观的重大意义。社会主义核心价值观是（　　）。

A. 坚持和发展中国特色社会主义的价值遵循

B. 构建人类命运共同的行动指南

C. 增进社会团结和谐的最大公约数

D. 提高国家文化软实力的迫切要求

【参考答案】ACD

【答案解析】社会主义核心价值观是坚持和发展中国特色社会主义的价值遵循、增进社会团结和谐的最大公约数、提高国家文化软实力的迫切要求。

30. 中国特色社会主义法治道路的一个鲜明特点，就是坚持依法治国和以德治国相结合。法治和德治，是治国理政不可或缺的两种方式。这是因为法治和德治（　　）。

A. 发挥作用方式东同　　B. 调整范围不同

C. 所处地位不同　　　　D. 实现途径不同

【参考答案】ABCD

【答案解析】法治与德治是治国理政不可或缺的两种方式，这是因为二者发挥作用方式不同、调整范围不同、所处地位不同、实现途径不同。

（三）判断题

1. 巡视是党内监督的战略性制度安排，是"国之利器、党之利器"。
（ ）

【参考答案】√

【答案解析】党的十八大以来，习近平高度重视巡视工作，反复强调要让巡视成为"国之利器、党之利器"。

2. 中国特色社会主义，既坚持了科学社会主义基本原则，又根据时代条件赋予其鲜明的中国特色。中国特色社会主义是社会主义，不是别的什么主义。
（ ）

【参考答案】√

【答案解析】近些年来，国内外有些舆论提出中国现在搞的究竟还是不是社会主义的疑问。有人说是"资本社会主义"，还有人干脆说是"国家资本主义""新官僚资本主义"，这些都是完全错误的。习近平指出，我们党始终强调，中国特色社会主义，即坚持了科学社会主义基本原则，又根据时代条件赋予其鲜明的中国特色。这就是说，中国特色社会主义是社会主义，不是别的什么主义。

3. 习近平强调，我们坚决维护国家主权和领土完整，绝不容忍国家分裂的历史悲剧重演。一切分裂祖国的活动都必将遭到全体中国人坚决反对。
（ ）

【参考答案】√

【答案解析】习近平新时代中国特色社会主义思想基本方略的第十二条指出，坚持"一国两制"和推进祖国统一，推动两岸同胞共同反对一切分裂国家的活动，共同为实现中华民族伟大复兴而奋斗。

4. 党的十九大报告指出，我国经济保持中高速增长，在世界主要国家中名列前茅，国内生产总值从54万亿元增长到80万亿元，稳居世界第二，对世界经济增长贡献率超过40%。
（ ）

【参考答案】×

【答案解析】对世界经济增长贡献率超过40%应为30%。

5. 习近平指出，要提拔重用牢固树立"四个意识"和"四个自信"、

坚决维护党中央权威、全面贯彻执行党的理论和路线方针政策、忠诚干净担当的干部。（ ）

【参考答案】√

【答案解析】党的十九大报告指出，坚持正确选人用人导向，匡正选人用人风气，突出政治标准，提拔重用牢固树立"四个意识"和"四个自信"、坚决维护党中央权威、全面贯彻执行党的理论和路线方针政策、忠诚干净担当的干部，选优配强各级领导班子。

6. 党的一切工作必须以实现党的根本利益为最高标准。（ ）

【参考答案】×

【答案解析】党的一切工作必须以最广大人民根本利益为最高标准。我们要坚持把人民群众的小事当作自己的大事，从人民群众关心的事情做起，从让人民群众满意的事情做起，带领人民不断创造美好生活。

7. 当前和今后一个时期，我国经济发展面临的问题，供给和需求两侧都有，但矛盾的主要方面在需求侧。（ ）

【参考答案】×

【答案解析】2016年1月，习近平在重庆调研时强调，当前和今后一个时期，制约我国经济发展的因素，供给和需求两侧都有，但矛盾的主要方面在供给侧。要加大供给侧结构性改革力度，重点是促进产能过剩有效化解，促进产业优化重组，降低企业成本，发展战略性新兴产业和现代服务业，增加公共产品和服务供给，着力提高供给体系质量和效益，更好满足人民需要，推动我国社会生产力水平实现整体跃升，增强经济持续增长动力。

8. 党的十九大报告指出，十八大以来，科学立法、严格执法、公正司法、全民守法深入推进，法治国家、法治政党、法治社会建设相互促进，中国特色社会主义法制体系日益完善，全社会法制观念明显增强。
（ ）

【参考答案】×

【答案解析】"法治政党"应为"法治政府"。

9. 党的全面领导必须体现在党的治国理政的方方面面，体现在国家政权的机构、体制、制度等的设计、安排、运行之中。（ ）

【参考答案】√

【答案解析】党的全面领导是具体的，不是空洞的、抽象的，必须体现到治国理政的方方面面，体现到国家政权的机构、体制、制度等的设计、安排、运行之中，保障和实现党的领导的政治落实、思想落实、组织落实。

10. 社会主义核心价值观中"自由、平等、公正、法治"是个人层面的价值取向。（　　）

【参考答案】×

【答案解析】社会主义核心价值观中，"自由、平等、公正、法治"是社会层面的价值取向；"爱国、敬业、诚信、友善"是个人层面的价值准则。

11. 党的十九大报告提出，要以提升组织力为重点，突出政治功能，把基层党组织建设成为宣传党的主张、贯彻党的决定、领导基层治理、团结动员群众、推动改革发展的坚强战斗堡垒。（　　）

【参考答案】√

【答案解析】党的工作最坚实的力量支撑在基层，最突出的矛盾和问题也在基层，必须把抓基层、打基础作为长远之计和固本之举。组织力是组织生命力的具体体现。要以提升组织力为重点，坚持基层党组织的政治定位不能偏、政治功能不能弱、战斗堡垒不能垮。

12. 实现"两个一百年"奋斗目标、实现中华民族伟大复兴的中国梦，不断提高人民生活水平，必须坚定不移把改革作为党执政兴国的第一要务。（　　）

【参考答案】×

【答案解析】应为"必须坚定不移把发展作为党执政兴国的第一要务"。

13. 习近平指出，全面深化改革总目标是完善和发展中国特色社会主义制度、推进国家治理体系和治理能力现代化。（　　）

【参考答案】√

【答案解析】新时代中国特色社会主义思想，明确全面深化改革总目标是完善和发展中国特色社会主义制度、推进国家治理体系和治理能力现代化。

14. 党的十九大指出，必须坚持和完善我国社会主义基本经济制度和分配制度，毫不动摇巩固和发展公有制经济，毫不动摇鼓励、支持、引导非公有制经济发展，使市场在资源配置中起基础性作用，更好发挥政府作用。（　　）

【参考答案】×

【答案解析】"使市场在资源配置中起基础性作用"应为"使市场在资源配置中起决定性作用"。

15. 建设现代化经济体系，必须把发展经济的着力点放在实体经济上，增强我国经济质量优势。（　　）

【参考答案】√

【答案解析】建设现代化经济体系，必须把发展经济的着力点放在实体经济上，把提高供给体系质量作为主攻方向，显著增强我国经济质量优势。

16. 我们党团结带领人民进行改革开放新的伟大革命，破除阻碍国家和民族发展的一切思想和体制障碍，开辟了中国特色社会主义道路，使中国大踏步赶上时代。（　　）

【参考答案】√

【答案解析】党的十九大报告第二部分第六自然段："我们党团结带领人民进行改革开放新的伟大革命，破除阻碍国家和民族发展的一切思想和体制障碍，开辟了中国特色社会主义道路，使中国大踏步赶上时代。"

17. 我们党团结带领人民找到了一条以农村包围城市、武装夺取政权的正确革命道路，进行了28年浴血奋战，完成了社会主义革命，1949年建立了中华人民共和国，实现了中国从几千年封建专制政治向人民民主的伟大飞跃。（　　）

【参考答案】×

【答案解析】党的十九大报告第二部分第四自然段："我们党团结带领人民找到了一条以农村包围城市、武装夺取政权的正确革命道路，进行了28年浴血奋战，完成了新民主主义革命，1949年建立了中华人民共和国，实现了中国从几千年封建专制政治向人民民主的伟大飞跃。"

18. 体现一个中国原则的"九二共识"明确界定了两岸关系的根本性质，是确保两岸关系和平发展的关键。（　　）

【参考答案】√

【答案解析】党的十九大报告第十一部分第六自然段："体现一个中国原则的'九二共识'明确界定了两岸关系的根本性质，是确保两岸关系和平发展的关键。"

19. 实行高水平的贸易和投资便利化政策，全面实行准入前国民待遇加权力清单管理制度，大幅度放宽市场准入，扩大服务业对外开放，保护外商投资合法权益。（　　）

【参考答案】×

【答案解析】党的十九大报告第五部分第八自然段："实行高水平的贸易和投资自由化便利化政策，全面实行准入前国民待遇加负面清单管理制度，大幅度放宽市场准入，扩大服务业对外开放，保护外商投资合法权益。"

20. 要坚持无禁区、全覆盖、零容忍，坚持重遏制、强高压、长震慑，坚持受贿行贿一起查，坚决防止党内形成利益集团。（　　）

【参考答案】√

【答案解析】党的十九大报告第十三部分第十自然段："要坚持无禁区、全覆盖、零容忍，坚持重遏制、强高压、长震慑，坚持受贿行贿一起查，坚决防止党内形成利益集团。"

21. 我们党来自人民、植根人民、服务人民，一旦脱离群众，就会失去生命力。（　　）

【参考答案】√

【答案解析】党的十九大报告第十三部分第九自然段："我们党来自人民、植根人民、服务人民，一旦脱离群众，就会失去生命力。"

22. 社会主义核心价值观是当代中国精神的集中体现，凝结着全体人民共同的价值追求。（　　）

【参考答案】√

【答案解析】党的十九大报告第七部分第四自然段："社会主义核心价值观是当代中国精神的集中体现，凝结着全体人民共同的价值追求。"

23. 必须坚持国家利益至上,以国家安全为宗旨,以政治安全为根本,加强国家安全能力建设,坚决维护国家主权、安全、发展利益。
（　）

【参考答案】×

【答案解析】党的十九大报告第三部分第十五自然段:"必须坚持国家利益至上,以人民安全为宗旨,以政治安全为根本,统筹外部安全和内部安全、国土安全和国民安全、传统安全和非传统安全、自身安全和共同安全,完善国家安全制度体系,加强国家安全能力建设,坚决维护国家主权、安全、发展利益。"

24. 党的干部是党和国家事业的中坚力量。（　）

【参考答案】√

【答案解析】党的十九大报告第十三部分第六自然段:"党的干部是党和国家事业的中坚力量。"

25. 实现中华民族伟大复兴的中国梦,不断提高人民生活水平,必须坚定不移把发展作为党执政兴国的第一要务。（　）

【参考答案】√

【答案解析】党的十九大报告第五部分第一自然段:"实现'两个一百年'奋斗目标、实现中华民族伟大复兴的中国梦,不断提高人民生活水平,必须坚定不移把发展作为党执政兴国的第一要务,坚持解放和发展社会生产力,坚持社会主义市场经济改革方向,推动经济持续健康发展。"

26. 1921年中国共产党应运而生。从此,中国人民谋求民族独立、人民解放和国家富强、人民幸福的斗争就有了主心骨,中国人民就从精神上由被动转为主动。（　）

【参考答案】√

【答案解析】党的十九大报告第二部分第一自然段:"一九二一年中国共产党应运而生。从此,中国人民谋求民族独立、人民解放和国家富强、人民幸福的斗争就有了主心骨,中国人民就从精神上由被动转为主动。"

27. 党的最高理想和最终目标是社会主义社会代替资本主义社会。
（　）

【参考答案】×

【答案解析】《中国共产党章程》总纲里说明，党的最高理想和最终目标是实现共产主义。

28. 坚持马克思列宁主义的基本原理，走中国人民自愿选择的适合中国国情的道路，中国的社会主义事业必将取得最终的胜利。（　　）

【参考答案】√

【答案解析】《中国共产党章程》总纲指出："坚持马克思列宁主义的基本原理，走中国人民自愿选择的适合中国国情的道路，中国的社会主义事业必将取得最终的胜利。"

29. 全心全意为人民服务是我们党执政兴国的第一要务。（　　）

【参考答案】×

【答案解析】把发展作为党执政兴国第一要务是由我们党的宗旨和根本任务所规定的。

30. 监察机关人员离岗离职后，应当遵守脱密期管理规定，严格履行保密义务，不得泄露相关秘密。

【参考答案】×

【答案解析】《中华人民共和国监察法》规定，监察机关涉密人员离岗离职后，应当遵守脱密期管理规定，严格履行保密义务，不得泄露相关秘密。检察人员辞职、退休3年内，不得从事与监察和司法工作相关联且可能发生利益冲突的职业。

31. 受理申诉的监察机关应当在受理申诉之日起7日内作出处理决定。（　　）

【参考答案】×

【答案解析】受理申诉的监察机关应当在受理申诉之日起一个月内作出处理决定。

（四）简答题

1. 习近平新时代中国特色社会主义思想回答了哪些问题？

【参考答案】习近平新时代中国特色社会主义思想，博大精深、高瞻远瞩，从理论和实践结合上系统回答新时代坚持和发展什么样的中国特色社会主义、怎样坚持和发展中国特色社会主义,包括新时代坚持和发展中国特色社会主义的总目标、总任务、总体布局、战略布局和发展方向、发展方式、发展动力、战略步骤、外部条件、政治保证等基本问题。

2. 如何理解习近平提出的新时代中国特色社会主义发展的"两个阶段"战略安排?

【参考答案】综合分析国际国内形势和我国发展条件,从 2020 年到 21 世纪中叶可以分两个阶段来安排。第一个阶段,从 2020 年到 2035 年,在全面建成小康社会的基础上,再奋斗 15 年,基本实现社会主义现代化。第二个阶段,从 2035 年到 21 世纪中叶,在基本实现现代化的基础上,再奋斗 15 年,把我国建成富强民主文明和谐美丽的社会主义现代化强国。从全面建成小康社会到基本实现现代化,再到全面建成社会主义现代化强国,是新时代中国特色社会主义发展的战略安排。

3. 习近平新时代中国特色社会主义思想的新时代坚持和发展中国特色社会主义的基本方略是什么?

【参考答案】(1)坚持党对一切工作的领导。(2)坚持以人民为中心。(3)坚持全面深化改革。(4)坚持新发展理念。(5)坚持人民当家作主。(6)坚持全面依法治国。(7)坚持社会主义核心价值体系。(8)坚持在发展中保障和改善民生。(9)坚持人与自然和谐共生。(10)坚持总体国家安全观。(11)坚持党对人民军队的绝对领导。(12)坚持"一国两制"和推进祖国统一。(13)坚持推动构建人类命运共同体。(14)坚持全面从严治党。

4. 中国特色社会主义进入新时代意味着什么?

【参考答案】意味着近代以来久经磨难的中华民族迎来了从站起来、富起来到强起来的伟大飞跃,迎来了实现中华民族伟大复兴的光明前景;意味着科学社会主义在 21 世纪的中国焕发出强大生机活力,在世界上高高举起了中国特色社会主义伟大旗帜;意味着中国特色社会主义道路、理论、制度、文化不断发展,拓展了发展中国家走向现代化的途径,给世界上那些既希望加快发展又希望保持自身独立性的国家和民族提供了全新选择,为解决人类问题贡献了中国智慧和中国方案。

5. 40 年的实践充分证明,改革开放的重大意义是什么?

【参考答案】改革开放是党和人民大踏步赶上时代的重要法宝，是坚持和发展中国特色社会主义的必由之路，是决定当代中国命运的关键一招，也是决定实现"两个一百年"奋斗目标、实现中华民族伟大复兴的关键一招。

第二章 党建知识

一、党章

（一）单选题

1. 发展党员，必须放在首位的标准是（　　）。
A. 政治标准　　　　　　　B. 能力标准
C. 品德标准　　　　　　　D. 思想标准

【参考答案】A

【答案解析】《中国共产党章程》第五条指出："发展党员，必须把政治标准放在首位，经过党的支部，坚持个别吸收的原则。"

2. 中国共产党党徽组成的图案为（　　）。
A. 镰刀与五星　　　　　　B. 五星与锤头
C. 锤头与齿轮　　　　　　D. 镰刀和锤头

【参考答案】D

【答案解析】《中国共产党章程》第五十三条规定："中国共产党党徽为镰刀和锤头组成的图案。"这是中国共产党的象征和标志。党的各级组织和每一个党员都要维护党徽的尊严。故 D 项说法正确。

3. 关于党员的党龄起算时间，下列说法正确的是（　　）。
A. 递交入党志愿书　　　　B. 支部大会通过他为预备党员
C. 预备期满转为正式党员　　D. 积极分子时期

【参考答案】C

【答案解析】《中国共产党章程》第七条规定,预备党员的预备期为一年,其党龄应从预备期满之日算起。

4. 党员如果没有正当理由,连续一定时间不参加党的组织生活,或不交纳党费,或不做党所分配的工作,就被认定是自行脱党,上述的"连续一定时间"是指(　　)。

A. 3个月　　　　　　　　B. 6个月
C. 9个月　　　　　　　　D. 1年

【参考答案】B

【答案解析】《中国共产党章程》第九条规定:"党员如果没有正当理由,连续6个月不参加党的组织生活,或不交纳党费,或不做党所分配的工作,就被认为是自行脱党。支部大会应当决定把这样的党员除名,并报上级党组织批准。"

5. 企业、农村、机关、学校、科研院所、街道社区、社会组织、人民解放军连队和其他基层单位,正式党员达到一定人数的,都应当成立党的基层组织,上述"一定人数"是指(　　)。

A. 2人以上　　　　　　　B. 3人以上
C. 4人以上　　　　　　　D. 5人以上

【参考答案】B

【答案解析】《中国共产党章程》第三十条规定:"企业、农村、机关、学校、科研院所、街道社区、社会组织、人民解放军连队和其他基层单位,凡是有正式党员三人以上的,都应当成立党的基层组织。"

6. 《中国共产党章程》明确,党的市(地、州、盟)和县(市、区、旗)委员会建立(　　)制度。

A. 巡视　　　　　　　　　B. 巡察
C. 监察　　　　　　　　　D. 督察

【参考答案】B

【答案解析】《中国共产党章程》第二章第十四条中指出:"党的市(地、州、盟)和县(市、区、旗)委员会建立巡察制度"。

7. 党员王某在微信公开发表反对"两个维护"的文章,党组织经过程序，认定其情节较重，给予留党察看处分，王某认为处分过重，可以提出（　　）。

　　A. 申辩　　　　　　　　　B. 复议
　　C. 申诉　　　　　　　　　D. 诉讼

【参考答案】C

【答案解析】《中国共产党章程》第四十三条规定，党员对党组织作出的处分决定不服，可以提出申诉，有关党组织必须负责处理或者迅速转递，不得扣压。

8. 党组织讨论决定问题，必须执行的原则为（　　）。

　　A. 民主集中制原则　　　　B. 党员大会决定制度
　　C. 少数服从多数　　　　　D. 支委会表决制度

【参考答案】C

【答案解析】《中国共产党章程》第十七条规定："党组织讨论决定问题，必须执行少数服从多数的原则。"

9. 某税务局人员调整：现有新任的党组书记、局长王某，新招录公务员张某（入党积极分子）、刘某（党员发展对象）、陈某（预备党员），刚退休的老党员李某，以上5人中必须编入党组织，参加党的组织生活的是（　　）。

　　A. 王某、陈某、李某　　　B. 王某、张某、刘某、陈某
　　C. 王某、刘某、陈某、李某　D. 均应编入党组织

【参考答案】A

【答案解析】《中国共产党章程》第八条规定："每个党员，不论职务高低，都必须编入党的一个支部、小组或其他特定组织，参加党的组织生活，接受党内外群众的监督。"入党积极分子和党员发展对象均非党员。

10. 某税务局小黄是预备党员，2017年6月30日，其预备期已满，但是党组织认为需要继续考察和教育，准备延长其预备期，预备期延期最长不能超过（　　）。

　　A. 2017年7月31日　　　　B. 2017年9月30日
　　C. 2017年12月31日　　　D. 2018年6月30日

【参考答案】D

【答案解析】《中国共产党章程》第七条规定：预备党员的预备期为一年。预备党员预备期满，党的支部应当及时讨论他能否转为正式党员。认真履行党员义务，具备党员条件的，应当按期转为正式党员；需要继续考察和教育的，可以延长预备期，但不能超过一年。

11. 《中国共产党章程》规定，党的基层委员会每届任期 3 年至 5 年，总支部委员会、支部委员会每届任期（   ）年。

A. 2　　　　　　　　　　B. 3

C. 2 或 3　　　　　　　　D. 4

【参考答案】C

【答案解析】《中国共产党章程》第三十条内容。

12. 预备党员预备期满后，党组织经过考察认为其不履行党员义务，不具备党员条件的，应当（   ）。

A. 留党察看　　　　　　B. 延长预备期

C. 取消预备党员资格　　D. 给予警告

【参考答案】C

【答案解析】《中国共产党章程》第七条规定，预备党员预备期满，党的支部应当及时讨论他能否转为正式党员。不履行党员义务，不具备党员条件的，应当取消预备党员资格。

13. 每个党员，不论职务高低，都必须编入党的（   ），参加党的组织生活，接受党内外群众的监督。

A. 一个支部、小组

B. 一个支部或其他特定组织

C. 小组或其他特定组织

D. 一个支部、小组或其他特定组织

【参考答案】D

【答案解析】《中国共产党章程》第八条规定："每个党员，不论职务高低，都必须编入党的一个支部、小组或其他特定组织，参加党的组织生活，接受党内外群众的监督。"

14. 《中国共产党章程》规定，对党员的纪律处分，必须经过

（　　）讨论决定，报党的基层委员会批准。

A. 支部大会　　　　　　　B. 委员会会议

C. 总支部委员会会议　　　D. 以上都不是

【参考答案】A

【答案解析】《中国共产党章程》第四十二条规定："对党员的纪律处分，必须经过支部大会讨论决定，报党的基层委员会批准；如果涉及的问题比较重要或复杂，或给党员以开除党籍的处分，应分别不同情况，报县级或县级以上党的纪律检查委员会审查批准。"

15. 《中国共产党纪律处分条例》指出，（　　）是最根本的党内法规，是管党治党的总规矩。

A. 党章　　　　　　　　　B. 纪律处分条例

C. 廉洁自律准则　　　　　D. 宪法

【参考答案】A

【答案解析】《中国共产党纪律处分条例》第三条指出：党章是最根本的党内法规，是管党治党的总规矩。党的纪律是党的各级组织和全体党员必须遵守的行为规则。

16. 以下关于党员的义务与权利表述不正确的是（　　）。

A. 从《中国共产党章程》规定看，义务先于权利

B. 在党的会议上有根据地批评党的任何组织和任何党员

C. 对党的决议和政策如有不同意见，可以声明保留

D. 党组织讨论决定对党员的党纪处分时，本人有权参加，但不得进行申辩

【参考答案】D

【答案解析】首先，党章的性质决定了党员义务先于党员权利。共产党员必须是先进优秀的模范，必须自觉履行先锋队员的义务，只有这样才能加入党组织，享有党员权利。所以 A 正确。《中国共产党章程》规定，在党的会议上有根据地批评党的任何组织和任何党员。对党的决议和政策如有不同意见，可以声明保留。B、C 正确。在党组织讨论决定对党员的党纪处分或作出鉴定时，本人有权参加和进行申辩。

17. 党的纪律是多方面的，但（　　）纪律是最重要、最根本、最关

键的纪律。

A. 政治纪律　　　　　　B. 组织纪律
C. 人事纪律　　　　　　D. 工作纪律

【参考答案】A

【答案解析】《中国共产党章程》第七章第四十条指出："党的纪律主要包括政治纪律、组织纪律、廉洁纪律、群众纪律、工作纪律、生活纪律。必须严明政治纪律。政治纪律是党的纪律中最重要、最根本、最关键的纪律，遵守党的政治纪律是遵守党的全部纪律的重要基础。"

18.《中国共产党章程》规定，对党员的纪律处分，必须经过（　　）讨论决定，报党的基层委员会批准。

A. 支部大会　　　　　　B. 委员会会议
C. 总支部委员会会议　　D. 以上都不是

【参考答案】A

【答案解析】《中国共产党章程》第四十二条规定："对党员的纪律处分，必须经过支部大会讨论决定，报党的基层委员会批准；如果涉及的问题比较重要或复杂，或给党员以开除党籍的处分，应分别不同情况，报县级或县级以上党的纪律检查委员会审查批准。"

(二) 多选题

1. 全党同志要为实现三大历史任务，实现"两个一百年"奋斗目标、实现中华民族伟大复兴的中国梦而奋斗。三大历史任务包括（　　）。

A. 推进现代化建设　　　　B. 全面建成小康社会
C. 完成祖国统一　　　　　D. 维护世界和平与促进共同发展
E. 跻身世界先进发达国家

【参考答案】ACD

【答案解析】《中国共产党章程》总纲规定，高举中国特色社会主义伟大旗帜，坚定道路自信、理论自信、制度自信、文化自信，贯彻党的基本理论、基本路线、基本方略，为实现推进现代化建设、完成祖国统一、维护世界和平与促进共同发展这三大历史任务，实现"两个一百年"奋斗目标、实现中华民族伟大复兴的中国梦而奋斗。

2. 《中国共产党章程》强调，加强和规范党内政治生活，要增强党内政治生活的（　　）。

　　A. 政治性　　　　　　　　B. 时代性

　　C. 原则性　　　　　　　　D. 战斗性

　　E. 潮流性

【参考答案】ABCD

【答案解析】《中国共产党章程》总纲规定，加强和规范党内政治生活，增强党内政治生活的政治性、时代性、原则性、战斗性，发展积极健康的党内政治文化，营造风清气正的良好政治生态。

3. 下列符合《中国共产党章程》规定的有（　　）。

　　A. 凡是有正式党员三人以上的，都应当成立党的基层组织

　　B. 党的基层委员会、总支部委员会、支部委员会每届任期三年至五年

　　C. 党员享有在党的会议上和党报党刊上参加关于党的政策问题的讨论权利

　　D. 党的地方各级委员会全体会议，每年至少召开两次

【参考答案】ABCD

【答案解析】根据《中国共产党章程》规定，凡是有正式党员三人以上的，都应当成立党的基层组织；党的基层委员会、总支部委员会、支部委员会每届任期三年至五年；党员享有在党的会议上和党报党刊上，参加关于党的政策问题的讨论权利；党的地方各级委员会全体会议，每年至少召开两次。

4. 中国共产党领导人民发展社会主义民主政治，应当坚持（　　）。

　　A. 党的领导　　　　　　　B. 人民民主专政

　　C. 人民当家作主　　　　　D. 依法治国

【参考答案】BCD

【答案解析】《中国共产党章程》总纲规定，中国共产党领导人民发展社会主义民主政治。坚持党的领导、人民当家作主、依法治国有机统一，走中国特色社会主义政治发展道路，扩大社会主义民主，健全社会主义法制，建设社会主义法治国家，巩固人民民主专政，建设社会主

政治文明。

5. 改革开放,以来我们取得一切成绩和进步的根本原因,归结起来就是（　　）。

A. 开辟了中国特色社会主义道路

B. 坚持了一个中心两个基本点

C. 形成了中国特色社会主义理论体系

D. 确立了中国特色社会主义制度

E. 建设了社会主义市场经济体制

【参考答案】ACD

【答案解析】《中国共产党章程》总纲规定,改革开放以来我们取得一切成绩和进步的根本原因,归结起来就是：开辟了中国特色社会主义道路,形成了中国特色社会主义理论体系,确立了中国特色社会主义制度,发展了中国特色社会主义文化。

6. 中国共产党的性质是（　　）。

A. 中国工人阶级的先锋队

B. 中国人民和中华民族的先锋队

C. 中国特色社会主义事业的领导核心

D. 全心全意为人民服务

E. 代表全体共产党员的利益

【参考答案】ABC

【答案解析】《中国共产党章程》总纲规定,中国共产党是中国工人阶级的先锋队、中国人民和中华民族的先锋队、中国特色社会主义事业的领导核心、代表中国先进生产力的发展要求代表中国先进文化的前进方向代表中国最广大人民的根本利益。

7. 党的各级委员会实行集体领导和个人分工负责相结合的制度。凡属重大问题都要按照（　　）原则,由党的委员会集体讨论,作出决定。

A. 集体领导　　　　　　B. 民主集中

C. 个别酝酿　　　　　　D. 会议决定

【参考答案】ABCD

【答案解析】《中国共产党章程》党的组织活动原则规定,党的各级委员会实行集体领导和个人分工负责相结合的制度。凡属重大问题都要按照集体领导、民主集中、个别酝酿、会议决定的原则，由党的委员会集体讨论，作出决定。

（三）判断题

1. 《中国共产党章程》第一章第三条，党员必须履行的义务明确规定，切实开展批评和自我批评，勇于揭露和纠正工作中的缺点、错误，坚决同消极腐败现象作斗争。（　　）

【参考答案】×

【答案解析】"纠正工作中的缺点"应为"纠正违反党的原则的言行和工作中的缺点"。

2. 《中国共产党章程》明确，坚持正确价值观，推动构建人类命运共同体。（　　）

【参考答案】×

【答案解析】"价值观"应为"义利观"。

3. 民主集中制是民主基础上的集中和集中指导下的民主相结合。（　　）

【参考答案】√

【答案解析】民主集中制是民主基础上的集中和集中指导下的民主相结合。它既是党的根本组织原则，也是群众路线在党的生活中的运用。

4. 预备党员具有表决权、选举权和被选举权。（　　）

【参考答案】×

【答案解析】"具有"应为"没有"。

5. 《中国共产党章程》规定，党组织必须严格执行和维护党的纪律，共产党员必须自觉接受党的纪律的约束。（　　）

【参考答案】√

【答案解析】《中国共产党章程》规定，党组织必须严格执行和维护党的纪律，共产党员必须自觉接受党的纪律的约束。

6. 《中国共产党章程》规定，党员个人代表党组织发表重要主张，如果超出党组织已有决定的范围，只能提交上级党组织决定。（　　）

【参考答案】×

【答案解析】党员个人代表党组织发表重要主张，如果超出党组织已有决定的范围，必须提交所在的党组织讨论决定，或向上级党组织请示。任何党员不论职务高低，都不能个人决定重大问题；如遇紧急情况，必须由个人作出决定时，事后要迅速向党组织报告。不允许任何领导人实行个人专断和把个人凌驾于组织之上。

7. 习近平新时代中国特色社会主义思想是马克思主义中国化的最新成果，是坚持和发展中国特色社会主义的最新理论成果，是党和人民实践经验和集体智慧的结晶。　　　　　　　　　　　　　　（　　）

【参考答案】√

【答案解析】参见《中国共产党章程》总纲。

8. 中国共产党是中国工人阶级的先锋队，同时是中国人民和中华民族的先锋队。　　　　　　　　　　　　　　　　　　　　（　　）

【参考答案】√

【答案解析】参见《中国共产党章程》总纲。

二、党支部工作条例

（一）单选题

1. 规模较大、跨区域的农民专业合作组织，专业市场、商业街区、商务楼宇等，符合条件的，应当成立的是（　　）。

A. 党委　　　　　　　　　　B. 党组
C. 党总支　　　　　　　　　D. 党支部

【参考答案】D

【答案解析】《中国共产党支部工作条例（试行）》第五条指出，规模较大、跨区域的农民专业合作组织，专业市场、商业街区、商务楼宇等，符合条件的，应当成立党支部。

2. 党支部党员大会是党支部的议事决策机构，由全体党员参加，一般每季度召开的次数是（　　）次。

A. 1　　　　　　　　B. 2
C. 3　　　　　　　　D. 4

【参考答案】A

【答案解析】《中国共产党支部工作条例（试行）》第十一条指出，党支部党员大会是党支部的议事决策机构，由全体党员参加，一般每季度召开1次。

3. 党员领导干部应当定期为基层党员讲党课，党委（党组）书记每年至少讲党课的次数是（　　）次。

A. 1　　　　　　　　B. 2
C. 3　　　　　　　　D. 4

【参考答案】A

【答案解析】《中国共产党支部工作条例（试行）》第十六条指出，党员领导干部应当定期为基层党员讲党课，党委（党组）书记每年至少讲1次党课。

4. 党支部每年开展民主评议党员的次数一般是（　　）次。

A. 1　　　　　　　　B. 2
C. 3　　　　　　　　D. 4

【参考答案】A

【答案解析】《中国共产党支部工作条例（试行）》第十八条指出："党支部一般每年开展1次民主评议党员，组织党员对照合格党员标准、对照入党誓词，联系个人实际进行党性分析。"

5. 应当设立党支部委员会的党支部，至少需要正式党员的人数是（　　）。

A. 5人　　　　　　　B. 6人
C. 7人　　　　　　　D. 8人

【参考答案】C

【答案解析】《中国共产党支部工作条例（试行）》第二十条指出："有正式党员7人以上的党支部，应当设立党支部委员会。党支部委员会由3至5人组成，一般不超过7人。"

6. 对不适宜担任党支部书记、副书记和委员职务的，上级党组织应当及时作出（　　）。

A. 撤职　　　　　　　　　　B. 免职

C. 开除　　　　　　　　　　D. 调整

【参考答案】D

【答案解析】《中国共产党支部工作条例（试行）》第二十八条指出："建立持续整顿软弱涣散党支部工作机制。对不适宜担任党支部书记、副书记和委员职务的，上级党组织应当及时作出调整。对存在换届选举拉票贿选、宗族宗教和黑恶势力干扰渗透等问题的，上级党组织应当及时严肃处理。"

7. 党支部日常工作的领导机构是（　　）。

A. 党支部委员会　　　　　　B. 党支部党员大会

C. 党委　　　　　　　　　　D. 党组

【参考答案】A

【答案解析】《中国共产党支部工作条例（试行）》第十二条指出："党支部委员会是党支部日常工作的领导机构。"

（二）多选题

1. 正式党员不足 3 人的单位，成立联合党支部应当遵循的原则是（　　）。

A. 地域相邻　　　　　　　　B. 行业相近

C. 规模适当　　　　　　　　D. 便于管理

【参考答案】ABCD

【答案解析】《中国共产党支部工作条例（试行）》第五条指出："正式党员不足 3 人的单位，应当按照地域相邻、行业相近、规模适当、便于管理的原则，成立联合党支部。"

2. 党小组会一般每月召开 1 次，内容包括（　　）。

A. 政治学习　　　　　　　　B. 谈心谈话

C. 开展批评和自我批评　　　D. 业务学习

【参考答案】ABC

【答案解析】《中国共产党支部工作条例（试行）》第十三条指出："党小组主要落实党支部工作要求，完成党支部安排的任务。党小组会一般每月召开1次，组织党员参加政治学习、谈心谈话、开展批评和自我批评等。"

3. 党支部每月相对固定1天开展主题党日，可以组织党员开展的活动有（　　）。

　　A. 集中学习　　　　　　　　B. 过组织生活
　　C. 进行民主议事　　　　　　D. 志愿服务

【参考答案】ABCD

【答案解析】《中国共产党支部工作条例（试行）》第十六条指出："党支部每月相对固定1天开展主题党日，组织党员集中学习、过组织生活、进行民主议事和志愿服务等。"

4. 关于党费，党支部应做好的工作包括（　　）。

　　A. 党费收缴　　　　　　　　B. 党费使用
　　C. 党费管理　　　　　　　　D. 党费返还

【参考答案】ABC

【答案解析】《中国共产党支部工作条例（试行）》第九条指出，"党支部的基本任务是……（三）对党员进行教育、管理、监督和服务……做好党费收缴、使用和管理工作。"

（三）判断题

1. 党支部担负着直接教育党员、管理党员、监督党员和组织群众、宣传群众、凝聚群众、服务群众的职责。　　　　　　　　　　　（　　）

【参考答案】√

【答案解析】《中国共产党支部工作条例（试行）》第二条。

2. 党支部党员人数一般不超过50人。　　　　　　　　　（　　）

【参考答案】√

【答案解析】《中国共产党支部工作条例（试行）》第四条。

3. 流动党员较多，工作地或者居住地相对固定集中，应当由流入地党组织商流出地党组织，依托园区、商会、行业协会、驻外地办事机构

等成立流动党员党支部。( )

【参考答案】×

【答案解析】《中国共产党支部工作条例（试行）》第五条指出：流动党员较多，工作地或者居住地相对固定集中，应当由流出地党组织商流入地党组织，依托园区、商会、行业协会、驻外地办事机构等成立流动党员党支部。

4. 上级党委可以直接作出在基层单位成立党支部的决定。( )

【参考答案】√

【答案解析】《中国共产党支部工作条例（试行）》第六条。

5. 临时组建的机构撤销后，临时党支部自然撤销。( )

【参考答案】√

【答案解析】《中国共产党支部工作条例（试行）》第八条。

6. 党支部委员会是党支部日常工作的领导机构。( )

【参考答案】√

【答案解析】《中国共产党支部工作条例（试行）》第十二条。

7. 党小组组长必须由党支部指定。( )

【参考答案】×

【答案解析】《中国共产党支部工作条例（试行）》第十三条指出："党小组组长由党支部指定，也可以由所在党小组党员推荐产生。"

8. 党小组主要落实党支部工作要求，完成党支部安排的任务。
( )

【参考答案】√

【答案解析】《中国共产党支部工作条例（试行）》第十三条。

9. 党支部党员大会、党支部委员会会议由党支部书记召集并主持。书记不能参加会议的，可以委托副书记或者委员召集并主持。( )

【参考答案】√

【答案解析】《中国共产党支部工作条例（试行）》第十四条。

10. 党小组会由党小组组长召集并主持。( )

【参考答案】√

【答案解析】《中国共产党支部工作条例（试行）》第十四条。

11. 党员领导干部应当带头参加所在党支部或者党小组组织生活。
（　）

【参考答案】√

【答案解析】《中国共产党支部工作条例（试行）》第十五条。

12. 民主评议党员可以结合组织生活会一并进行。　　（　）

【参考答案】√

【答案解析】《中国共产党支部工作条例（试行）》第十八条。

13. 党支部书记一般应当具有 3 年以上党龄。　　　（　）

【参考答案】×

【答案解析】《中国共产党支部工作条例（试行）》第二十三条指出："党支部书记应当具备良好政治素质，热爱党的工作，具有一定的政策理论水平、组织协调能力和群众工作本领，敢于担当、乐于奉献，带头发挥先锋模范作用，在党员、群众中有较高威信，一般应当具有 1 年以上党龄。"

14. 县级以上党委管理的党费每年应当按照一定比例下拨到党支部。
（　）

【参考答案】√

【答案解析】《中国共产党支部工作条例（试行）》第三十三条指出："县级以上党委管理的党费每年应当按照一定比例下拨到党支部，重点支持贫困村党支部、困难国有企业党支部、非公有制经济组织和社会组织党支部、流动党员党支部、离退休干部职工党支部等开展党的活动。"

15. 上级党组织可以跨地域或者从机关和企事业单位选派党支部书记。　　　　　　　　　　　　　　　　　　　　　　　（　）

【参考答案】√

【答案解析】《中国共产党支部工作条例（试行）》第二十四条指出："上级党组织应当结合不同领域实际，突出政治标准，按照组织程序，采取多种方式，选拔符合条件的优秀党员担任党支部书记。村、社区应当注重从带富能力强的村民、复员退伍军人、经商务工人员、乡村教师、乡村医生、社会工作者、大学生村官、退休干部职工等群体中选拔党支部书记。对没有合适人选的，上级党组织可以跨地域或者从机关和企事业单位选派党支部书记。"

16. 临时党支部可以发展党员、处分处置党员，收缴党费，不选举党代表大会代表和进行换届。（ ）

【参考答案】×

【答案解析】《中国共产党支部工作条例（试行）》第八条指出："临时党支部主要组织党员开展政治学习，教育、管理、监督党员，对入党积极分子进行教育培养等，一般不发展党员、处分处置党员，不收缴党费，不选举党代表大会代表和进行换届。"

17. 党支部的调整和撤销，一般由党支部报所在乡镇（街道）或者单位基层党委批准。（ ）

【参考答案】√

【答案解析】《中国共产党支部工作条例（试行）》第七条。

18. 各级党和国家机关中的党支部，围绕服务中心、建设队伍开展工作，发挥对党员的教育、管理、监督作用，协助本部门行政负责人完成任务、改进工作。（ ）

【参考答案】√

【答案解析】《中国共产党支部工作条例（试行）》第十条。

19. 党支部应当经常开展谈心谈话。党支部委员之间、党支部委员和党员之间、党员和党员之间，每年谈心谈话一般不少于1次。（ ）

【参考答案】√

【答案解析】《中国共产党支部工作条例（试行）》第十九条。

20. 村、社区党支部委员会每届任期3年，其他基层单位党支部委员会一般每届任期5年。（ ）

【参考答案】×

【答案解析】《中国共产党支部工作条例（试行）》第二十一条指出："村、社区党支部委员会每届任期5年，其他基层单位党支部委员会一般每届任期3年。"

（四）简答题

1. 简述党支部工作必须遵循的原则。

【参考答案】（1）坚持以马克思列宁主义、毛泽东思想、邓小平理论、"三个代表"重要思想、科学发展观、习近平新时代中国特色社会主义思想为指导，遵守党章，加强思想理论武装，坚定理想信念，不忘初心、牢记使命，始终保持先进性和纯洁性。

（2）坚持把党的政治建设摆在首位，牢固树立"四个意识"，坚定"四个自信"，做到"四个服从"，旗帜鲜明讲政治，坚决维护习近平总书记党中央的核心、全党的核心地位，坚决维护党中央权威和集中统一领导。

（3）坚持践行党的宗旨和群众路线，组织引领党员、群众听党话、跟党走，成为党员、群众的主心骨。

（4）坚持民主集中制，发扬党内民主，尊重党员主体地位，严肃党的纪律，提高解决自身问题的能力，增强生机活力。

（5）坚持围绕中心、服务大局，充分发挥积极性主动性创造性，确保党的路线方针政策和决策部署贯彻落实。

【答案解析】参考《中国共产党支部工作条例（试行）》第三条，只要能答出要点即可。

2. 党支部的基本任务是什么？

【参考答案】（1）宣传和贯彻落实党的理论和路线方针政策，宣传和执行党中央、上级党组织及本党支部的决议。讨论决定或者参与决定本地区本部门本单位重要事项，充分发挥党员先锋模范作用，团结组织群众，努力完成本地区本部门本单位所担负的任务。

（2）组织党员认真学习马克思列宁主义、毛泽东思想、邓小平理论、"三个代表"重要思想、科学发展观、习近平新时代中国特色社会主义思想，推进"两学一做"学习教育常态化制度化，学习党的路线方针政策和决议，学习党的基本知识，学习科学、文化、法律和业务知识。做好思想政治工作和意识形态工作。

（3）对党员进行教育、管理、监督和服务，突出政治教育，提高党员素质，坚定理想信念，增强党性，严格党的组织生活，开展批评和自我批评，维护和执行党的纪律，监督党员切实履行义务，保障党员的权利不受侵犯。加强和改进流动党员管理。关怀帮扶生活困难党员和老党员。做好党费收缴、使用和管理工作。依规稳妥处置不合格党员。

（4）密切联系群众，向群众宣传党的政策，经常了解群众对党员、党的工作的批评和意见，了解群众诉求，维护群众的正当权利和利益，做好群众的思想政治工作，凝聚广大群众的智慧和力量。领导本地区本部门本单位工会、共青团、妇女组织等群团组织，支持它们依照各自章程独立负责地开展工作。

（5）对要求入党的积极分子进行教育和培养，做好经常性的发展党员工作，把政治标准放在首位，严格程序、严肃纪律，发展政治品质纯洁的党员。发现、培养和推荐党员、群众中间的优秀人才。

（6）监督党员干部和其他任何工作人员严格遵守国家法律法规，严格遵守国家的财政经济法规和人事制度，不得侵占国家、集体和群众的利益。

（7）实事求是对党的建设、党的工作提出意见建议，及时向上级党组织报告重要情况。教育党员、群众自觉抵制不良倾向，坚决同各种违纪违法行为作斗争。

（8）按照规定，向党员、群众通报党的工作情况，公开党内有关事务。

【答案解析】参考《中国共产党支部工作条例（试行）》第九条，只要能答出要点即可。

3. 什么是"三会一课"？"三会一课"的具体要求有哪些？

【参考答案】党支部应当组织党员按期参加党员大会、党小组会和上党课，定期召开党支部委员会会议。"三会一课"应当突出政治学习和教育，突出党性锻炼，以"两学一做"为主要内容，结合党员思想和工作实际，确定主题和具体方式，做到形式多样、氛围庄重。

【答案解析】参考《中国共产党支部工作条例（试行）》第十六条，只要能答出要点即可。

4. 党支部党员大会的职权是什么？

【参考答案】听取和审查党支部委员会的工作报告；按照规定开展党支部选举工作，推荐出席上级党代表大会的代表候选人，选举出席上级党代表大会的代表；讨论和表决接收预备党员和预备党员转正、延长预备期或者取消预备党员资格；讨论决定对党员的表彰表扬、组织处置和纪律处分；决定其他重要事项。

【答案解析】参考《中国共产党支部工作条例（试行）》第十一条，只要能答出要点即可。

三、新形势下税务系统党的建设

（一）单选题

1. 推进税务系统党的政治建设，首要任务是（　　）。
   A. 严肃党内政治生活　　　　B. 坚持党的领导
   C. 坚持"条主动、块为主"　　D. 坚决做到"两个维护"

【参考答案】D

【答案解析】《中共国家税务总局委员会关于加强新形势下税务系统党的建设的意见》（税总党委发〔2018〕23号）指出，要把坚决维护习近平总书记党中央的核心、全党的核心地位，坚决维护党中央权威和集中统一领导作为党的政治建设首要任务。

2. 关于严肃税务系统党内政治生活，以下说法错误的是（　　）。

A. 认真贯彻执行《关于新形势下党内政治生活的若干准则》，严格落实党内组织生活制度，坚持用好批评和自我批评武器，增强党内政治生活的政治性、时代性、原则性、战斗性

B. 党委民主生活会、党支部（党小组）专题组织生活会每年召开2次，无计划不得随意召开

C. 民主生活会、专题组织生活会要把群众反映、巡视反馈、组织约谈函询的问题说清楚、谈透彻。进一步完善民主生活会问题整改落实通报制度，自觉接受干部群众监督

D. 上级税务局党委要派员督导下级税务局党委领导班子民主生活会，对民主生活会效果要有分析、有评价、有报告

【参考答案】B

【答案解析】党委民主生活会、党支部（党小组）专题组织生活会每年召开1次，遇到重要或者普遍性问题应当专门召开。

3. 税务总局要求，各级党委要大兴调查研究之风，每年深入基层一线和矛盾突出、情况复杂的地方开展调查研究不少于（　　）天。

A. 30　　　　　　　　　　B. 10

C. 15　　　　　　　　　　D. 20

【参考答案】A

【答案解析】各级税务局党委班子成员要自觉强化党性锻炼和政治历练，不断提升政治能力，做到信念过硬、政治过硬、责任过硬、能力过硬、作风过硬。带头转变工作作风，力戒形式主义和官僚主义。大兴调查研究之风，每年深入基层一线和矛盾突出、情况复杂的地方开展调查研究不少于30天。

4. 税务总局要求，异地执行稽查检查、巡视巡察、督查督导等专项工作任务，党员超过3人、时间超过（　　）的团队要设立临时党支部，确保党员日常教育管理监督无盲区。

A. 半年　　　　　　　　　B. 1个月

C. 15天　　　　　　　　　D. 3个月

【参考答案】B

【答案解析】《中共国家税务总局委员会关于加强新形势下税务系统党的建设的意见》提出，异地执行稽查检查、巡视巡察、督查督导等专项工作任务，党员超过3人、时间超过1个月的团队要设立临时党支部。

（二）多选题

1. 党支部书记要认真落实谈心谈话制度，做到（　　）。

A. 干部入职必谈　　　　　B. 入党必谈

C. 职务晋升和岗位调整必谈　　D. 离职退休必谈

E. 受到批评处分必谈

【参考答案】ABCDE

【答案解析】《中共国家税务总局委员会关于加强新形势下税务系统

党的建设的意见》提出，党支部书记要做到"五必谈"，即干部入职必谈、入党必谈、职务晋升和岗位调整必谈、离职退休必谈、受到批评处分必谈。

2. 党委要发挥本部门、本系统的领导核心作用，准确把握职责定位，充分发挥（　　）的重要作用。

A. 把方向　　　　　　　　B. 管大局

C. 抓重点　　　　　　　　D. 保落实

【参考答案】ABD

【答案解析】《中共国家税务总局委员会关于加强新形势下税务系统党的建设的意见》提出，发挥党委在本部门、本系统的领导核心作用，准确把握各级税务局党委的职责定位，充分发挥把方向、管大局、保落实的重要作用。

（三）简答题

简述加强新形势下税务系统党的建设的基本原则。

【参考答案】第一，坚持政治引领，加强党对税收工作的全面领导，确保税收事业始终沿着正确的方向前进。第二，坚持服务中心，努力实现党的建设与税收中心工作融合共进；坚持以上率下，抓机关带系统，充分发挥领导机关和领导干部的示范作用。第三，坚持问题导向，着力解决党建工作中存在的突出问题，补齐短板弱项。第四，坚持改革创新，既继承和弘扬好的工作经验和做法，又把握时代脉搏，不断与时俱进、创新方式方法。

【答案解析】根据《中共国家税务总局委员会关于加强新形势下税务系统党的建设的意见》。

第三章 政务管理

(一) 单选题

1. 2012年10月10日，国家税务总局印发《全国税务机关公文处理办法》（国税发〔2012〕92号）规定税务机关的公文种类包括（　　）。

A. 命令（令）、决议、决定、公告、通告、通知、通报、报告、请示、批复、函、表扬、会议纪要

B. 命令（令）、决议、公告、通告、意见、通知、通报、报告、请示、批复、函、表扬、会议纪要

C. 命令（令）、决议、决定、公告、通告、意见、通知、通报、报告、请示、批复、函、纪要

D. 命令（令）、决议、决定、公告、通告、意见、通知、通报、报告、请示、批复、函、纪要

【参考答案】C

【答案解析】2012年10月10日，国家税务总局印发《全国税务机关公文处理办法》（国税发〔2012〕92号）规定税务机关的公文种类主要有：命令（令）、决议、决定、公告、通告、意见、通知、通报、报告、请示、批复、函、纪要。

2. 2012年10月10日，国家税务总局印发《全国税务机关公文处理办法》（国税发〔2012〕92号），规定税务机关的公文种类主要有（　　）种。

A. 11　　　　　　　　B. 12
C. 13　　　　　　　　D. 14

【参考答案】C

【答案解析】2012年10月10日，国家税务总局印发《全国税务机关公文处理办法》（国税发〔2012〕92号）规定税务机关的公文种类主要有：命令（令）、决议、决定、公告、通告、意见、通知、通报、报告、请示、批复、函、纪要。共13种。

3. 适用于发布、传达要求下级机关执行和有关单位周知或者执行的事项，批转、转发公文的文种是（　　）。

A. 通报　　　　　　　　　B. 通告
C. 通知　　　　　　　　　D. 公告

【参考答案】C

【答案解析】通报适用于表彰先进，批评错误，传达重要精神和告知重要情况。通告适用于在一定范围内公布应当遵守或者周知的事务性事项。通知适用于发布、传达要求下级机关执行和有关单位周知或者执行的事项，批转、转发公文。公告适用于向国内外宣布重要事项或者法定事项。

4. 以下（　　）不适用于对社会公开发布。

A. 通告　　　　　　　　　B. 令
C. 公告　　　　　　　　　D. 决议

【参考答案】D

【答案解析】对社会公开发布可用"令""公告""通告"。

5. 以下不属于公文组成部分的是（　　）。

A. 发文字号　　　　　　　B. 密级
C. 标题　　　　　　　　　D. 封面

【参考答案】D

【答案解析】公文一般由份号、密级和保密期限、紧急程度、发文机关标志、发文字号、签发人、标题、主送机关、正文、附件说明、发文机关署名、成文日期、印章、附注、附件、抄送机关、承办部门名称、印发部门名称和印发日期、页码等组成。

6. 下列说法中错误的是（　　）。

A. 公告适用于向国内外宣布重要事项或者法定事项

第三章 政务管理

B. 通报适用于表彰先进，批评错误，传达重要精神和告知重要情况
C. 决定适用于对重要事项作出决策和部署、奖惩有关单位和人员、变更或者撤销下级机关不适当的决定事项
D. 决议适用于讨论通过的重大决策事项

【参考答案】D

【答案解析】决议适用于会议讨论通过的重大决策事项。

7. 公文的秘密等级应标于文头的（　　）。

A. 右上角　　　　　　　　B. 右下角
C. 左下角　　　　　　　　D. 左上角

【参考答案】D

【答案解析】公文密级标志的位置放在公文标题的左上方醒目处。

8. 公文的密级分为绝密、机密和秘密三个等级。其中不确定具体保密期限的，绝密的保密期限一般为（　　）。

A. 永久　　　　　　　　　B. 30年
C. 50年　　　　　　　　　D. 80年

【参考答案】B

【答案解析】公文的密级分为绝密、机密和秘密三个等级。尽可能根据公文的内容规定为"长期"或确定保密的最佳期限，如"秘密★6个月""机密★5年""绝密★长期"。不确定具体保密期限的，保密期限一般为绝密30年，机密20年，秘密10年。

9. 发文字号正确的是（　　）。

A. ×政发〔2013〕01号　　　B. ×政发〔2013〕第1号
C. ×政发〔2013〕第01号　　D. ×政发〔2013〕1号

【参考答案】D

【答案解析】由发文机关代字、年份、发文顺序号组成，编排在发文机关标志下空二行位置，居中排布。年份、发文顺序号用阿拉伯数字标注；年份应标全称，用六角括号"〔〕"标注；发文顺序号不加"第"字，不编虚位（即1不编为01），在阿拉伯数字后加"号"字。

10. 抄送机关的排列顺序一般是（　　）。

A. 平级机关、下级机关、上级机关

B. 下级机关、平级机关、上级机关

C. 上级机关、平级机关、下级机关

D. 平级机关、上级机关、下级机关

【参考答案】C

【答案解析】抄送机关按上级机关、平级机关、下级机关次序排列。

11. 抄送机关为同级机关时，一般按（　　）次序排列。

A. 党委、政府、人大、政协、法院、军队

B. 人大、政协、党委、政府、军队、法院

C. 党委、人大、政府、政协、军队、法院

D. 人大、党委、政府、政协、法院、军队

【参考答案】C

【答案解析】抄送机关按上级机关、平级机关、下级机关次序排列；同级机关之间一般按照党委、人大、政府、政协、军队、法院、检察院、人民团体、民主党派等次序排列。

12. 成文日期是会议通过或者发文机关负责人签发日期。下面成文日期格式正确的是（　　）。

A. 二零一九年三月十八日　　B. 二〇一九年三月十八日

C. 2019年3月18日　　D. 2019.3.18

【参考答案】C

【答案解析】成文日期一般右空四字编排于发文机关署名之下，用阿拉伯数字将年、月、日标全，年份应标全称，月、日不编虚位（即1不编为01）。

13. 下列关于公文的行文规则说法错误的是（　　）。

A. 请示应当一文一事，不得在报告等非请示性公文中夹带请示事项

B. 受双重领导的机关向一个上级机关行文，必要时抄送另一个上级机关

C. 税务机关各部门内设机构一律不得对外正式行文

D. 部门之间对有关问题未经协商一致，不得向下行文

【参考答案】C

【答案解析】各级税务机关在职权范围内，可以向其他党政部门行

文，向外部门回复意见或提供资料，应遵循复文与来文对等的原则处理。各级税务机关的办公室根据授权可以代表本级机关行文。各级税务机关的内设机构除办公室和法律规定具有独立执法权的机构外不得对外正式行文；税务机关办公厅（室）可以对外正式行文。

14. 根据公文行文规则，下列行文正确的是（　　）。

A. 税务机关可径向党的组织发布指令性文件

B. 税务机关可径向党的组织报告工作或请求批示、批准

C. 各级税务机关与同级人民团体之间可以联合行文

D. 税务机关与党政机关应尽量联合行文

【参考答案】C

【答案解析】各级税务机关不得向下级党委、政府发布指令性公文或者在公文中向下级党委、政府提出指令性要求。需经政府审批的具体事项，经政府同意后可以由税务机关行文，文中须注明已经政府同意，故选项A、B错误。选项D说税务机关与党政机关应尽量联合行文是不正确的。各级税务机关可以与同级党政各部门、下一级党委政府、相应的军队机关、同级人民团体和具有行政职能的事业单位联合行文。选项C正确。

15. 下面说法不正确的是（　　）。

A. 签发人应当签署意见、姓名和完整日期

B. 签发人圈阅的视为有疑问或不同意

C. 签发人只签名的也视为同意

D. 联合发文由所有联署机关的负责人会签

【参考答案】B

【答案解析】签发人签发公文，应当签署意见、姓名和完整日期；圈阅或者签名的，视为同意。联合发文由所有联署机关的负责人会签。

16. 办公室小王在对待发公文复核时发现文稿中有几处观点错误，应该（　　）。

A. 自行修改后再印发　　　　　B. 按程序复审

C. 直接交打印室印刷　　　　　D. 向领导报告追究相关人员责任

【参考答案】B

【答案解析】经复核需要对文稿进行实质性修改的，应当提请签发人复审并签名。

17. 收文办理指对收到公文的处理过程，以下不属于收文办理的是（　　）。

　　A. 签收　　　　　　　　B. 登记
　　C. 复核　　　　　　　　D. 拟办

【参考答案】C

【答案解析】收文办理指对收到公文的处理过程，包括签收、登记、审核、拟办、批办、承办、传阅、催办、答复等程序。

18. 经签收、登记后，需要本机关办理的公文，应当由收文部门提出（　　）意见。

　　A. 承办　　　　　　　　B. 代办
　　C. 接办　　　　　　　　D. 拟办

【参考答案】D

【答案解析】经签收、登记后，需要本机关办理的公文，应当由收文部门提出拟办意见。

19. 没有请示事项的，圈阅表示（　　）。

　　A. 同意　　　　　　　　B. 批准
　　C. 不同意　　　　　　　D. 已阅知

【参考答案】D

【答案解析】对有具体请示事项的收文，主批人应当明确签署意见、姓名和审批日期，其他审批人圈阅视为同意；没有请示事项的，圈阅表示已阅知。

20. 从形式来分，税务信息不包括（　　）。

　　A. 动态性信息　　　　　B. 经验性信息
　　C. 管理性信息　　　　　D. 问题建议性信息

【参考答案】C

【答案解析】从形式来分，税务信息分为动态性信息、经验性信息、问题建议性信息等。

21. 税务信息的意义，不包括（　　）。

A. 汇报情况　　　　　　B. 宣传交流
C. 推动工作　　　　　　D. 自我监督

【参考答案】D

【答案解析】税务信息的意义包括：汇报情况、宣传交流、推动工作。

22. 税收信息编写技巧中"经验类"信息要突出（　　）。
A. 时效性　　　　　　　B. 特色性
C. 深度性　　　　　　　D. 对策性

【参考答案】B

【答案解析】不同类别信息的编写要求："动态类"信息突出时效性；"经验类"信息突出特色性；"分析类"信息突出深度性；"调研类"信息突出对策性。

23. 以下关于加强税收宣传的重要性的说法，不正确的是（　　）。
A. 加强税收宣传可以有力推进税收事业的发展
B. 加强税收宣传可以大力推进依法治税
C. 加强税收宣传可以提高纳税人遵从度
D. 加强税收宣传可以彰显税收工作的重要价值

【参考答案】C

【答案解析】加强税收宣传可以有力推进税收事业的发展。加强税收宣传可以大力推进依法治税。加强税收宣传可以彰显税收工作的重要价值。

24. 区分不同层次的服务对象提供各类信息资料。对预测性、综合性和突出性税收信息，要做到有情况、有分析、有建议，防止以偏概全、顾此失彼，为领导的决策提供参考依据。这体现税收信息写作的（　　）原则。
A. 真实性原则　　　　　B. 实用性原则
C. 时效性原则　　　　　D. 客观性原则

【参考答案】B

【答案解析】实用性原则：区分不同层次的服务对象提供各类信息资料。对预测性、综合性和突出性税收信息，要做到有情况、有分析、有建议，防止以偏概全、顾此失彼，为领导的决策提供参考依据。

25. 税收宣传工作的"五项任务"不包括（　　）。

  A. 税务形象筹划　　　　　　B. 税收新闻宣传

  C. 税收法制宣传　　　　　　D. 税收文化宣传

【参考答案】C

【答案解析】贯彻税收宣传工作的总体要求，就是要找准全局性工作、导向性工作、基础性工作三个基本定位，围绕培养税收共识、促进税法遵从、树立部门形象、优化发展环境四项基本目标，重点落实税务形象筹划、税收新闻宣传、税收法制宣传、税收文化宣传、税收舆情管理五项基本任务。

26. 税收宣传工作应从总体上、全局出发，对税收宣传工作进行分类、排队，转变税收宣传工作的战略战术，抓住税收宣传工作的侧重点，体现的是税收宣传的（　　）工作思路。

  A. 轻重结合　　　　　　　　B. 上下结合

  C. 内外结合　　　　　　　　D. 长短结合

【参考答案】A

【答案解析】税收宣传的活动形式多样，应坚持"轻重结合、上下结合、内外结合、长短结合"的思路，构建立体的宣传架构和科学的宣传体系。轻重结合：税收宣传工作应从总体上、全局出发，对税收宣传工作进行分类、排队，转变税收宣传工作的战略战术，抓住税收宣传工作的侧重点。

27. 既要抓好常年税收日常宣传工作，又要抓好税收宣传月工作。常年税收宣传要有计划，应根据各个时期中心工作及时确定宣传报道的重点。税收宣传月活动要根据上级关于开展税收宣传月活动的通知精神，结合实际，认真筹划实施方案，力求推陈出新，体现的是税收宣传的（　　）工作思路。

  A. 远近结合　　　　　　　　B. 上下结合

  C. 内外结合　　　　　　　　D. 长短结合

【参考答案】D

【答案解析】长短结合：既要抓好常年税收日常宣传工作，又要抓好税收宣传月工作。常年税收宣传要有计划，应根据各个时期中心工作及时确定宣传报道的重点。税收宣传月活动要根据上级关于开展税收宣传月活动的通知精神，结合实际，认真筹划实施方案，力求推陈出新。

28. 设立税收体验日，邀请学生代表到税务机关和办税服务厅，增强办税体验，体现税收宣传（　　）的工作要点。

　　A．统筹宣传重点　　　　　B．做好媒体宣传
　　C．推进普法教育　　　　　D．深化信息公开

【参考答案】C

【答案解析】推进普法教育：开展经常性的税收宣传工作，增强全社会的税法意识。

29. 针对网民和公众关注的税收热点，组织在线访谈，开辟网上互动平台，引导广大网民抒发真情实感，表达观点看法，及时解读税收政策，解答疑难问题，提高全社会的税法遵从度是做好媒体宣传中（　　）的方式。

　　A．抓好新闻发布　　　　　B．推进专题报道
　　C．加强典型报道　　　　　D．开展融合报道

【参考答案】D

【答案解析】开展融合报道：充分利用新兴媒体，加强传统媒体与微博、微信、手机报、新闻客户端、网站联合互动，实现素材一次性采集、内容多平台产生、信息多渠道发布、效果全方位呈现，使税收宣传报道的表现形式更丰富、传播速度更快、影响范围更广、社会效果更好。

30. 有关人员将经过审查的信息按照网站文字和图片格式要求在门户网站和地方政府网站政府信息公开栏目发布政务信息内容是（　　）。

　　A．信息收集环节　　　　　B．信息编写环节
　　C．信息公开环节　　　　　D．信息审查环节

【参考答案】C

【答案解析】信息公开环节：信息公开岗位人员将经过审查的信息按照网站文字和图片格式要求在门户网站和地方政府网站政府信息公开栏目发布政务信息内容。

31. 保密标志形式正确的是（　　）。

A. 6个月★秘密 　　　　　B. ★秘密6个月
C. 秘密6个月★ 　　　　　D. 秘密★6个月

【参考答案】D

【答案解析】国家秘密事项的密级一经确定，须在秘密载体上作出明显的标志。国家秘密的标识符为"★"，具体标志的形式为：从左至右是密级—标志—保密期限。比如："绝密★30年"，表示该件是绝密级，保密期限是30年。

32. 国家秘密的保密期限，除另有规定外，机密一般不超过（　　）年。

A. 50 　　　　　　　　　B. 40
C. 30 　　　　　　　　　D. 20

【参考答案】D

【答案解析】国家秘密的保密期限，除另有规定外，绝密级不超过30年，机密级不超过20年，秘密级不超过10年。

33. 国家秘密的保密期限，除另有规定外，秘密一般不超过（　　）年。

A. 30 　　　　　　　　　B. 20
C. 10 　　　　　　　　　D. 5

【参考答案】C

【答案解析】国家秘密的保密期限，除另有规定外，绝密级不超过30年，机密级不超过20年，秘密级不超过10年。

34. 税务机关按照（　　）的原则，对涉密人员实行（　　）管理。

A. 双重领导　分级 　　　B. 双重领导　分类
C. 下管一级　分级 　　　D. 下管一级　分类

【参考答案】C

【答案解析】税务机关按照下管一级的原则，对涉密人员实行分级管理。

35. 重点涉密人员的脱密期限为（　　）。

A. 2年 　　　　　　　　B. 4年
C. 6年 　　　　　　　　D. 8年

【参考答案】A

【答案解析】涉密人员脱密期限为：一般涉密人员1年，重点涉密人员2年，核心涉密人员3年。

36. 一般涉密人员的脱密期限为（　　）年。
A. 1   B. 2
C. 3   D. 4

【参考答案】A

【答案解析】涉密人员脱密期限为：一般涉密人员1年，重点涉密人员2年，核心涉密人员3年。

37. 核心涉密人员的脱密期限为（　　）。
A. 1年   B. 3年
C. 5年   D. 7年

【参考答案】B

【答案解析】涉密人员脱密期限为：一般涉密人员1年，重点涉密人员2年，核心涉密人员3年。

38. 可以批准复制机密级载体的领导是（　　）。
A. 本部门领导   B. 分管领导
C. 密级确定机关   D. 上级机关

【参考答案】B

【答案解析】复制秘密级载体应当经本部门领导批准，复制机密级载体应当经分管领导批准，复制绝密级载体应当经密级确定机关或其上级机关批准。

39. 税务机关发生泄密事件，应当在发现泄密事件后（　　）内结案，并书面向上级税务机关和同级保密行政管理部门报告泄密事件查处结果，填写泄露国家秘密事件查处结案报告表。
A. 1个月   B. 2个月
C. 3个月   D. 4个月

【参考答案】C

【答案解析】税务机关发生泄密事件，应当在发现泄密事件后3个月内结案，并书面向上级税务机关和同级保密行政管理部门报告泄密事件查处结果，填写泄露国家秘密事件查处结案报告表。

40. 关于税务机关档案管理的说法不正确的是（　　）。

　　A. 各级税务机关要建立健全档案资源体系、档案利用体系和档案安全体系

　　B. 分管领导要定期听取档案主管部门工作汇报，定期督促检查

　　C. 为档案工作顺利开展提供人力、财力、物力等方面保障

　　D. 独立依法监督指导本系统、机关和所属单位的档案工作

【参考答案】D

【答案解析】支持档案主管部门依法监督指导本系统、机关和所属单位的档案工作，推动档案工作发展同税收事业发展相协调。因此，选择D。

41. 印信保管实行保管人和办公室（厅）主任负责制。印信管理的直接责任人是（　　）。

　　A. 办公室（厅）主任　　　　B. 印信保管人员
　　C. 单位党组书记　　　　　　D. 单位行政首长

答案：B

【答案解析】印信保管人员是印信管理的直接责任人，要求具有高度的政治责任感、严格的保密观念、政治可靠、作风正派、严守制度、不徇私情。

42. 关于税务系统会议，下列（　　）说法是不正确的。

　　A. 根据《国家税务局系统会议费管理办法》以及各省（直辖市、自治区）直属机关会议费管理办法关于会议的分类，税务系统会议包括一类会议、二类会议和三类会议三种

　　B. 二类会议指年度全国税务工作会议，要求各省、自治区、直辖市和计划单列市税务局主要负责同志参加

　　C. 税务总局按《中央和国家机关会议费管理办法》规定程序和要求，于每年12月底前，将下一年度的会议计划送财政部审核会签，经中共中央办公厅、国务院办公厅审核批准后召开。二类会议原则上每年不超过1次

　　D. 三类会议指税务总局及其内设机构召开的专业性会议，以及各

省、自治区、直辖市和计划单列市国税局召开的每年一次的年度工作会议。三类会议计划，提交本单位局长办公会或党组会审批后执行

【参考答案】A

【答案解析】根据《国家税务局系统会议费管理办法》以及各省（直辖市、自治区）直属机关会议费管理办法关于会议的分类，税务系统会议包括二类会议、三类会议和四类会议三种。

43. 控制会议地点应该注意（　　）。

　　A. 周边环境是否优美、交通是否方便、安全是否有保障

　　B. 会议地点应综合考虑是否可以停车，会场的设施是否先进

　　C. 不得到明令禁止的风景名胜区举办会议，不得超规模、超标准

　　D. 不得向基层或纳税人转嫁，但适当可以接受纳税人资助部分会议费

【参考答案】C

【答案解析】会议地点应综合考虑会场的规模、大小、设施能否满足召开会议的需要，以及周边环境、交通、安全等因素是否适宜。严格执行会议管理制度，不得到明令禁止的风景名胜区举办会议，不得超规模、超标准，不得向基层或纳税人转嫁、摊派会议费，不得到非定点饭店召开会议。

44. 局领导专题会议的议题由（　　）确定，会议组织工作由会议主题涉及的主办单位负责。

　　A. 局长　　　　　　　　　B. 办公厅（室）负责

　　C. 分管局领导、总师　　　D. 局党委

【参考答案】C

【答案解析】局领导专题会议的议题由分管局领导及总师确定，会议组织工作由会议主题涉及的主办单位负责。

45. 以下各项中关于尊位知识正确的是（　　）。

　　A. 客方尊位又比主方尊位更重要一些

　　B. 大多数情况下，一场公务活动的尊位只有一对主客尊位

　　C. 我国传统的做法是"以右为尊"，而国际通行的做法是"以左为贵"

D. 港澳台同胞出席的大部分场合也都使用"以左为贵"的排位法

【参考答案】B

【答案解析】通常情况下，主方尊位又比客方尊位更重要一些。我国传统的做法是"以左为贵"，而国际通行的做法是"以右为尊"。港澳台同胞出席的大部分场合也都使用"以右为尊"的排位法。

46. 下列（　　）做法符合公务接待的正确程序。

A. 要求来访者携带税务机关公务接待函，并按要求认真填写，加盖单位公章

B. 为客人购买返程车船或飞机票

C. 统一标准安排住宿，要求客人按标准结算食宿费

D. 通知本单位负责人看望客人，接待人员要安排好会见地点与陪同人员

【参考答案】A

【答案解析】协助客人订购返程车船票或飞机票。根据客人身份安排住宿，要求客人按标准结算食宿费。按照对等原则，根据本单位领导的意见通知有关领导人看望客人。

47. 关于局内会议，下列（　　）说法是不正确的。

A. 局内会议包括局党委会议、局务会议、局长办公会议和局领导专题会议四种

B. 局党会应按议题确定、预告、酝酿讨论、形成决议等程序进行；局党委会议日期和会议议题由党委书记或主持工作的党委委员确定，会议议题确定前一般应征询党委委员的意见

C. 党委会议根据需要定期召开，会议日期和会议日程由党委书记确定；全体党委委员参加会议，应有三分之二以上（含三分之二）成员到会

D. 局务会议由局领导和局内各单位主要负责人参加，由局长或其委托的局领导召集和主持

【参考答案】C

【答案解析】党委会议根据需要不定期召开，会议日期和会议日程由党委书记确定；全体党委成员参加会议，应有三分之二以上（含三分之

二）成员到会。

48. 各级税务机关对于所管辖区域出现重大群体访、重复访、越级访、疑难复杂、涉及面广、时间跨度大、容易升级激化的情况，应当（　　）。

A. 应当及时向本机关保卫部门和公安机关通报，共同做好安全防范
B. 有关工作部门与信访工作机构共同接谈处理
C. 实行领导包案，包案领导亲自研究分析
D. 税务机关主要领导带队，及时到上级税务机关进行劝返

【参考答案】C

【答案解析】实行领导包案，包案领导亲自研究分析、化解疏导、协调落实，确定责任部门、承办人员、解决方案、办结时间、办结标准，一包到底，直至案结事了、息诉罢访。

49. 信访人对税务机关作出的信访事项处理意见不服，在规定期限内请求原办理机关的上一级税务机关复查的复查部门调查核实后，起草书面复查意见，经政策法规部门审核，分管本部门的领导审批，由信访工作机构报机关主要领导签字，加盖信访专用章后，在收到复查请求之日起（　　）日内答复信访人。

A. 40　　　　　　　　　　B. 20
C. 60　　　　　　　　　　D. 30

【参考答案】D

【答案解析】在收到复查请求之日起30日内答复信访人。

50. （　　）人以下的集体访，一般由信访工作机构与有关工作部门共同接谈处理。

A. 5　　　　　　　　　　　B. 5
C. 4　　　　　　　　　　　D. 3

【参考答案】B

【答案解析】5人以下的集体访，一般由信访工作机构与有关工作部门共同接谈处理。

51. 信访事项应当自受理之日起（　　）日内办结；情况复杂的，经机关领导批准可以适当延长办理期限，但延长期限不得超过（　　）日，

并告知信访人延期理由。法律、行政法规另有规定的，从其规定。

  A. 60　60　　　　　　　B. 60　30
  C. 30　30　　　　　　　D. 30　60

【参考答案】B

【答案解析】信访事项应当自受理之日起 60 日内办结；情况复杂的，经机关领导批准可以适当延长办理期限，但延长期限不得超过 30 日，并告知信访人延期理由。法律、行政法规另有规定的，从其规定。

52.（　　）人以上的集体访，及时向本机关领导报告，按照信访工作应急处理制度，统一指挥，妥善处置。

  A. 5　　　　　　　　　　B. 6
  C. 10　　　　　　　　　 D. 8

【参考答案】A

【答案解析】5 人以上的集体访，及时向本机关领导报告，按照信访工作应急处理制度，统一指挥，妥善处置。

53. 对来访人员在信访过程中有扰乱社会公共秩序和信访秩序行为，经税务机关工作人员劝阻、批评和教育无效的，及时报请（　　）依法处置。

  A. 司法机关　　　　　　　B. 本机关保卫部门
  C. 上级机关　　　　　　　D. 公安机关

【参考答案】D

【答案解析】经税务机关工作人员劝阻、批评和教育无效的，及时报请公安机关依法处置。

54. 各级党政机关及其领导干部、工作人员负信访工作责任。对错误决策或者行为提出明确反对意见而没有被采纳的，这时（　　）。

  A. 对涉及的集体责任，领导班子主要负责人和直接主管的负责人承担主要领导责任

  B. 参与决策和工作的班子其他成员承担重要领导责任，也应承担领导责任

  C. 涉及的个人责任，具体负责的工作人员不承担直接责任

  D. 领导班子主要负责人和直接主管的负责人不承担领导责任

【参考答案】A

【答案解析】各级党政机关及其领导干部、工作人员不履行或者未能正确履行信访工作责任，应当追究责任。对涉及的集体责任，领导班子主要负责人和直接主管的负责人承担主要领导责任，参与决策和工作的班子其他成员承担重要领导责任，对错误决策或者行为提出明确反对意见而没有被采纳的，不承担领导责任；涉及的个人责任，具体负责的工作人员承担直接责任，领导班子主要负责人和直接主管的负责人承担领导责任。

55. 目前，网络舆情的主要特点有突发性、偏差性和（　　）。

A. 间接性　　　　　　　　B. 直接性

C. 准确性　　　　　　　　D. 规范性

【参考答案】B

【答案解析】应选直接性。

56. 对社会问题片面认识的普通民众，以及少数别有用心的违法乱纪分子，都可以就某一税务事件通过网络发帖、媒体传播迅速引起社会关注。这是网络舆情（　　）特点。

A. 偏差性　　　　　　　　B. 直接性

C. 准确性　　　　　　　　D. 突发性

【参考答案】A

【答案解析】对社会问题片面认识的普通民众，以及少数别有用心的违法乱纪分子，都可以就某一税务事件通过网络发帖、媒体传播迅速引起社会关注。这是网络舆情偏差性的主要特点。

57. 网络舆论的形成往往非常迅速，一个热点事件的存在加上一种情绪化的意见，就可以成为点燃一片舆论的导火索，容易形成强大的舆论风暴。这反映出网络舆情的（　　）特点。

A. 偏差性　　　　　　　　B. 直接性

C. 准确性　　　　　　　　D. 突发性

【参考答案】D

【答案解析】这是网络舆情的突发性特点。

58. 税务系统特别重大（Ⅰ级）、重大（Ⅱ级）突发事件发生后，省税务机关最迟在（　　）内报告税务总局，并报告省级政府，不得谎报、瞒报、漏报和迟报。

　　A. 30 分钟　　　　　　　　B. 1 小时
　　C. 2 小时　　　　　　　　D. 3 小时
　　【参考答案】D
　　【答案解析】税务系统特别重大（Ⅰ级）、重大（Ⅱ级）突发事件发生后，省税务机关最迟在 3 个小时内报告税务总局（即同时向税务总局应急工作领导小组办公室和相应的专项应急工作组报告），并报告省级政府，不得谎报、瞒报、漏报和迟报。

59. 突发事件按照其性质、严重程度、可控性和影响范围等因素分成（　　）。

　　A. 1 级　　　　　　　　　B. 2 级
　　C. 3 级　　　　　　　　　D. 4 级
　　【参考答案】D
　　【答案解析】上述各类突发事件按照其性质、严重程度、可控性和影响范围等因素分成 4 级，特别重大的是Ⅰ级，重大的是Ⅱ级，较大的是Ⅲ级，一般的是Ⅳ级。

60. 橙色代表的预警等级为（　　）。

　　A. 特别重大　　　　　　　B. 重大
　　C. 较大　　　　　　　　　D. 一般
　　【参考答案】B
　　【答案解析】依据可能发生和可以预警的突发事件的级别，将预警等级对应划分为特别重大（Ⅰ级）、重大（Ⅱ级）、较大（Ⅲ级）、一般（Ⅳ级）四个等级，分别用红色、橙色、黄色、蓝色表示。

61. 税务系统特别重大（Ⅰ级）、重大（Ⅱ级）突发事件发生后，需要上报国务院的突发事件信息，税务总局应在国务院规定时限（　　）内将突发事件信息按程序上报国务院。

　　A. 1 小时　　　　　　　　B. 2 小时
　　C. 3 小时　　　　　　　　D. 4 小时
　　【参考答案】D

【答案解析】税务系统特别重大（Ⅰ级）、重大（Ⅱ级）突发事件发生后，需要上报国务院的突发事件信息，税务总局应在国务院规定时限（4小时）内将突发事件信息按程序上报国务院。

62. 总结报告则应对突发事件的起因、过程、处置、后续工作、经验教训等进行总结。事发地税务机关要在突发事件处置结束后（　　）个工作日报送总结报告。

A. 5
B. 10
C. 15
D. 30

【参考答案】B

【答案解析】总结报告则应对突发事件的起因、过程、处置、后续工作、经验教训等进行总结。事发地税务机关要在突发事件处置结束后10个工作日报送总结报告。

63. 推进绩效管理是党的十八大、十八届三中全会的重大战略部署，是适应（　　）的迫切需要，是（　　）的内在要求。

A. 政府管理改革大势　服务经济社会发展大局
B. 服务经济社会发展大局　政府管理改革大势
C. 政府简政放权　服务经济发展大局
D. 服务经济发展大局　政府简政放权

【参考答案】A

【答案解析】推进绩效管理是党的十八大、十八届三中全会的重大战略部署，是适应政府管理改革大势的迫切需要，是服务经济社会发展大局的内在要求。

64. 税务系统推行绩效管理围绕提升站位、增强税务公信力和执行力的"一提双增"目标，打造一条索链。其中，不属于"一条索链"的工作索链特征的是（　　）。

A. 工作项目化
B. 方法技术化
C. 项目指标化
D. 指标责任化

【参考答案】B

【答案解析】税务系统推行绩效管理围绕提升站位、增强税务公信力和执行力的"一提双增"目标，打造一条索链。一条索链是"工作项目化、项目指标化、指标责任化"的工作索链。

65. （　　）是绩效管理的灵魂和主线，它贯穿于绩效管理工作始终，渗透于绩效管理各环节，是区别于传统考核的重要标志。

A. 绩效监控　　　　　　B. 绩效沟通
C. 绩效考评　　　　　　D. 绩效改进

【参考答案】B

【答案解析】绩效沟通是绩效管理的灵魂和主线，它贯穿于绩效管理工作始终，渗透于绩效管理各环节，是区别于传统考核的重要标志。

66. 经审定立项的事项，督查部门应及时将"督办通知单"转交有关承办单位办理。这属于（　　）。

A. 立项　　　　　　　　B. 分办
C. 承办　　　　　　　　D. 督办

【参考答案】B

【答案解析】应属于分办。

67. 督查督办的特急件应在3个工作日内完成；急件应在（　　）个工作日内完成。

A. 2　　　　　　　　　B. 3
C. 5　　　　　　　　　D. 10

【参考答案】C

【答案解析】特急件应在3个工作日内完成；急件应在5个工作日内完成。

68. 对上级党委、政府和上级税务机关文件中涉及税收工作的重要事项的办理，承办单位应在收到文件后的（　　）个工作日内，将落实决定的时间、方式、具体责任人等报送督查部门。

A. 2　　　　　　　　　B. 3
C. 5　　　　　　　　　D. 10

【参考答案】A

【答案解析】对上级党委、政府和上级税务机关文件中涉及税收工作的重要事项的办理，承办单位应在收到文件后的2个工作日内，将落实决定的时间、方式、具体责任人等报送督查部门。

69. 下列关于承办说法不正确的是（　　）。

A. 如果督办事项涉及多个单位的，由主办单位综合协办单位意见后统一办理

B. 主办单位应向协办单位提出明确的协办要求和时限，并填写"督办事项协办通知单"，督促协办单位按时回复

C. 协办单位应积极配合，按时回复协办意见

D. 需要多部门共同完成的督办事项，由主办单位向相关单位提出协办要求

【参考答案】D

【答案解析】需要多部门共同完成的督办事项，由主办单位向相关单位提出协办要求，属于分办。

（二）多选题

1. 通报适用于（　　）。

A. 表彰先进　　　　　　　B. 批评错误

C. 传达重要精神　　　　　D. 告知重要情况

【参考答案】ABCD

【答案解析】通报适用于表彰先进、批评错误、传达重要精神和告知重要情况。

2. 向上级机关的请示、汇报工作或对重要问题提出建议时用（　　）。

A. 请示　　　　　　　　　B. 报告

C. 函　　　　　　　　　　D. 意见

【参考答案】ABD

【答案解析】向上级机关的请示、汇报工作或对重要问题提出建议时用"请示""报告""意见"。

3. 发文字号由（　　）组成。

A. 发文机关代字　　　　　B. 发文年月日

C. 年份　　　　　　　　　D. 发文顺序号

【参考答案】ACD

【答案解析】发文字号由发文机关代字、年份、发文顺序号组成。

4. 公文中结构层次序数标注正确的有（　　）。

   A. "一、"，"（一）"，"1."，"（1）"
   B. "（一）"，"①"
   C. "（一）"，"1"
   D. "一、"，"1."

【参考答案】AC

【答案解析】公文的主体，用来表述公文的内容。公文首页必须显示正文，使用3号仿宋体字。文中结构层次序数依次可以用"一、""（一）""1.""（1）"标注。

5. 一般，公文的标题由（　　）组成。

   A. 时间   B. 发文机关
   C. 发文事由   D. 文种

【参考答案】BCD

【答案解析】标题由发文机关、发文事由和文种组成。

6. 下列对公文附注说法正确的有（　　）。

   A. 在公文印章和成文日期之下   B. 版记之上
   C. 应当用括号标注   D. 在公文印章和成文日期之上

【参考答案】ABC

【答案解析】公文附注是指公文印发传达范围以及在正文中不宜说明的其他事项，如信息公开选项、"对税务系统内只发电子文件"等。附注的位置，居左空两字加圆括号，标注在成文日期下一行。附注内容各条之间用逗号分隔。

7. 按行文方向分，公文可分为（　　）。

   A. 上行文   B. 下行文
   C. 双向行文   D. 平行文
   E. 多向行文

【参考答案】ABD

【答案解析】按行文方向分，公文可分为上行文、下行文和平行文。

8. 便函不得设定（　　）以及其他不得由便函设定的事项。

A. 行政许可 B. 行政审批
C. 行政处罚 D. 行政复议

【参考答案】ABC

【答案解析】便函不得设定行政许可、行政审批、行政处罚、行政强制以及其他不得由便函设定的事项，也不得规定税务系统内部管理审批、税收政策解释、税收征管问题解释、具体税收征管工作、会议培训和书刊征订等事宜。

9. 下列属于下行文的有（ ）。

A. 报告 B. 指示
C. 批复 D. 决定

【参考答案】BCD

【答案解析】下行文就是指上级领导机关或业务主管部门对所属的下级机关的一种行文。下行文一般常用指示、决定、通知、批复等。

10. 各级税务机关可以与（ ）以及具有行政职能的事业单位联合行文。

A. 同级党政各部门 B. 下一级党委政府
C. 相应的军队机关 D. 同级人民团体

【参考答案】ABCD

【答案解析】各级税务机关可以与同级党政各部门、下一级党委政府、相应的军队机关、同级人民团体和具有行政职能的事业单位联合行文。

11. 签发人签发公文，应当（ ）。

A. 写明签发意见 B. 标注签发人姓名
C. 注明签发日期 D. 加盖签发人印章

【参考答案】ABC

【答案解析】签发人签发公文，应当签署意见、姓名和完整日期。

12. 发文办理包括复核、编号、校对、印制、用印、登记、封发等程序。其中，复核的重点包括（ ）。

A. 审批、签发手续是否完备
B. 附件材料是否齐全，格式是否统一、规范等

C. 经复核需要对文稿进行实质性修改的，应当提请签发人复审并签名

D. 公文签发后，由文秘部门统一编排文号

【参考答案】ABCD

【答案解析】复核的重点包括：审批、签发手续是否完备，附件材料是否齐全，格式是否统一、规范等。经复核需要对文稿进行实质性修改的，应当提请签发人复审并签名。公文签发后，由文秘部门统一编排文号。文号应当连续编排；编号后取消发文的，原文号重新使用；跨年度取消发文的，原文号不再使用。

13. 收文办理的审核程序是指对下级税务机关上报并需要办理的公文，应当对来文的（　　）进行审核。

A. 合法性　　　　　　　　B. 规范性
C. 正确性　　　　　　　　D. 可靠性

【参考答案】AB

【答案解析】对下级税务机关上报并需要办理的公文，应当对来文的合法性、规范性进行审核。

14. 签收公文时应注意（　　）。

A. 应当在对方投递单或送文簿上签字以示收到

B. 签收时要注意清点实收文件，与对方的投递单或送文簿核对，查看是否相符

C. 包装和封口是否牢固，确认无误后再签收

D. 收到绝密级公文后，必须在机要室存放并专人保管

【参考答案】ABCD

【答案解析】收文人员收到公文后，应当在对方投递单或送文簿上签字以示收到。签收时要注意清点实收文件，与对方的投递单或送文簿核对，查看是否相符，包装和封口是否牢固，确认无误后再签收。收到绝密级公文后，必须在机要室存放并专人保管。

15. 各级税务机关应当建立健全本机关公文管理制度。公文由（　　）管理。

A. 文秘部门　　　　　　　　B. 机关负责人

C. 专人统一　　　　　　　　D. 机关内部人员轮流

【参考答案】AC

【答案解析】各级税务机关应当建立健全本机关公文管理制度。公文由文秘部门或者专人统一管理。

16. 命令（令）的主要特点有（　　）。

A. 权威性　　　　　　　　B. 强制性
C. 规范性　　　　　　　　D. 严肃性

【参考答案】ABD

【答案解析】命令（令）的主要特点有权威性、强制性、严肃性。

17. 税务公文的主要特点有（　　）。

A. 权威性　　　　　　　　B. 针对性
C. 规范性　　　　　　　　D. 时效性

【参考答案】ABCD

【答案解析】税务公文有权威性、针对性、规范性、时效性等主要特点。

18. 关于特殊情况的管理，下列说法正确的是（　　）。

A. 机关合并时，除涉密公文外，其他公文应当随之合并管理

B. 机关撤销时，需要归档的公文经整理后按照有关规定移交档案管理部门

C. 工作人员离岗离职时，所在机关应当督促其将暂存、借用的公文按照有关规定移交、清退

D. 新设立的机关应当向本级党委、政府的办公厅（室）提出发文立户申请；机关合并或者撤销时，相应进行调整

【参考答案】BCD

【答案解析】机关合并时，全部公文应当随之合并管理；机关撤销时，需要归档的公文经整理后按照有关规定移交档案管理部门。

19. 关于公文标题，下列说法正确的是（　　）。

A. 公文标题具有揭示行文主旨、通览全篇的重要作用

B. 完整的公文标题应当由发文机关名称、事由两个要素组成

C. 公文标题需要回行时，要做到词意完整，排列对成，间距恰当

D. 公文标题中除法规、规章名称加书名号外，一般不用标点符号

【参考答案】ACD

【答案解析】公文标题是公文的一个重要格式要素，是一篇公文的眉目，具有揭示行文主旨、通览全篇的重要作用。按照公文法规的规定，一份完整的公文标题应当由发文机关名称、事由和文种三个要素组成，位于版头之下的正中央，用 2 号小标宋体字，可分一行或多行居中排布。回行时，要做到词意完整，排列对成，间距恰当。公文标题中除法规、规章名称加书名号外，一般不用标点符号。

20. 通知的适用范围主要有（　　）。

A. 批转下级机关的公文

B. 转发上级机关和不相隶属机关的公文

C. 任免人员

D. 宣布重要事项

【参考答案】ABC

【答案解析】通知是党政机关使用频率最高、适用范围最广的文种，主要用来发布法规，传达上级机关的指示，批转下级机关的公文，转发上级机关和不相隶属机关公文，传达要求下级机关办理和需要有关单位周知或执行的事项，任免人员等。

21. 税收信息选题重点是（　　）。

A. 重大决策部署落实情况　　B. 税务工作创新开展情况

C. 税收工作中的突出问题　　D. 税收工作人员任用问题

【参考答案】ABC

【答案解析】税收信息选题重点：一是重大决策部署落实情况；二是税务工作创新开展情况；三是税收工作中的突出问题。

22. 税收宣传工作贴近实际、务求实效的原则，是指要遵循（　　）的要求，注重纳税人最关心、最现实、最直接的利益问题。

A. 贴近实际　　　　　　B. 贴近生活

C. 贴近政策　　　　　　D. 贴近群众

【参考答案】ABD

【答案解析】按照贴近实际、贴近生活、贴近群众的要求，针对纳税

人最关心、最现实、最直接的利益问题,有效发挥宣传政策、舆论引导、凝聚人心、鼓舞士气等作用,提高全社会依法诚信纳税意识和纳税人税法遵从度,增强广大税务干部的法治意识和责任意识,促进税收事业健康发展。

23. 深入学习贯彻党的十九大、十九届二中、三中全会和全国宣传思想工作会议精神,按照总局全面推进税收现代化的部署,强化( ),找准税收宣传的基本定位。

A. 大局意识 B. 责任意识
C. 服务意识 D. 阵地意识

【参考答案】ABD

【答案解析】深入学习贯彻党的十九大、十九届二中、三中全会和全国宣传思想工作会议精神,按照总局全面推进税收现代化的部署,强化大局意识、责任意识和阵地意识,找准税收宣传的基本定位。

24. 税收宣传工作应遵循的原则有( )。

A. 服务大局,把握方向 B. 贴近实际,务求实效
C. 归口管理,协调一致 D. 与时俱进,开拓创新

【参考答案】ABCD

【答案解析】税收宣传工作应遵循的原则:服务大局,把握方向。贴近实际、务求实效。归口管理,协调一致。与时俱进,开拓创新。

25. 税收宣传工作应围绕( )进行。

A. 培养税收共识 B. 促进税法遵从
C. 树立部门形象 D. 优化发展环境

【参考答案】ABCD

【答案解析】贯彻税收宣传工作的总体要求,就是要找准全局性工作、导向性工作、基础性工作三个基本定位,围绕培养税收共识、促进税法遵从、树立部门形象、优化发展环境四项基本目标。

26. 税收宣传的活动形式多样,要构建立体的宣传架构和科学的宣传体系,应坚持的思路是( )。

A. 轻重结合 B. 上下结合
C. 内外结合 D. 长短结合

E. 总分结合

【参考答案】ABCD

【答案解析】税收宣传的活动形式多样，应坚持"轻重结合、上下结合、内外结合、长短结合"的思路，构建立体的宣传架构和科学的宣传体系。

27. 税收新闻宣传稿件写作应注意以下事项（　　）。

A. 所有新闻稿件必须坚持审稿制度

B. 新闻稿件应注重时效性和准确性

C. 要严格遵守各项保密规定

D. 新闻稿件内容应面面俱到

【参考答案】ABC

【答案解析】税收新闻宣传稿件写作应注意以下事项：一是所有新闻稿件必须坚持审稿制度；二是新闻稿件应注重时效性和准确性；三是要严格遵守各项保密规定。

28. 税收新闻发布工作中，新闻发言人的主要职责包括（　　）。

A. 协调、指导税收新闻发布筹备、实施工作

B. 审核新闻发布建议、新闻发布稿和新闻答问口径

C. 主持新闻发布会

D. 代表单位对外发布税收新闻、声明和有关重要信息

【参考答案】ABCD

【答案解析】新闻发言人的主要职责包括：协调、指导税收新闻发布筹备、实施工作；审核新闻发布建议、新闻发布稿和新闻答问口径；主持新闻发布会；代表单位对外发布税收新闻、声明和有关重要信息。

29. 当前，税收宣传工作的要点有（　　）。

A. 统筹宣传重点　　　　B. 做好媒体宣传

C. 推进普法教育　　　　D. 深化信息公开

【参考答案】ABCD

【答案解析】当前税收宣传工作的要点有统筹宣传重点、做好媒体宣传、推进普法教育、深化信息公开等。

30. 税收宣传工作要做好媒体宣传，应做到（　　）。

A. 抓好新闻发布 B. 推进专题报道
C. 加强典型报道 D. 开展融合报道

【参考答案】ABCD

【答案解析】税收宣传工作要做好媒体宣传，应做到抓好新闻发布，推进专题报道，加强典型报道，开展融合报道。

31. 对社会和纳税人主动公开的内容主要包括（　　）。

A. 机构设置 B. 工作计划
C. 税务干部队伍建设情况 D. 人事管理事项

【参考答案】ABCD

【答案解析】对社会和纳税人主动公开的内容主要包括：领导简介、机构设置、主要职能、行业概况、工作计划、工作动态、税收政策法规、税收征管制度、办税指南、行政许可规定、税务稽查情况、税收收入统计数据、税务干部队伍建设情况、人事管理事项、注册税务师管理事项、重大项目、政府采购等内容。

32. 政府信息依申请公开的处理流程包括（　　）。

A. 申请 B. 受理
C. 办理 D. 答复

【参考答案】ABCD

【答案解析】税务机关对公民、法人或其他组织依法向税务机关提交的政府信息公开申请进行分析、判断和处理，并根据具体情况和相关政策在规定时限内作出回复。处理流程分为申请、受理、自行办理/转办等环节。办理包括信息处理、审查、答复、转办等。

33. 信息公开岗位人员对申请公开信息进行审查时，主要审查信息的（　　）。

A. 真实性 B. 涉密性
C. 可靠性 D. 政策性

【参考答案】ABC

【答案解析】对于拟公开的信息应根据信息重要程度进行不同级别的内容审查。主要审查信息的真实性、涉密性和可靠性，确保所提供的信息及时、准确、不泄密。

34. 各级税务机关应本着的（   ）原则，科学培养梯级宣传人才队伍，并着重加强文字表达、宣传策划、传媒技巧等方面知识培训和技能磨炼，推进优秀宣传人才脱颖而出，建立起一支专业型与复合型、专职与兼职相结合的税收宣传队伍。

  A. 培养人   B. 锻炼人

  C. 发展人   D. 完善人

【参考答案】AC

【答案解析】各级税务机关应本着培养人、发展人的原则，科学培养梯级宣传人才队伍，并着重加强文字表达、宣传策划、传媒技巧等方面知识培训和技能磨炼，推进优秀宣传人才脱颖而出，建立起一支专业型与复合型、专职与兼职相结合的税收宣传队伍。

35. 设区的市、自治州一级的税务机关及其授权的机关、单位可以确定（   ）国家秘密。

  A. 绝密级   B. 机密级

  C. 严密级   D. 秘密级

【参考答案】BD

【答案解析】设区的市、自治州一级的税务机关及其授权的机关、单位可以确定机密级和秘密级国家秘密。

36. 下列属于永久保管的文书档案的是（   ）。

  A. 本机关召开会议、举办活动等形成的一般性文件材料

  B. 本机关召开重要会议、举办重大活动等形成的主要文件材料

  C. 本机关职能活动中形成的重要业务文件材料

  D. 税务机关制定的法规政策性文件材料

【参考答案】BCD

【答案解析】本机关召开会议、举办活动等形成的一般性文件材料属于定期保管的文书档案。

37. 泄密事件报告的主要内容包括（   ）。

  A. 被泄露国家秘密事项的内容、密级、数量及其载体形式

  B. 泄密事件的发现经过

  C. 泄密责任人的基本情况

D. 泄密事件造成或可能造成的危害

【参考答案】ABCD

【答案解析】泄密事件报告的主要内容包括：被泄露国家秘密事项的内容、密级、数量及其载体形式；泄密事件的发现经过；泄密责任人的基本情况；泄密事件造成或可能造成的危害；已进行或拟采取的补救措施及查处情况。

38. 各级税务机关应建立健全文件材料的归档制度。需要归档的文件材料范围包括（　　）。

A. 反映本机关主要职能活动和基本历史面貌的，对本机关工作、国家建设和历史研究具有利用价值的文件材料

B. 机关工作活动中形成的在维护国家、集体和公民权益等方面具有凭证价值的文件材料

C. 下级机关文件材料中，供参阅的简报、情况反映，抄送或越级抄送的文件材料

D. 本机关需要贯彻执行的上级机关、同级机关的文件材料，下级机关报送的重要文件材料

【参考答案】ABD

【答案解析】下级机关文件材料中，供参阅的简报、情况反映，抄送或越级抄送的文件材料属于不需要归档的文件材料范围。

39. 下列属于定期保管的文书档案的是（　　）。

A. 本机关职能活动中形成的一般性业务文件材料

B. 本机关召开会议、举办活动等形成的一般性文件材料

C. 本机关一般性事务管理文件材料

D. 下级机关报送的年度或年度以上计划、总结、统计、重要专题报告等文件材料

【参考答案】ABCD

【答案解析】ABCD都属于定期保管的文书档案。

40. 销毁确无保存价值的档案时，应当（　　）。

A. 写出销毁档案报告，说明销毁理由、原保管期限、数量和简要内容，连同编写的销毁清册一起送单位领导和办公室（厅）负责人审核

B. 报机关领导批准后方可销毁，并在原案卷目录上注销

C. 在销毁档案时，应当与机关保卫部门取得联系

D. 指定两人以上监销，并由监销人员在销毁清册上签字

【参考答案】ABCD

【答案解析】ABCD 都是档案的销毁时的注意点。

41. 下列（　　）措施可以降低会议成本。

A. 应尽可能采用视频会议等形式召开

B. 网络视频等现代信息技术手段

C. 电视电话、网络视频会议的主会场和分会场应当控制规模，节约费用支出

D. 应优先考虑内部会议室、礼堂、宾馆、招待所、培训中心作为会议场所

【参考答案】ABCD

【答案解析】ABCD 都有利于降低会议成本。

42. 公务接待应当坚持的原则包括（　　）。

A. 务实节俭　　　　　　　　B. 严格标准

C. 简化礼仪　　　　　　　　D. 尊重少数民族风俗习惯

【参考答案】ABCD

【答案解析】公务接待应当坚持有利公务、务实节俭、严格标准、简化礼仪、高效透明、尊重少数民族风俗习惯的原则。

43. 会议决议是会议目标的具体体现。对于会议决议要求的说法正确的有（　　）。

A. 要有一个准确的会议记录，并根据需要，形成会议纪要

B. 会议的各项决议要有具体执行人员及完成期限

C. 任何情况不得停止或擅自更改已决定事项的执行

D. 建立会议事后跟踪督促制度，使会议的每项决议都有根据、有检查

【参考答案】ABD

【答案解析】一般在组织上未改变决定之前，不得停止或擅自更改已决定事项的执行。

44. 尊位应该具有以下（　　）特征。

A. 主方尊位又比客方尊位更重要一些

B. 尊位应该居于中心意义的位置

C. 尊位应该具有视野上的最佳位置

D. 尊位应具有行动上的最便利条件

【参考答案】BCD

【答案解析】尊位应该具有以下三个特征：尊位应该居于中心意义的位置；尊位应该具有视野上的最佳位置；尊位应具有行动上的最便利条件。

45. 突发事件应对工作原则是（　　）。

A. 以人为本，减少危害　　　B. 属地为主，分级负责

C. 依法规范，统一指挥　　　D. 注重预防，科学处置

【参考答案】ABCD

【答案解析】突发事件应对工作原则：以人为本，减少危害。属地为主，分级负责。依法规范，统一指挥。注重预防，科学处置。

46. 应急管理的意义不包括（　　）。

A. 关系服务经济社会发展全局和保护人民群众生命财产安全的大事

B. 是各级税务机关坚持"为国聚财、为民收税"工作宗旨的重要体现

C. 是税务系统加强社会管理、化解社会矛盾、应对事故灾害的形势所需

D. 防止突发事件发生及减少突发事件造成的危害

【参考答案】ABC

【答案解析】加强税务系统应急管理工作，是关系服务经济社会发展全局和保护人民群众生命财产安全的大事；是各级税务机关坚持"为国聚财、为民收税"工作宗旨的重要体现；是税务系统加强社会管理、化解社会矛盾、应对事故灾害的形势所需。

47. 向税务总局上报的突发事件的书面报告包括（　　）。

A. 初次报告　　　　　　　　B. 再次报告

C. 阶段报告　　　　　　　　D. 总结报告

【参考答案】ACD

【答案解析】书面报告分初次报告、阶段报告和总结报告。

48. 绩效管理是整个组织管理的子系统，又是若干管理单元的集合，它包括（　　）三个层次，各子系统、各层次又相互影响、制约与联动。

　　A. 组织绩效　　　　　　　B. 总体绩效
　　C. 部门绩效　　　　　　　D. 员工个人绩效

【参考答案】ACD

【答案解析】绩效管理是整个组织管理的子系统，又是若干管理单元的集合，它包括组织绩效、部门绩效、员工个人绩效三个层次，各子系统、各层次又相互影响、制约与联动。

49. 税务系统推行的绩效管理基本原则是（　　）。

　　A. 统一领导，分级管理　　　B. 结合实际，探索创新
　　C. 科学合理，客观公正　　　D. 重点突破，整体推进

【参考答案】ABCD

【答案解析】税务系统推行绩效管理基本原则：统一领导，分级管理；结合实际，探索创新；科学合理，客观公正；重点突破，整体推进。

50. 税务系统推行绩效管理的总体情况包括（　　）。

　　A. 绩效管理试运行成果显著　　B. 绩效管理正式运行稳步推进
　　C. 绩效管理提升改进成效明显　　D. 绩效管理集成升级思路清晰

【参考答案】ABCD

【答案解析】税务系统推行绩效管理的总体情况包括：绩效管理试运行成果显著；绩效管理正式运行稳步推进；绩效管理提升改进成效明显；绩效管理集成升级思路清晰。

51. 以下属于绩效管理模式与方法的是（　　）。

　　A. 目标管理（MBO）　　　　B. 关键绩效指标（KPI）
　　C. 平衡计分卡（BSC）　　　D. 360度考评

【参考答案】ABCD

【答案解析】绩效管理不仅能促进组织和个人绩效的提升，而且还能促进管理流程和业务流程的优化，从而最终保证组织战略目标的实现。目前，实践中存在几种流行的绩效管理模式与方法，如目标管理

(MBO)、关键绩效指标（KPI）、平衡计分卡（BSC）、360 度考评等。

52. 政府绩效管理是以全方位地（　　）为目标。

A. 追求社会公平　　　　　　B. 提高效率和服务质量

C. 改善公共责任机制　　　　D. 提高公众的满意程度

【参考答案】ABCD

【答案解析】政府绩效管理是以全方位地追求社会公平、提高效率和服务质量、改善公共责任机制和提高公众的满意程度为目标。

53. 关于督查督办的工作时限，下列说法（　　）是正确的。

A. 督办事项必须有明确的时限要求，承办单位必须按时限要求办结。对需由多个单位共同完成的督办事项，总的时限要求由督办部门确定，协办时限要求由主办单位确定

B. 党中央、国务院文件需要落实的事项，由督办部门商承办单位合理确定办理时限，并报督办部门领导审定

C. 党中央、国务院领导同志批示交办的事项，税务总局党组会议、局务会议、局长办公会议、局领导专题会议议定需要落实的事项，中央企业事业单位来文，各地税务机关的请示性文件，税务总局领导调研时基层税务机关反映的问题，重要信访案件和群众反映的热点、难点问题等，须在 30 日内完成

D. 没有按时完成督办事项，在督办时限后办理延期申请手续的，按逾期未办结处理

【参考答案】ABCD

54. 开展系统督查过程中，可以（　　）。

A. 邀请第三方机构，对有关政策措施落实情况开展评估

B. 通过互联网络对落实效果进行评价

C. 可以邀请税务新闻媒体或其他社会新闻媒体，对落实情况好的单位进行宣传，对落实不力的典型情况予以曝光

D. 上级税务机关可以适时组织下级税务机关开展交叉督查

【参考答案】ABCD

【答案解析】选项 ABCD 都属于开展系统督查过程中可以选择措施。

55. 科研课题申请者应符合以下条件和规定（　　）。

A. 科研机构的人员须具有副高以上职称，重点课题申请者须具有正高职称或者司局级以上行政职务

B. 税务机关和社团组织的人员应具有副高以上职称或处级以上职务，本科以上学历，从事与申请课题相关工作 5 年以上

C. 课题负责人每年可申请 1—2 个课题，参加课题组的成员必须从事课题的实质性研究工作

D. 承担税务总局科研课题但尚未完成者，不得申请新的课题

【参考答案】ABD

【答案解析】科研课题申请者应符合以下条件和规定：科研机构的人员须具有副高以上职称；税务机关和社团组织的人员应具有副高以上职称或处级以上职务，本科以上学历，从事与申请课题相关工作 5 年以上；重点课题申请者须具有正高职称或者司局级以上行政职务。课题负责人每年只能申请 1 个课题。参加课题组的成员必须从事课题的实质性研究工作。承担税务总局科研课题但尚未完成者，不得申请新的课题。

（三）判断题

1. 公告适用于依照有关法律、行政法规发布税务规章，宣布施行重大强制性行政措施，嘉奖有关单位及人员。（　　）

【参考答案】×

【答案解析】命令（令）适用于依照有关法律、行政法规发布税务规章，宣布施行重大强制性行政措施，嘉奖有关单位及人员。

2. 函适用于相互隶属机关之间商洽工作、询问和答复问题、请求批准和答复审批事项。（　　）

【参考答案】×

【答案解析】函适用于不相隶属机关之间商洽工作、询问和答复问题、请求批准和答复审批事项。

3. 对没有隶属关系的平级单位或其他单位来文请求批准有关事项，不能使用"批复"，只能采用"函"。（　　）

【参考答案】×

【答案解析】对没有隶属关系的平级单位或其他单位来文请求批准有

第三章 政务管理

关事项，不能使用"批复"，应当采用"通知"或"函"。

4. 向有关单位请求批准事项、答复有关单位询问事项、向外单位咨询有关事项、与有关单位商洽工作、向有关单位报送工作进展情况、答复外单位来文征求意见使用"意见"。　　　　　　　　　（　　）

【参考答案】×

【答案解析】向有关单位请求批准事项、答复有关单位询问事项、向外单位咨询有关事项、与有关单位商洽工作、向有关单位报送工作进展情况、答复外单位来文征求意见使用"函"。

5. 公文的紧急程度分特急、加急和平急三种。　　　　　　（　　）

【参考答案】×

【答案解析】公文的紧急程度分特急、加急两种。

6. 转发公文，标题一般为：本机关名称＋转发＋被转发文件的标题＋……的通知；多层转发的，根据主要事由自拟标题，标题中含"转发"字样；可以以被转发文件的发文字号作为标题。　　　　（　　）

【参考答案】×

【答案解析】转发公文，标题一般为：本机关名称＋转发＋被转发文件的标题＋……的通知；多层转发的，根据主要事由自拟标题，但标题中应含"转发"字样；不得以被转发文件的发文字号作为标题。

7. 公文如有多个附件，使用阿拉伯数字标注附件顺序号（如"附件：1.×××;"）；附件名称后加分号直至最后一个附件加句号。（　　）

【参考答案】×

【答案解析】公文如有多个附件，使用阿拉伯数字标注附件顺序号（如"附件：1.×××"）；附件名称后不加标点符号。

8. 公文附件是指公文印发传达范围以及在正文中不宜说明的其他事项。　　　　　　　　　　　　　　　　　　　　　　　（　　）

【参考答案】×

【答案解析】公文附注是指公文印发传达范围以及在正文中不宜说明的其他事项。

9. 公文的每一页都要编排页码。　　　　　　　　　　　（　　）

【参考答案】×

【答案解析】公文的版记页前有空白页的，空白页和版记页均不编排页码。公文的附件与正文一起装订时，页码应当连续编排。

10. 公文的紧急程度分特急、加急两种。"特急"是指：内容重要并特别紧急，已临近规定的办结时限，需特别优先传递处理的公文。"加急"是指：内容重要并紧急，需打破工作常规，优先传递处理的公文。
（　　）

【参考答案】√

【答案解析】公文的紧急程度分特急、加急两种。"特急"是指：内容重要并特别紧急，已临近规定的办结时限，需特别优先传递处理的公文。"加急"是指：内容重要并紧急，需打破工作常规，优先传递处理的公文。

11. 上行文原则上主送一个上级机关，根据需要同时抄送相关上级机关和同级机关，可抄送下级机关。
（　　）

【参考答案】×

【答案解析】上行文原则上主送一个上级机关，根据需要同时抄送相关上级机关和同级机关，不抄送下级机关。

12. 各级税务机关一般不得越级行文。因特殊情况（如重大灾害、重大案件、重大事故等）必须越级行文时，可越级行文，但必须抄送被越过的上级机关。
（　　）

【参考答案】×

【答案解析】各级税务机关一般不得越级行文。因特殊情况（如重大灾害、重大案件、重大事故等）必须越级行文时，应当抄送被越过的上级机关（下级机关反映其直接上级机关和领导人问题的除外）。

13. 各级税务机关报送上级税务机关的公文，要同时报送上级税务机关的内设机构；邮寄时，收件人（单位）应与公文主送单位一致。
（　　）

【参考答案】×

【答案解析】各级税务机关报送上级税务机关的公文，不得同时报送上级税务机关的内设机构；邮寄时，收件人（单位）应与公文主送单位一致。

14. 公文签发后，由文秘部门统一编排文号。文号应当连续编排；编号后取消发文的，原文号可都可重新使用。　　　　（　　）

【参考答案】×

【答案解析】公文签发后，由文秘部门统一编排文号。文号应当连续编排；编号后取消发文的，原文号重新使用；跨年度取消发文的，原文号不再使用。

15. 公文发出后，因发现错误无须追回的，只要通知发送范围内的所有单位即可。　　　　　　　　　　　　　　（　　）

【参考答案】×

【答案解析】公文发出后，因发现错误需要追回的，应当及时通知发送范围内的所有单位，有关单位应当配合做好公文收回工作。

16. 对收到公文的处理，必须依据签收日期采取先签收先处理的原则。　　　　　　　　　　　　　　　　　　　（　　）

【参考答案】×

【答案解析】对来文标有"特急"或"加急"字样的，收文部门应当优先进行审核，及时送下一环节办理。

17. 《中华人民共和国档案法》规定个人可以保存应当归档的公文。
　　　　　　　　　　　　　　　　　　　　　　　（　　）

【参考答案】×

【答案解析】公文办理完毕后，应当根据《中华人民共和国档案法》及档案管理有关规定，及时将公文定稿、正本和有关材料交本部门文秘人员整理、归档。个人不得保存应当归档的公文。

18. 绝密级公文不可以复制、汇编。　　　　　　　（　　）

【参考答案】×

【答案解析】绝密级公文一般不得复制、汇编，确有工作需要的，应当经发文机关或者其上级机关批准。

19. 用于在一定范围内公布应当遵守或周知的事项的公文是通知。
　　　　　　　　　　　　　　　　　　　　　　　（　　）

【参考答案】×

【答案解析】用于在一定范围内公布应当遵守或周知的事项的公文是

通告。

20. 关于印发《国家税务总局××市税务局局长办公会议纪要》的通知，其制发者是会议记录者。（　　）

【参考答案】×

【答案解析】关于印发《国家税务总局××市税务局局长办公会议纪要》的通知，其制发者是××市国家税务局。

21. 主送或抄送部分地区税务机关时，地方税务局排列在前，国家税务局排列在后。（　　）

【参考答案】×

【答案解析】主送或抄送部分地区税务机关时，国家税务局排列在前，地方税务局排列在后。

22. 税收信息编写要突出中心，有主有次，文字规范。在实际写作时，要尽量避免可能出现的一些通病，切记面面俱到。（　　）

【参考答案】√

【答案解析】税收信息编写要突出中心，有主有次，文字规范。在实际写作时，要尽量避免可能出现的一些通病，切忌面面俱到。

23. 各级税务机关负责人是本机关保密工作第一责任人。（　　）

【参考答案】×

【答案解析】各级税务机关主要领导是本机关保密工作第一责任人。

24. 绝密级载体应当存放在密码保险柜中，由专人管理，如需要携带绝密级涉密载体参加涉外活动或出境，需要专人保管。（　　）

【参考答案】×

【答案解析】绝密级载体应当存放在密码保险柜中，由专人管理。禁止携带绝密级涉密载体参加涉外活动或出境。

25. 税务机关人员可以根据工作需要卸载涉密计算机上的安全保密防护软件或设备。（　　）

【参考答案】×

【答案解析】税务机关人员在使用信息设备时不得有下列行为：擅自卸载涉密计算机上的安全保密防护软件或设备。

26. 税务机关人员可以暂时使用低密级信息设备存储、处理高密级信

息。 （ ）

【参考答案】×

【答案解析】税务机关人员在使用信息设备时不得有下列行为：使用低密级信息设备存储、处理高密级信息。

27. 涉密信息系统的保密设施、设备应当与系统同步规划、同步建设、同步运行。 （ ）

【参考答案】√

【答案解析】涉密信息系统的保密设施、设备应当与系统同步规划、同步建设、同步运行。

28. 开据介绍信要按规定将内容填列齐全，介绍信存根要保管 3 年。
 （ ）

【参考答案】×

【答案解析】开据介绍信要按规定将内容填列齐全，介绍信存根要保管 5 年。特殊情况需用信笺作介绍信时，用印人需登记留底。

29. 局务会议、局长办公会议的议题由办公厅（室）确定，会议组织工作由局长负责。 （ ）

【参考答案】×

【答案解析】局务会议、局长办公会议的议题由局长确定，会议组织工作由办公厅（室）负责。

30. 局内会议包括局党组会议、局务会议、局长办公会议和局领导专题会议四种。 （ ）

【参考答案】√

31. "直接形成"说明档案的记录性，"历史纪录"说明档案的原始性，档案是记录历史真实面貌的原始文献，具有历史再现性。 （ ）

【参考答案】×

【答案解析】"直接形成"说明档案的原始性，"历史纪录"说明档案的记录性，档案是记录历史真实面貌的原始文献，具有历史再现性。

32. 各级税务机关的党委书记是信访工作的第一责任人，对本辖区的信访工作负总责。 （ ）

【参考答案】×

【答案解析】各级税务机关的主要领导是信访工作的第一责任人。

33. 各级税务机关应当及时、准确、全面、有效地向上级税务机关报送信访信息。（　　）

【参考答案】×

【答案解析】各级税务机关应当及时、准确、全面、有效地向上级税务机关和地方党委、政府报送信访信息。

34. 信访事项实行"谁首办、谁负责"的首办责任制。（　　）

【参考答案】√

35. 办理机关和主办部门应当认真分析研究通过初信初访反映的信息，及时向领导报告并提出解决建议，防止问题扩大化，防止引发重复访、越级访。（　　）

【参考答案】×

【答案解析】对具有倾向性和普遍性的问题，及时向领导报告并提出解决建议。

36. 复核机关是信访事项终结工作的责任主体，对终结果终身负责。（　　）

【参考答案】√

37. 信访督促检查坚持谁交办、谁督办和分级管理、分工协作的原则。（　　）

【参考答案】√

38. 税务系统内部对属地管理责任归属有争议的，由其上级税务机关确定。（　　）

【参考答案】×

【答案解析】税务系统内部对属地管理责任归属有争议的，由其共同的上级税务机关确定。

39. 群众来访涉及的事项专业性、政策性较强或影响较大的，由信访工作机构接谈处理。（　　）

【参考答案】×

【答案解析】群众来访涉及的事项专业性、政策性较强或影响较大的，由有关工作部门与信访工作机构共同接谈处理。

40. 督办可以采取督查调研、跟踪检查、实地督查、召开联席会议等多种形式进行。（　　）

【参考答案】√

41. 党政机关领导班子成员对本地区、本部门、本系统的信访工作负总责。（　　）

【参考答案】×

【答案解析】党政机关领导班子主要负责人对本地区、本部门、本系统的信访工作负总责。

42. 一般的突发事件是Ⅰ级。（　　）

【参考答案】×

【答案解析】各类突发事件按照其性质、严重程度、可控性和影响范围等因素分成4级，特别重大的是Ⅰ级，重大的是Ⅱ级，较大的是Ⅲ级，一般的是Ⅳ级。

43. 重大的突发事件是Ⅲ级。（　　）

【参考答案】×

【答案解析】各类突发事件按照其性质、严重程度、可控性和影响范围等因素分成4级，特别重大的是Ⅰ级，重大的是Ⅱ级，较大的是Ⅲ级，一般的是Ⅳ级。

44. 对于舆情的监测和准确研判是正确开展网络舆论引导的前提。（　　）

【参考答案】×

【答案解析】了解涉税网络舆情的特点，认识其发展规律，是正确开展网络舆论引导的前提。

45. 了解涉税网络舆情的特点，认识其发展规律是舆情应对的前提。（　　）

【参考答案】×

【答案解析】对于舆情的监测和准确研判是舆情应对的前提。

46. 监测得越早、研判得越准，越有利于应急处置工作。（　　）

【参考答案】√

47. 应急管理是应对突发事件造成或可能造成损害、构成威胁等问题

提出的。 （ ）

【参考答案】√

【答案解析】应急管理是应对突发事件造成或可能造成损害、构成威胁等问题提出的。

48. 把保障税务工作人员和相关人员的生命健康作为首要任务，维护国家利益和税务系统财产安全，最大限度地减少突发事件造成的危害体现了以人为本，减少危害的工作原则。 （ ）

【参考答案】√

【答案解析】突发事件应对工作原则，以人为本，减少危害。把保障税务工作人员和相关人员的生命健康作为首要任务，维护国家利益和税务系统财产安全，最大限度地减少突发事件造成的危害。

49. 税务系统特别重大（Ⅰ级）、重大（Ⅱ级）突发事件发生后，事发地税务机关要立即报告上一级税务机关，必要时，可跳过上一级税务机关直接向税务总局报告。 （ ）

【参考答案】×

【答案解析】税务系统特别重大（Ⅰ级）、重大（Ⅱ级）突发事件发生后，事发地税务机关要立即报告上一级税务机关，最迟不超过1小时。必要时，可直接向税务总局报告，同时补报上一级税务机关。

50. 对当地省级人民政府规定的较大（Ⅲ级）以上突发事件，或出现税务工作人员非正常死亡的事件，事发地税务机关应及时直接报告税务总局。 （ ）

【参考答案】×

【答案解析】对当地省级人民政府规定的较大（Ⅲ级）以上突发事件，或出现税务工作人员非正常死亡的事件，事发地税务机关应及时逐级报告税务总局。

51. 对税务总局要求上报的突发事件，应在接到通知后立即上报，并且只能以书面形式报告。 （ ）

【参考答案】×

【答案解析】对税务总局要求上报的突发事件，应在接到通知后立即上报。报告形式包括口头报告、书面报告。

52. 突发事件已处置完毕或取得预期处置结果后，应终止应急程序。
（　）

【参考答案】√

【答案解析】突发事件已处置完毕或取得预期处置结果后，应终止应急程序。

53. 绩效管理是一种管理思想和手段，以其完善的体系、优美的流程和持续改进的良性循环被管理学家誉为管理者的"宝剑"。（　）

【参考答案】×

【答案解析】绩效管理是一种管理思想和手段，以其完善的体系、优美的流程和持续改进的良性循环被管理学家誉为管理者的"圣杯"。

54. 税务系统推行绩效管理围绕提升站位、增强税务公信力和执行力的"一提双增"目标，打造一条索链、构筑一个闭环、形成一种格局，一种格局是"纵向到底、横向到边、双向互动、环环相扣、人人负责、层层向上"的责任格局。（　）

【参考答案】×

【答案解析】税务系统推行绩效管理围绕提升站位、增强税务公信力和执行力的"一提双增"目标，打造一条索链、构筑一个闭环、形成一种格局，一种格局是"纵向到底、横向到边、双向互动、环环相扣、层层负责、人人向上"的责任格局。

55. 督查督办应按照统一负责的原则。（　）

【参考答案】×

【答案解析】督查督办应按照分级负责的原则。

56. 承办单位如认为督办事项不属于本单位或本部门职责范围，应将"督办通知单"立即退回督查部门并说明理由，或自行转送其他单位或部门办理。（　）

【参考答案】×

【答案解析】应将"督办通知单"立即退回督查部门并说明理由，不得自行转送其他单位或部门办理。

57. 国家税务总局科研所是全国税收科学研究的中心，对全国税务系统的税收科学研究负责规划、组织、指导、协调。对重大科研成果进行

评审和鉴定，对优秀科研成果定期给予表彰与奖励。　　　　（　　）

【参考答案】√

(四) 简答题

1. 以本机关名义制发公文的过程中复核的重点包括哪些？

【参考答案】审批、签发手续是否完备，附件材料是否齐全，格式是否统一、规范等。经复核需要对文稿进行实质性修改的，应当提请签发人复审并签名。公文签发后，由文秘部门统一编排文号。文号应当连续编排；编号后取消发文的，原文号重新使用；跨年度取消发文的，原文号不再使用。

2. 税务系统的公文中有哪些文种属于下行文？

【参考答案】在《全国税务机关公文处理办法》规定的13种文体中，命令（令）、决议、公告、通告、通报、批复属于下行文，通知一般是下行文，意见也可以作为下行文使用。

3. 税收宣传工作应遵循的原则是什么？

【参考答案】（1）服务大局，把握方向；（2）贴近实际、务求实效；（3）归口管理，协调一致；（4）与时俱进，开拓创新。

4. 请从税务系统角度说说如何传播正能量？

【参考答案】宣传税务系统先进人物和先进事迹。征集、评选税收宣传优秀作品。

5. 简述哪些文书档案需要永久保管？

【参考答案】（1）税务机关制定的法规政策性文件材料；（2）本机关召开重要会议、举办重大活动等形成的主要文件材料；（3）本机关职能活动中形成的重要业务文件材料；（4）本机关关于重要问题的请示与上级机关的批复、批示，重要的报告、总结、综合统计报表等；（5）本机关机构演变、人事任免等文件材料；（6）上级机关制发的属于本机关主管业务的重要文件材料；（7）同级机关、下级机关关于重要业务问题的来函、请示与本机关的复函、批复等文件材料。

6. 来访发生哪些情形，由来访人员所在地的税务机关主要领导带队，及时到上级税务机关进行劝返？

【参考答案】(1) 5 人以上的集体访；(2) 来访人员提出的信访事项可能引发集体上访、群体性事件或者恶性突发事件的；(3) 经上级税务机关多次催办仍未得到解决的；(4) 到税务机关长期滞留、缠访闹访的；(5) 到税务机关上访时有过激言行的。

7. 绩效管理有哪些常用方法？

【参考答案】(1) 平衡计分卡（Balanced Score Card, BSC）；(2) 目标管理法；(3) 标杆管理（基准管理）；(4) 关键绩效指标（Key Performance Indicator, KPI）；(5) 360 度评估。

8. 简述开展实地督查督办，尤其是系统督查，要做好哪些准备工作。

【参考答案】准备工作主要包括：一是拟订方案；二是组建督查组；三是开展培训；四是下发督查通知；五是发布督查公告。

9. 案头督查的主要程序有哪四个环节。

【参考答案】一是立项通知，经领导批准下发督查通知，布置督查任务；二是跟踪催办，对需要落实和整改的事项，进行跟踪催办，督促被督查单位落实整改到位；三是情况反馈。被督查单位按要求认真整改到位，并将整改报告以正式公文报督查部门；四是总结报告。对整改落实情况进行审核分析，报局领导审示。

10. 简述督查督办工作有哪些保障措施？

【参考答案】保障措施有：责任追究；情况报告；安全保密。

第四章 财务与机关事务管理

(一)单选题

1. 行政单位应当以( )为依据进行会计核算。

A. 实际发生的经济业务或者事项

B. 即将发生的经济业务或者事项

C. 财务报表

D. 行政单位自身以外发生的经济业务

【参考答案】A

【答案解析】根据行政单位会计信息的质量的可靠性要求,行政单位应当以实际发生的经济业务或者事项为依据进行会计核算,如实反映各项会计要素的情况和结果,保证会计信息真实可靠。

2. 负责本单位会计档案的搜集、整理和保管工作是( )的岗位职责。

A. 基本建设管理   B. 会计

C. 固定资产管理   D. 财务管理部门负责人

【参考答案】B

【答案解析】会计岗位职责:负责本单位会计档案的搜集、整理和保管工作。

3. 税务系统会计主要是( )。

A. 事业单位会计   B. 核算会计

C. 行政单位会计   D. 记账会计

【参考答案】C

【答案解析】税务系统会计包括行政单位会计和事业单位会计，但主要是行政单位会计。

4. 按照税务系统的会计核算的主体分类，县级税务局属于（　　）。

　　A. 主管会计单位　　　　　B. 二级会计单位

　　C. 三级会计单位　　　　　D. 基层会计单位

【参考答案】D

【答案解析】县级税务局向上一级会计单位领报经费，并发生预算管理关系，没有下级会计单位，为基层会计单位。

5. 税务系统会计核算的特点是（　　）。

　　A. 税务系统会计核算基础是权责发生制

　　B. 进行成本核算

　　C. 资金运动是单向的

　　D. 会计核算对象主要是预算资金的结果

【参考答案】C

【答案解析】税务系统会计核算基础是收付实现制，不进行成本核算，资金运动是单向的，会计核算对象主要是预算资金的取得、使用和结果。

6. 重新颁布修订后的《中华人民共和国预算法》自（　　）起施行。

　　A. 2014年1月1日　　　　B. 2015年1月1日

　　C. 2016年1月1日　　　　D. 2017年1月1日

【参考答案】B

【答案解析】2014年8月31日，十二届全国人大常委会第十次会议通过了修订后的《中华人民共和国预算法》，自2015年1月1日起施行。

7. 部门预算、决算，应于各级政府财政部门批复后（　　）个自然日内公开。

　　A. 15　　　　　　　　　　B. 20

　　C. 25　　　　　　　　　　D. 30

【参考答案】B

【答案解析】这是修订后的《中华人民共和国预算法》的规定。

8. 政府预算、预算调整、决算和预算执行情况的报告及其报表的公开主体是（　　）。

　　A. 本级政府财政部门　　　　　B. 本级政府税务部门

　　C. 本级政府常委会　　　　　　D. 本级政府人大

【参考答案】A

【答案解析】这是修订后的《中华人民共和国预算法》的规定。

9. 本级政府财政部门应当向社会公开的事项不包括（　　）。

　　A. 经本级人大或者常委会批准的预算报告及报表

　　B. 经本级人大或者常委会批准的预算调整报告及报表

　　C. 经本级人大或者常委会批准的决算、预算执行情况报告及报表

　　D. 涉及国家秘密的事项

【参考答案】D

【答案解析】这是修订后的《中华人民共和国预算法》的规定。

10. 目前，国家税务局系统部门预算编制实行（　　）的基本流程。

　　A. "一上一下"　　　　　　　B. "二上二下"

　　C. "一上二下"　　　　　　　D. "二上一下"

【参考答案】B

【答案解析】目前，国家税务局系统部门预算编制实行"二上二下"的基本流程，自下而上、逐级编报、层层审核预算，自上而下、逐级批复预算。

11. 按照实际工作程序，国家税务局系统预算编制程序划分为"准备"以及（　　）共（　　）个阶段。

　　A. "一上"、"一下"、"二上"　　　　　　四

　　B. "一上"、"一下"、"二上"、"二下"　　　五

　　C. "一上"、"一下"、"二上"、"二下"　　　五

　　D. "一上"、"一下"、"二上"、"二下"、"三上"　　六

【参考答案】C

【答案解析】这是修订后的《中华人民共和国预算法》的规定。

12. 在预算执行中，各级政府一般不制定增加、减少财政收入或者支出的政策和措施，其目的是（　　）。

A. 推进预算公开 B. 设置预算稳定调节基金
C. 硬化预算对政府支出的约束力 D. 利于预算调整

【参考答案】C

【答案解析】修订后的《中华人民共和国预算法》坚持厉行节约的原则，增加了上述规定，目的是硬化预算对政府支出的约束力。

13. 部门预算是由基层预算单位编制，逐级上报、审核、汇总，经（　）审核后提交立法机关依法批准的涵盖部门各项收支的综合财政计划。

A. 税务部门 B. 立法机关
C. 财政部门 D. 政府部门

【参考答案】C

【答案解析】根据修订后的《中华人民共和国预算法》的规定，部门预算由财政部门审核。

14. 国家税务局系统预算编制程序的"准备"阶段的时间节点为每年（　）。

A. 4—5月 B. 6—7月
C. 10—11月 D. 11—12月

【参考答案】A

【答案解析】ABCD 四个选项分别为国家税务局系统预算编制程序的"准备""一上""一下""二上"阶段的时间节点。

15. 预算执行的基础是（　）。

A. 年度预算指标对账 B. 项目支出预算
C. 预算指标拆解 D. 基本支出预算

【参考答案】C

【答案解析】预算指标拆解是指预算单位收到预算批复后，预算管理部门对本单位总预算中所规定的有关指标加以分解并落实到各责任部门或责任人。所以预算指标拆解是预算执行的基础。

16. 基本支出预算包括（　）。

A. 日常公用经费 B. 人员经费
C. 人员经费和日常公用经费 D. 公务招待费

【参考答案】C

【答案解析】基本支出预算是部门支出预算的主要组成部分，是行政事业单位为保障其机构正常运转、完成日常工作任务所必需的开支，包括人员经费和日常公用经费两部分。

17. 行政单位的收入，包括（ ）和其他收入。

A. 行政事业性收费　　　　　　B. 政府性基金
C. 财政拨款收入　　　　　　　D. 国有资产处置和出租出借收入

【参考答案】C

【答案解析】行政单位收入包括财政拨款收入和其他收入。行政单位依法取得的应当上缴财政的罚没收入、行政事业性收费、政府性基金、国有资产处置和出租出借收入等，不属于行政单位的收入。

18. 对行政单位其他收入管理要求，不包括（ ）。

A. 来源合法　　　　　　　　　B. 依法纳税
C. 部分其他收入纳入单位预算　D. 管理合规

【参考答案】C

【答案解析】对行政单位其他收入管理要求是必须合规，所有其他收入必须纳入单位预算，严禁设立"小金库"。

19. 国税系统事业单位通过部门预算从财政部取得的各类财政拨款属于（ ）。

A. 财政补助收入　　　　　　　B. 事业收入
C. 上级补助收入　　　　　　　D. 其他收入

【参考答案】A

【答案解析】题干阐述的是事业单位财政补助收入的定义，选项A符合。

20. 江苏省某税校2016年度从省税务局获得各项补助计50万元，这50万元属于该校的（ ）。

A. 事业收入　　　　　　　　　B. 上级补助收入
C. 其他收入　　　　　　　　　D. 财政补助收入

【参考答案】B

【答案解析】这50万元属于该校从主管部门和上级单位取得的非财

政补助收入，即上级补助收入。

21. 事业单位对按照规定上缴国库或者财政专户的资金，应该（　　）。

A. 及时上缴　　　　　　B. 绝大部分上缴

C. 及时足额上缴　　　　D. 坐支

【参考答案】C

【答案解析】事业单位对按照规定上缴国库或者财政专户的资金，应当按照国库集中收缴的有关规定及时足额上缴，不得隐瞒、滞留、截留、挪用和坐支。

22. 行政单位的支出包括基本支出和（　　）。

A. 人员支出　　　　　　B. 公用支出

C. 项目支出　　　　　　D. 基本工资

【参考答案】C

【答案解析】行政单位的支出包括基本支出和项目支出。基本支出包括人员支出和公用支出，基本工资从属于人员支出。

23. 行政事业单位应将各项支出的（　　）纳入单位预算，严格执行国家规定的开支范围和标准。

A. 25%　　　　　　　　B. 50%

C. 75%　　　　　　　　D. 全部

【参考答案】D

【答案解析】这是对行政事业单位支出管理的要求。

24. 行政事业单位支出应由（　　）统一归口管理。

A. 办公室（机关服务中心）　B. 单位财务部门

C. 单位主管部门　　　　D. 上级单位财务部门

【参考答案】B

【答案解析】行政事业单位支出应由单位财务部门统一归口管理，财务部门在审核办理各项支出时，要严格执行批准的预算和有关规定。

25. 在开支范围确定的基础上，根据需要和财力可能，对行政单位相关支出项目所规定的开支额度称为（　　）。

A. 开支上限　　　　　　B. 开支下限

C. 开支标准　　　　　　　D. 开支定额

【参考答案】C

【答案解析】C 选项符合行政事业单位支出中关于开支标准的定义。

26. 部门决算的审核分为（　　）两种方式。

A. 分散审核、集中审核　　B. 自行审核、集中审核
C. 自行审核、分类审核　　D. 领导审核、集中审核

【参考答案】B

【答案解析】各单位财务人员完成部门决算填制后，须按照审核内容对决算数据进行自行审核；国家税务总局、省国税局、地市国税局应对所属单位决算及汇总数据进行集中审核。

27. 按照税务系统财务隶属关系和工作时限，基层单位和汇总单位应当逐级汇总上报部门决算，正确的顺序是（　　）。

①基层单位和汇总单位　　②财政部
③国务院　　　　　　　　④全国人民代表大会常务委员会
⑤国家税务总局

A. ①②③④⑤　　　　　B. ①⑤②③④
C. ①②③⑤④　　　　　D. ①③④②⑤

【参考答案】B

【答案解析】根据税务系统财务隶属关系即可判断顺序。

28. 财政部在全国人民代表大会常务委员会审查批准决算后（　　）日内，向国家税务总局批复部门决算。

A. 7　　　　　　　　　　B. 10
C. 15　　　　　　　　　 D. 30

【参考答案】D

【答案解析】财政部在全国人民代表大会常务委员会审查批准决算后30 日内，向国家税务总局批复部门决算。

29. 国税系统部门决算公开的主体是（　　）。

A. 财政部　　　　　　　B. 各省（区、市）国家税务局
C. 国家税务总局　　　　D. 国务院

【参考答案】C

【答案解析】按照财政部统一要求,部门决算应向社会公开,国家税务总局是国税系统部门决算公开的主体。

30. 国库集中支付通过（　　）实现。

A. 基本账户　　　　　　　　B. 零余额账户

C. 专用账户　　　　　　　　D. 辅助账户

【参考答案】B

【答案解析】零余额账户是财政部门为本部门和预算单位在商业银行开设的账户,用于财政直接支付和财政授权支付。

31. 与财政授权支付相对应的零余额账户为（　　）。

A. 财政零余额账户　　　　　B. 预算单位零余额账户

C. 财政授权支付账户　　　　D. 财政直接支付账户

【参考答案】B

【答案解析】零余额账户包括财政零余额账户和预算单位零余额账户,分别对应财政直接支付和财政授权支付。

32. 国家税务局系统各行政单位只能开设（　　）个基本存款账户。

A. 1　　　　　　　　　　　　B. 2

C. 3　　　　　　　　　　　　D. 4

【参考答案】A

【答案解析】根据国家税务总局对国家税务局系统银行账户管理的相关规定,国家税务局系统各行政单位只能开设一个基本存款账户。该账户用于办理本单位其他收入及往来款的日常转账结算和现金收付等业务。

33. 预算单位开立、变更、撤销银行账户,国税系统内部按照（　　）的财务管理体制逐级上报、审核和备案。

A. 下管一级　　　　　　　　B. 下管二级

C. 上管一级　　　　　　　　D. 上管二级

【参考答案】A

【答案解析】预算单位开立、变更、撤销银行账户,实行财政审批、备案制度。国税系统内部按照"下管一级"的财务管理体制逐级上报、审核和备案。

34. 预算单位确因特殊需要变更开户银行的,应依次办理新开户的

( )手续。

A. 备案、审批、审核、原账户撤销

B. 审批、原账户撤销、审核、备案

C. 审核、审批、原账户撤销、备案

D. 审核、原账户撤销、审批、备案

【参考答案】C

【答案解析】预算单位开立的银行账户应保持稳定。确因特殊需要变更开户银行的，应按规定，办理新开户的审核、审批、原账户撤销以及备案手续，并将原账户的资金余额（包括存款利息）全部转入新开账户。

35. 预算单位零余额账户只能用于（ ）。

A. 两个零余额账户之间划转资金

B. 本单位开支

C. 系统内上、下级单位之间划转资金

D. 系统内平级单位之间划转资金

【参考答案】B

【答案解析】预算单位零余额账户只能用于本单位开支，不得用于资金转拨。两个零余额账户之间，无论是系统内外、上下级之间还是平级单位之间，一律不得相互划转资金。

36. 关于公务卡的申办，不正确的说法是（ ）。

A. 公务卡应当使用中国银联标准信用卡

B. 预算单位可选择本单位零余额账户开户银行作为发卡行

C. 预算单位可选择财政部授权办理财政授权支付业务的代理银行作为发卡行

D. 本单位零余额账户开户银行以外的其他代理银行不能作为发卡行

【参考答案】D

【答案解析】关于公务卡的管理规定，本单位零余额账户开户银行以外的其他代理银行可以作为发卡行，但必须是财政部授权办理财政授权支付业务的代理银行。

37. 用款计划每年编报（ ）。

A. 一次　　　　　　　　　B. 两次

C. 三次 D. 四次

【参考答案】B

【答案解析】用款计划每年编报两次，1—5月的分月用款计划依据"二上"预算的预算控制数编制，6—12月的分月用款计划依据正式批复的年度预算数编制。

38.《财政授权支付额度到账通知书》确定的月度财政授权支付额度在（　）可以累加使用。

A. 季度内 B. 年度内
C. 连续两个季度内 D. 连续两年度内

【参考答案】B

【答案解析】B项符合财政授权支付额度的使用和管理的相关规定。

39. 年度终了，代理银行和预算单位对截至（　）时点财政授权支付额度的下达、支用、余额等情况进行对账签证。

A. 1月1日 B. 1月31日
C. 12月31日 D. 12月30日

【参考答案】C

【答案解析】年度终了即12月31日。

40. 年度终了，代理银行必须将预算单位零余额账户财政授权支付额度余额（　）。

A. 转到下个年度 B. 部分注销
C. 转到下个年度1月份 D. 全部注销

【参考答案】D

【答案解析】根据零余额账户的定义，正确选项是D。

41. 税务系统国有资产分为（　）。

A. 行政单位国有资产和事业单位国有资产
B. 经营性国有资产和资源性国有资产
C. 行政型国有资产和事业型国有资产
D. 广义型国有资产和狭义型国有资产

【参考答案】A

【答案解析】税务系统单位分为行政单位、事业单位，其分别占有或者使用的、依法确认为国家所有的、能以货币计量的经济资源为相应单位国有资产。

42. 固定资产是指使用期限超过（　　），单位价值在（　　）元以上并且在使用过程中基本保持原有物质形态的资产。

　　A. 一年　500　　　　　　　B. 两年　1 500
　　C. 一年　1 000　　　　　　D. 两年　2 000

【参考答案】C

【答案解析】根据《国家税务局系统行政单位国有资产管理暂行办法》，C 选项符合固定资产定义（其中：专用设备单位价值在 1 500 元以上）。

43. 资产实物管理部门应定期与财务部门和固定资产使用部门对账，做到（　　）。

　　A. 只对固定资产发生的盘盈查明原因
　　B. 只对固定资产发生的盘亏查明原因
　　C. 保管和维护本部门使用的固定资产
　　D. 账账相符、账实相符

【参考答案】D

【答案解析】资产实物管理部门的管理职责，AB 项盘盈、盘亏都要查明原因，C 项是固定资产使用部门的管理职责，D 项符合"对账"要求。

44. 流动资产是指可以（　　）变现或者耗用的资产。

　　A. 随时　　　　　　　　　　B. 在一年内
　　C. 在两年内　　　　　　　　D. 在三年内

【参考答案】B

【答案解析】本题考查流动资产的定义。

45. 以下属于不属于流动资产的是（　　）。

　　A. 库存现金　　　　　　　　B. 银行存款
　　C. 房屋和构筑物　　　　　　D. 应收及暂付款项

【参考答案】C

【答案解析】房屋和构筑物属于行政单位固定资产。

46. 无形资产应按取得时的实际成本计价，单位价值（　　）元的，不作为无形资产管理。

A. ≤10 000 B. ≤5 000

C. ≤1 000 D. ≤500

【参考答案】C

【答案解析】这是关于无形资产管理的规定。

47. 国有资产会计核算一般采用（　　）。

A. 实报实销制 B. 权责发生制

C. 收付实现制 D. 预算核算制

【参考答案】C

【答案解析】国有资产会计核算一般采用收付实现制，特殊经济业务和事项应当按照行政单位会计制度的规定采用权责发生制。

48. 资产管理部门和（　　）应密切配合，切实加强本部门行政单位资产配置管理。

A. 资产实物管理部门 B. 财务管理部门

C. 资产使用部门 D. 预算管理部门

【参考答案】D

【答案解析】D 选项符合国税系统行政单位关于资产配置管理的规定。

49. 以下不属于资产处置范围的是（　　）。

A. 单位占有但未使用或不需用的闲置资产

B. 因技术原因经科学论证，确需报废、淘汰的资产

C. 未超过使用年限且无法使用的资产

D. 因单位分立等原因发生的产权或使用权转移的资产

【参考答案】C

【答案解析】已超过使用年限无法使用的资产属于资产处置范围。

50. 税务系统行政单位通用办公设备配置实物量标准实行（　　）。

A. 单一分量控制 B. 单一总量控制

C. 分量和总量双向控制 D. 分量和总量单向控制

【参考答案】C

【答案解析】根据国税系统行政单位通用办公设备配置标准，实物量标准实行分量和总量双向控制。

51. 各级主管部门对所报处置资产资料的（　　）进行审核，按照规定的审批权限和程序进行审核或审批。

①完整性　　　　　　　②有效性
③准确性　　　　　　　④合规性

A. ①②③　　　　　　B. ①③④
C. ②③④　　　　　　D. ①②③④

【参考答案】D

【答案解析】根据资产处置程序，各级主管部门应对所报处置资产资料的上述4个特性进行审核。

52. 项目库遵循分级分类管理的原则，按照（　　）分阶段进行项目排序。

A. 项目类型　　　　　　B. 项目库管理权限
C. 项目立项管理　　　　D. 项目进度

【参考答案】D

【答案解析】根据题干中"分阶段"，只有D选项符合题意。

53. （　　）出具的项目开工评审结论，应当作为审批部门批复开工的依据。

A. 省税务局　　　　　　B. 税务总局
C. 中介机构　　　　　　D. 国家发展改革委

【参考答案】C

【答案解析】这是项目开工评审的要求。

54. 因特殊情况确需增加项目投资概（预）算的，其投资概（预）算的上浮比例不得超过立项审批投资估算的（　　）。

A. 5%　　　　　　　　B. 10%
C. 15%　　　　　　　D. 20%

【参考答案】B

【答案解析】B选项符合项目开工审批权限的相关规定。

55. 基建项目因设计原因确需增加建筑面积的，其建筑面积的上浮比例不得超过立项审批面积的（　　）。

A. 5%　　　　　　　　　B. 10%

C. 15%　　　　　　　　 D. 20%

【参考答案】A

【答案解析】A 选项符合项目开工审批权限的相关规定。

56. 下列基建项目中，（　　）可以进行施工单位招标。

A. 未完成开工评审或未批复开工的项目

B. 已完成开工评审但未批复开工的项目

C. 未完成开工评审但已批复开工的项目

D. 已完成开工评审和批复开工的项目

【参考答案】D

【答案解析】根据相关规定，完成项目开工审批和开工批复，方可进行项目施工招标。

57. 工程竣工结算付款，应根据审核确认的竣工结算报告，保留决算价（　　）左右的质量保证金。

A. 5%　　　　　　　　　B. 10%

C. 15%　　　　　　　　 D. 20%

【参考答案】A

【答案解析】选项 A 符合工程款支付的相关规定，待工程交付使用按国家建设部规定的质保期满后清算付款。

58. 属于中央预算的政府采购项目，集中采购目录由（　　）确定并公布。

A. 省、自治区、直辖市人民政府　B. 地级市人民政府

C. 国务院　　　　　　　D. 财政部

【参考答案】C

【答案解析】《中华人民共和国政府采购法》第一章第八条的规定。

59. 采购的货物规格、标准统一、现货货源充足且价格变化幅度小的政府采购项目，可以采用（　　）采购。

A. 公开招标　　　　　　B. 邀请招标

C. 询价方式　　　　　　D. 单一来源采购

【参考答案】C

【答案解析】《中华人民共和国政府采购法》第三章第三十二条的规定。

60. 机关事务管理基本职能是体现在其具有（　　）特征。

A. 技术性　　　　　　　B. 综合性

C. 群众性　　　　　　　D. 服务性

【参考答案】D

【答案解析】机关事务工作是为保障机关职能活动需要服务的，是机关事务工作的宗旨。

61. 以下不属于机关安全管理的主要任务的是（　　）。

A. 宣传教育干部群众，提高警惕，增强法制观念

B. 车辆停放、物料堆放整齐，方便出入

C. 加强内部治安管理，维护好机关内部秩序

D. 妥善存放机密文件、档案、票证、重大涉税案件资料

【参考答案】B

【答案解析】B选项是环境秩序管理的任务。

62. 机关单位的以下（　　）场所，应安装使用报警、监控等设施。
①机密文件档案室　　②财会室　　③发票库房　　④危险物品库

A. ①②③　　　　　　　B. ①②④

C. ②③④　　　　　　　D. ①②③④

【参考答案】D

【答案解析】在机关一些重点要害部位，应安装使用报警、监控等必要技术防范设施，确保国家机密和财产的安全。

63. 各单位要（　　）组织针对干部职工的消防安全教育，提高干部职工的自防、自救能力。

A. 每年一次　　　　　　B. 每年两次

C. 每年三次　　　　　　D. 每年四次

【参考答案】A

【答案解析】这是单位消防管理的教育培训的规定。

64. 严格公务用车使用登记和公示制度，严格登记和公示（　　）等

信息。

①用车时间　　　　　②事由
③地点　　　　　　　④里程
⑤油耗　　　　　　　⑥费用

A. ①②⑤⑥　　　　B. ①②③⑤⑥
C. ①③④⑤⑥　　　D. ①②③④⑤⑥

【参考答案】D

【答案解析】《党政机关公务用车配备使用管理办法》的规定。

65. 对超过（　　）人就餐的食堂，每餐次的食品成品应留样。

A. 100　　　　　　B. 200
C. 300　　　　　　D. 500

【参考答案】A

【答案解析】《中华人民共和国食品安全法》的规定。

66. 关于公务用车管理，下列说法中不正确的是（　　）。

A. 一般公务用车配备排气量1.8升（含）以下、价格18万元以内的轿车，其中机要通信用车配备排气量1.6升（含）以下、价格12万元以内的轿车

B. 配备享受财政补助的自主创新的新能源汽车，以补助前的价格为计价标准

C. 执法执勤用车除涉及国家安全、侦查办案、应急救援、警卫和特殊地理环境等因素外，依照一般公务车标准配备

D. 严格公务用车使用登记和公示制度，严格登记和公示用车时间、事由、地点、里程、油耗、费用等信息

【参考答案】B

【答案解析】配备享受财政补助的自主创新的新能源汽车，以补助后的价格为计价标准。

67. 关于食堂管理，下列说法中不正确的是（　　）。

A. 各单位应有食品安全专业技术人员、管理人员和保证食品安全的规章制度

B. 供餐人数100人以上的食堂应设置食品安全管理机构并配备专职

食品安全管理人员。其他食堂应配备专职或兼职食品安全管理人员

C. 直接入口的食品应当有小包装或者使用无毒、清洁的包装材料、餐具。对超过 100 人就餐的食堂，每餐次的食品成品应留样

D. 从业人员在上岗前应取得健康证明，每年进行一次健康检查，必要时进行临时健康检查

【参考答案】B

【答案解析】各单位应有食品安全专业技术人员、管理人员和保证食品安全的规章制度。供餐人数 500 人以上的食堂应设置食品安全管理机构并配备专职食品安全管理人员。其他食堂应配备专职或兼职食品安全管理人员。

68. 关于公务接待与会务保障管理，下列说法中不正确的是（　　）。

A. 收到对应公函的各级税务机关所属单位为接待单位。机关事务管理部门为机关公务接待保障单位。无公函的公务活动和来访人员一律不予接待

B. 接待对象在 10 人以内的，陪餐人数不得超过 3 人；接待对象超过 10 人的，陪餐人数不得超过接待对象人数的三分之一

C. 不得到党中央、国务院明令禁止的风景名胜区召开会议

D. 可以使用会议费购置电脑、复印机、打印机、传真机等固定资产，但不得开支与本次会议无关的其他费用

【参考答案】D

【答案解析】选项 D 正确的表述为：不得使用会议费购置电脑、复印机、打印机、传真机等固定资产以及开支与本次会议无关的其他费用。

（二）多选题

1. 税务系统财务管理的法律法规体系包括（　　）。

A. 与财务管理相关的法律　　B. 行政法规
C. 部门规章　　　　　　　　D. 规范性文件

【参考答案】ABCD

【答案解析】财务管理的法律法规体系包括与财务管理相关的法律、

行政法规、部门规章和规范性文件。

2. 预算管理岗位负责编制年度部门预算，完成行政事业单位（　　）和（　　）预算的编制上报工作。

A. "一上"　　　　　　　　B. "二上"
C. "三上"　　　　　　　　D. "四上"

【参考答案】AB

【答案解析】预算管理岗位职责包括编制年度部门预算，完成行政事业单位"一上"和"二上"预算的编制上报工作。

3. 税务系统所属单位的类型有（　　）。

A. 行政单位　　　　　　　B. 事业单位
C. 合资企业　　　　　　　D. 国有控股企业

【参考答案】AB

【答案解析】税务系统所属单位的类型有行政单位和事业单位（含企业化管理的事业单位）。

4. 根据机构编制和经费领报关系，税务系统的会计核算的主体分为（　　）。

A. 主管会计单位　　　　　B. 二级会计单位
C. 三级会计单位　　　　　D. 基层会计单位

【参考答案】ABD

【答案解析】根据机构编制和经费领报关系，税务系统的会计核算的主体分为主管会计单位、二级会计单位和基层会计单位。

5. 行政单位会计信息的质量要求包括（　　）。

A. 真实性、相关性、全面性　　B. 全面性、及时性、准确性
C. 及时性、可比性、可理解性　D. 真实性、相关性、前瞻性

【参考答案】AC

【答案解析】行政单位会计信息的质量要求包括：真实性、相关性、全面性、及时性、可比性、可理解性。

6. 会计档案应当按照（　　）等进行分类整理。

A. 会计凭证　　　　　　　B. 会计账簿
C. 财务报告　　　　　　　D. 其他会计资料

【参考答案】ABCD

【答案解析】根据《国家税务局系统会计档案管理办法》，会计档案应当按照以上四项内容进行分类整理。

7. 预算包括（   ）。

   A. 一般公共预算　　　　　　B. 政府性基金预算
   C. 国有资本经营预算　　　　D. 社会保险基金预算

【参考答案】ABCD

【答案解析】这是修订后的《中华人民共和国预算法》的规定。

8. 某地在预算执行过程中，如遇有下列（   ）情形，会发生预算调整事项。

   A. 设立经济特区
   B. 突发强烈地震
   C. 超强台风造成重大人员、财产损失
   D. 修建公路

【参考答案】ABC

【答案解析】在预算执行过程中，由于国家政策变化或者重大自然灾害等不可预见因素，会发生预算调整事项。

9. 国家税务局系统预算收入除包括中央财政收入外，还包括（   ）。

   A. 事业单位经营收入　　　　B. 上年结转和结余资金
   C. 事业收入　　　　　　　　D. 其他收入

【参考答案】ABCD

【答案解析】这是修订后的《中华人民共和国预算法》的规定。

10. 根据预算项目的设立时间，预算项目分为（   ）。

    A. 经常性专项业务项目　　　B. 新增项目
    C. 延续项目　　　　　　　　D. 跨年度支出项目

【参考答案】BC

【答案解析】AD 选项是根据项目的重要性划分的，BC 选项是根据预算项目的设立时间划分的。

11. 按照资金来源不同，结转结余资金分为（   ）。

A. 中央财政拨款结转结余资金 B. 国库集中支付结转结余资金
C. 其他收入结转资金 D. 非国库集中支付结转结余资金

【参考答案】AC

【答案解析】AC 选项是根据资金来源划分的，BD 选项是根据国库集中收付管理制度划分的。

12. 结转结余资金管理包括（   ）等环节。
A. 结转结余资金划分 B. 结转结余资金上报
C. 结转资金盘活使用 D. 结余资金上交

【参考答案】ABCD

【答案解析】这是修订后的《中华人民共和国预算法》关于财政拨款结转和结余资金管理的规定。

13. 预算绩效管理的主要内容包括（   ）。
A. 绩效目标管理 B. 绩效评价实施管理
C. 绩效运行跟踪监控管理 D. 绩效评价结果反馈和应用管理

【参考答案】ABCD

【答案解析】这是修订后的《中华人民共和国预算法》关于预算绩效管理的相关规定。

14. 下列收入，应当上缴国库或财政专户的有（   ）。
A. 行政单位依法取得的罚没收入 B. 行政事业性收费
C. 政府性基金 D. 国有资产处置和出租出借收入

【参考答案】ABCD

【答案解析】以上收入均不属于行政单位的收入，应当上缴国库或财政专户。

15. 税务系统的项目支出主要有（   ）。
A. 金税运行 B. 车购税
C. 税收调查 D. 信息化建设

【参考答案】ABCD

【答案解析】税务系统的项目支出除以上四个选项外，还包括办案、反避税、两证、三代、税宣、协税等。

16. 事业单位支出包括（   ）。

A. 经营支出　　　　　　B. 上缴上级支出
C. 利息支出　　　　　　D. 事业支出

【参考答案】ABCD

【答案解析】事业单位支出除包括经营支出、上缴上级支出、事业支出外，还包括对附属单位补助支出，其他支出等。C 选项利息支出从属于其他支出。

17. "三公"经费，分别是指（　　）。
    A. 公共服务费　　　　　B. 公务用车购置及运行经费
    C. 公务接待费　　　　　D. 因公出国（境）经费

【参考答案】BCD

【答案解析】根据对行政事业单位支出管理的要求，"三公"经费即 BCD 选项内容，应加强对"三公"经费支出的管理。

18. 公务接待费报销凭证应当包括（　　）。
    A. 财务票据　　　　　　B. 派出单位公函
    C. 接待清单　　　　　　D. 公务卡

【参考答案】ABC

【答案解析】原使用现金结算的公务支出，现在可以用公务卡进行结算。但公务卡不能作为公务接待费报销凭证使用。

19. 报销培训费，综合定额范围内的，应当提供（　　）等凭证。
    A. 培训计划审批文件　　　B. 培训通知
    C. 实际参训人员签到表　　D. 培训机构出具的收款票据、费用明细

【参考答案】ABCD

【答案解析】ABCD 选项符合《国家税务局系统培训费管理办法》《中央和国家机关培训费管理办法》关于报销培训费的规定。

20. 预算单位零余额账户可以向本单位（　　）等实有资金账户划拨资金。
    A. 资产
    B. 财政国库管理制度规定的工会经费
    C. 住房公积金

D. 提租补贴

【参考答案】BCD

【答案解析】预算单位零余额账户原则上不得向本单位实有资金账户划拨资金，但财政国库管理制度规定的工会经费、住房公积金及提租补贴三类经费除外。

21. 公务卡消费的资金范围主要包括（   ）。

A. 差旅费   B. 会议费
C. 招待费   D. 10 万元以下的零星购买支出

【参考答案】ABC

【答案解析】D 选项错误，应为 5 万元以下的零星购买支出。

22. 以下关于财政票据的说法，正确的是（   ）。

A. 财政票据包括非定额财政票据和定额财政票据两种形式
B. 非定额财政票据一般设置三联，包括存根联、收据联和记账联
C. 定额财政票据一般设置两联，包括存根联和收据联
D. 两种形式的票据，存根联均由开票方留存，收据联均由支付方收执

【参考答案】ABCD

【答案解析】财政票据按票面设置特点分类，可以分为定额票据和非定额票据两类。

23. 国有资产管理按具体管理形式分为（   ）。

A. 财务管理部门   B. 实物管理部门
C. 资产使用部门   D. 资产配置部门

【参考答案】ABC

【答案解析】税务系统各部门对国有资产的管理职责各有不同，ABC 三个选项对应的职责分别是：对国有资产实施财务管理、实施实物管理、对固定资产实施管理。

24. 税务系统行政单位国有资产分为（   ）。

A. 固定资产   B. 流动资产
C. 在建工程   D. 无形资产

【参考答案】ABCD

【答案解析】根据《国家税务局系统行政单位国有资产管理暂行办法》，国税系统行政单位国有资产分为以上四类。

25. 购入的固定资产，其成本包括（　　）。

A. 实际支付的购买价款

B. 相关税费

C. 交付使用前所发生的可归属于该项资产的运输费、装卸费、安装费

D. 专业人员服务费

【参考答案】ABCD

【答案解析】根据固定资产应当按照实际成本计价的原则，上述四项均为购入的固定资产的成本构成。

26. 以下属于无形资产的是（　　）。

A. 土地使用权　　　　　B. 非专利技术

C. 存货　　　　　　　　D. 软件

【参考答案】ABD

【答案解析】无形资产是指不具有实物形态而能为使用者提供某种权利的非货币性资产，C 选项属于流动资产。

27. 国有资产管理应重点关注（　　）。

A. 资产配置　　　　　　B. 资产清查

C. 资产使用　　　　　　D. 资产处置

【参考答案】ACD

【答案解析】国有资产管理内容除以上四项外，还包括监督检查、资产管理信息化建设和资产管理工作报告等，但重点是 ACD 三项。

28. 基本建设管理的主要内容包括（　　）和竣工决算管理等。

A. 立项管理　　　　　　B. 项目库管理

C. 开工管理　　　　　　D. 施工过程管理

【参考答案】ABCD

【答案解析】按照基本建设的时序推知。

29. 现有综合业务办公用房因（　　）等原因，可申请新建、购建。

A. 城市搬迁

B. 行政区划调整

C. 周边环境污染，无法正常开展工作

D. 城市改造

【参考答案】ABCD

【答案解析】上述四种情形符合申请新建、购建综合业务办公用房的有关规定。

30. 项目库具体管理权限分为（   ）。

A. 税务总局的管理权限　　　　B. 省税务局的管理权限

C. 市税务局的管理权限　　　　D. 项目建设单位的管理权限

【参考答案】ABCD

【答案解析】四个选项体现了项目库管理中的分级管理原则。

31. 税务系统的（   ）等基建项目，应当签署责任状。

A. 新建项目　　　　　　　　　B. 购建项目

C. 改扩建项目　　　　　　　　D. 投资总额超过 200 万元的维修改造项目

【参考答案】ABC

【答案解析】D 选项错误，"200 万元"应改正为"100 万元"。

32. 基建项目施工管理机构主要由（   ）构成。

A. 项目建设单位　　　　　　　B. 设计单位

C. 施工单位　　　　　　　　　D. 监理单位

【参考答案】ABCD

【答案解析】基建项目施工管理机构主要由上述四类单位构成，各司其职。

33. 基建项目设计变更包括（   ）。

A. 施工图设计变更　　　　　　B. 项目建设单位设计变更

C. 施工单位设计变更　　　　　D. 监理单位设计变更

【参考答案】ABC

【答案解析】基建项目设计变更包括 ABC 三种情况，监理单位的主要职责是项目现场监理。

34. 政府采购中，财政性资金与非财政性资金无法分割采购的，统一适用（ ）。

A. 《政府采购竞争性磋商采购方式管理暂行办法》

B. 《政府采购非招标采购方式管理办法》

C. 《中华人民共和国政府采购法》

D. 《中华人民共和国政府采购法实施条例》

【参考答案】CD

【答案解析】根据相关规定，财政性资金与非财政性资金无法分割采购的，统一适用政府采购法及其实施条例。

35. 关于政府采购，下列（ ）说法是正确的。

A. 政府采购实行集中采购和分散采购相结合，组织形式有政府集中采购、部门集中采购和分散采购

B. 纳入集中采购目录的政府采购项目，必须委托集中采购机构代理采购。集中采购目录由省以上人民政府部门根据实际情况制定并公布

C. 政府采购限额标准由省以上人民政府或其授权机构根据实际情况制定并公布，属于中央预算的政府采购项目，采购限额标准由国务院确定并公布，属于地方预算的政府采购项目，由省、自治区、直辖市人民政府或者其授权的机构确定并公布

D. 以中央预算单位2017~2018年集中采购目录及标准为例，分散采购限额标准为单项或批量金额达到100万元以上的货物和服务项目、120万元以上的工程项目

【参考答案】ACD

【答案解析】选项B的正确说法是：纳入集中采购目录的政府采购项目，必须委托集中采购机构代理采购。集中采购目录由省以上人民政府或其授权机构根据实际情况制定并公布。

36. 购买主体应当按照政府采购法的有关规定，采用（ ）方式确定承接主体。

A. 公开招标　　　　　　　B. 邀请招标

C. 竞争性谈判　　　　　　D. 单一来源采购

【参考答案】ABCD

【答案解析】《政府购买服务管理办法（暂行）》第十七条的规定。

37. 关于公务车管理，下列（　　）说法是正确的。

A. 公务车，是指党政机关用于履行公务的机动车辆，分为一般公务用车和执法执勤用车

B. 执法执勤用车配备应当严格限制在一线执法执勤岗位，机关内部管理岗位以及机关所属事业单位一律不得配备。执法执勤用车一律喷涂明显的统一标识

C. 严格公务用车使用登记和公示制度，严格登记和公示用车时间、事由、地点、里程、油耗、费用等信息

D. 严格实行回单位停放制度，节假日期间除特殊工作需要外应当封存停驶

【参考答案】ACD

【答案解析】选项 B 中，除涉及国家安全、侦查办案等有保密要求的特殊工作用车外，执法执勤用车应当喷涂明显的统一标识。

38. 节约型税务机关建设基本原则包括（　　）。

A. 控制总量，优化存量　　　B. 循环利用，提高效率

C. 完善机制，创新驱动　　　D. 强化约束，推动落实

【参考答案】ABCD

【答案解析】节约型税务机关建设基本原则包括：控制总量，优化存量；循环利用，提高效率；完善机制，创新驱动；强化约束，推动落实。

（三）判断题

1. 根据《中华人民共和国会计法》和财政部 2013 年 12 月 18 日修订的《行政单位会计制度》，国家税务总局结合国税系统实际情况，对国家税务局系统经费会计制度进行了修订，于 2015 年 1 月 16 日印发了《国家税务系统行政单位会计制度》（税总发〔2015〕2 号），自 2015 年 1 月 1 日起施行。　　　　　　　　　　　　　　　　　　　　　（　　）

【参考答案】√

2. 单位负责人对本单位的会计工作和会计资料的真实性、完整性负责。　　　　　　　　　　　　　　　　　　　　　　　　（　　）

【参考答案】√

【答案解析】这是新《会计法》的规定。

3. 国家机关、社会团体、企业、事业等单位必须依法设置会计账簿，并保证其真实、完整。（　　）

【答案解析】这是新《会计法》的规定。

4. 税务系统财务管理的规范性文件包括《行政单位会计制度》《事业单位会计制度》等。（　　）

【参考答案】√

【答案解析】税务系统财务管理的规范性文件包括《行政单位会计制度》《事业单位会计制度》《国税系统行政单位会计制度》《国税系统事业单位会计制度》等。

5. 行政单位应当对其自身发生的经济业务或者事项进行会计核算，不属于行政单位自身发生的经济业务也需要进行核算。（　　）

【参考答案】×

【答案解析】根据《行政单位会计制度》，行政单位应当对其自身发生的经济业务或者事项进行会计核算，不属于行政单位自身发生的经济业务不需进行核算。

6. 行政单位会计年度、月度等会计期间的起讫日期采用公历日期。（　　）

【参考答案】√

【答案解析】根据《行政单位会计制度》，会计年度、月度等会计期间的起讫日期采用公历日期。

7. 行政单位应当划分会计期间，分期结算账目和编制财务报表。（　　）

【参考答案】√

【答案解析】根据《行政单位会计制度》，行政单位应当划分会计期间，分期结算账目和编制财务报表。

8. 为了扩大对外贸易，行政单位会计核算一般以美元作为记账本位币。（　　）

【参考答案】×

【答案解析】根据《行政单位会计制度》，行政单位会计核算一般以人民币作为记账本位币。发生外币业务时，应当将有关外币金额折算为人民币金额计量。

9. 行政单位会计核算一律采用收付实现制核算收入和支出。（　　）

【参考答案】×

【答案解析】根据《行政单位会计制度》，行政单位会计核算一般采用收付实现制核算收入和支出，特殊经济业务和事项应当按规定采用权责发生制核算。

10. 不同行政单位发生的相同或者相似的经济业务或者事项，应当采用不同的会计政策。（　　）

【参考答案】×

【答案解析】根据行政单位会计信息的质量可比性要求，不同行政单位发生的相同或者相似的经济业务或者事项，应当采用统一的会计政策。

11. 综合定额标准是会议费开支的上限，各单位应在综合定额标准以内结算报销。（　　）

【参考答案】√

【答案解析】该说法符合《中央和国家机关会议费管理办法》《国家税务局系统会议费管理办法》的有关规定。

12. 为体现公平性原则，财政部在全国各地实行统一的差旅费标准。（　　）

【参考答案】×

【答案解析】财政部按照分地区、分级别、分项目的原则制定差旅费标准，并根据经济社会发展水平、市场价格及消费水平变动情况适时调整。

13. 部门预算、决算及报表，由本级政府财政部门负责公开。（　　）

【参考答案】×

【答案解析】修订后的《中华人民共和国预算法》规定，部门预算、决算及报表，由各部门负责公开。

14. 税务系统办理公务过程中发生的资金支出，要求资金回报。（　　）

【参考答案】×

【答案解析】税务系统办理公务过程中发生的资金支出，不求资金回报，呈单向运动状态。

15. 修订后的《中华人民共和国预算法》杜绝了预算外资金和其他非规范性收入。（   ）

【参考答案】√

【答案解析】修订后的《中华人民共和国预算法》杜绝了预算外资金和其他非规范性收入，从而避免财政资金体外循环带来的寻租腐败等问题。

16. 修订后的《中华人民共和国预算法》要求各级预算收入的编制，应当与经济和社会发展水平相适应。（   ）

【参考答案】√

【答案解析】这是修订后的《中华人民共和国预算法》的规定，这有利于改进预算控制方式，建立跨年度预算平衡机制。

17. 考虑到预算具有弹性，各级政府在预算执行中，随时可以出台增减财政收支的政策和措施。（   ）

【参考答案】×

【答案解析】修订后的《中华人民共和国预算法》规定，各级政府在预算执行中，一般不出台增减财政收支的政策和措施，切实维护预算刚性。

18. 预算编制程序中，"二下"阶段的时间节点为每年3—5月。（   ）

【参考答案】√

【答案解析】"二下"阶段，即预算批复，其时间节点为每年3—5月。

19. 预算调整包括结转资金的调整和上级政府返还的调整。（   ）

【参考答案】×

【答案解析】预算调整包括结转资金的调整和当年预算资金的调整。上级政府返还或者给予补助而引起的预算收支变化，不属于预算调整。

20. 项目支出是指行政单位为完成普通的工作任务，在基本支出之外发生的支出。（   ）

第四章 财务与机关事务管理

【参考答案】×

【答案解析】项目支出是指行政单位为完成特定的工作任务，在基本支出之外发生的支出。

21. 财政拨款收入是指行政单位从上级财政部门取得的财政预算资金。（　　）

【参考答案】×

【答案解析】财政拨款收入是指行政单位从同级财政部门取得的财政预算资金。

22. 从财政专户核拨给事业单位的资金和经核准不上缴国库或者财政专户的资金，计入事业单位的事业收入。（　　）

【参考答案】√

【答案解析】该说法符合事业单位事业收入的相关规定。按照国家有关规定应当上缴国库或者财政专户的资金，不计入事业收入。

23. 事业单位附属独立核算单位按照有关规定上缴的收入称为事业单位的其他收入。（　　）

【参考答案】×

【答案解析】事业单位附属独立核算单位按照有关规定上缴的收入称为事业单位的附属单位上缴收入。

24. 事业单位应当将各项收入全部纳入单位预算，统一核算，统一管理。（　　）

【参考答案】√

【答案解析】这是对事业单位收入的管理要求。

25. 事业单位对按照规定上缴国库或者财政专户的资金，可以延时上缴。（　　）

【参考答案】×

【答案解析】事业单位对按照规定上缴国库或者财政专户的资金，应当按照国库集中收缴的有关规定及时足额上缴。

26. 事业支出，即事业单位开展专业业务活动发生的基本支出和项目支出。（　　）

【参考答案】×

【答案解析】事业支出,即事业单位开展专业业务活动及其辅助活动发生的基本支出和项目支出。

27. 行政事业单位在项目完成后,应当向同级财政部门或者上级预算单位口头报告专项资金支出决算和使用效果。( )

【参考答案】×

【答案解析】"口头报告"说法错误,正确的说法应是"书面报告"。

28. 行政事业单位项目完成后,应当向上级财政部门或者上级预算单位报送专项资金支出决算和使用效果的书面报告。( )

【参考答案】×

【答案解析】行政事业单位从财政部门或者上级预算单位取得的项目资金,应当按照批准的项目和用途使用,专款专用、单独核算,并按照规定向同级财政部门或者上级预算单位报告资金使用情况,接受财政部门和上级预算单位的检查监督。项目完成后,行政事业单位应当向同级财政部门或者上级预算单位报送专项资金支出决算和使用效果的书面报告。

29. 事业单位在开展非独立核算经营活动中,如不能归集各项费用数的,应当按照规定的比例合理分摊。( )

【参考答案】√

【答案解析】这符合对事业单位经营支出的管理的规定。

30. 公务接待费用可以部分纳入预算管理。( )

【参考答案】×

【答案解析】各级党政机关应当加强对国内公务接待经费的预算管理,合理限定接待费预算总额。所以,公务接待费用应当全部(而不是部分)纳入预算管理,单独列示。

31. 会议费开支范围包括会议住宿费、伙食费、会议场地租金、交通费、文件印刷费、医药费等。会议代表参加会议发生的城市间交通费,按照规定在会议费中列支。( )

【参考答案】×

【答案解析】会议费开支范围包括会议住宿费、伙食费、会议场地租金、交通费、文件印刷费、医药费等。交通费是指用于会议代表接送站,以及会议统一组织的代表考察、调研等发生的交通支出。会议代表参加会议发生的城市间交通费，按照差旅费管理办法的规定回单位报销。

32. 会议费开支实行综合定额控制，各项费用之间可以调剂使用。
（　）

【参考答案】√

【答案解析】该说法符合《中央和国家机关会议费管理办法》《国家税务局系统会议费管理办法》的有关规定。

33. 预算单位零余额账户在有财政部下达的用款额度情况下具有与人民币存款相同的支付结算功能。
（　）

【参考答案】√

【答案解析】预算单位零余额账户在有财政部下达的用款额度情况下，可以办理转账、提取现金、信汇、电汇、同城特约委托收款等各类支付业务。

34. 国有资本经营预算一律采用直接支付方式。
（　）

【参考答案】√

【答案解析】国有资本经营预算属于财政直接支付的范围。

35. 实行财政授权支付的资金范围包括：中央财政拨款支出中，纳入财政直接支付方式与范围的、直接支付额度外的全部支出。
（　）

【参考答案】×

【答案解析】实行财政授权支付的资金范围包括：中央财政拨款支出中，除纳入财政直接支付方式与范围的、直接支付额度外的全部支出。

36. 代理银行应将财政授权支付额度注销的明细及汇总情况在下年度的第二个工作日报送财政部和国家税务总局。
（　）

【参考答案】√

【答案解析】这符合财政授权支付额度的使用和管理的相关规定。

37. 公务卡主要用于预算单位公务支出的支付结算。
（　）

【参考答案】√

【答案解析】公务卡主要用于财政授权支付业务中原使用现金结算的公用经费支出。

38. 所有实行公务卡制度改革的中央预算单位，都应严格执行中央预

算单位公务卡强制结算目录。   ( )

【参考答案】√

【答案解析】2007年7月12日，财政部颁布《中央预算单位公务卡管理暂行办法》的规定。

39. 公务卡主要用于预算单位公务支出的支付结算。结算范围为财政授权支付业务中原使用现金结算的公用经费支出，包括差旅费、招待费和0.5万元以下的零星购买支出等。   ( )

【参考答案】×

【答案解析】公务卡主要用于预算单位公务支出的支付结算。结算范围为财政授权支付业务中原使用现金结算的公用经费支出，包括差旅费、招待费和5万元以下的零星购买支出等。

40. 固定资产使用部门人员调离或退休时，应及时到固定资产实物管理部门办理实物退回手续。   ( )

【参考答案】√

【答案解析】这是固定资产使用部门的管理职责。

41. 单位价值虽未达到1 000元，但是耐用时间在一年以上的大批基本保持原有物质形态的资产，作为固定资产管理。   ( )

【参考答案】√

【答案解析】该说法符合《国家税务局系统行政单位国有资产管理暂行办法》的相关规定。

42. 接受捐赠、无偿调入的固定资产，其成本按照有关凭据注明的金额确定。   ( )

【参考答案】×

【答案解析】根据固定资产应当按照实际成本计价的原则，接受捐赠、无偿调入的固定资产，其成本应按照有关凭据注明的金额加上相关税费、运输费等确定。

43. 税务系统行政单位对占有、使用的国有资产定期清理盘点，做到账账相符、账实相符，防止国有资产流失。固定资产实物管理部门、财务部门和使用部门应定期对账，使账实、账卡、账账保持一致。 ( )

【参考答案】√

【答案解析】这是固定资产定期盘点对账的要求。

44. 盘盈的固定资产按照取得同类或类似固定资产的实际成本确定入账价值。（　　）

【参考答案】√

【答案解析】该说法符合《国家税务局系统行政单位国有资产管理暂行办法》的相关规定。

45. 自行建造的固定资产，其成本包括建造该项资产至交付使用前所发生的全部必要支出。（　　）

【参考答案】√

【答案解析】固定资产应当按照实际成本计价。

46. 国税系统行政单位的流动资产按取得时的成本计价。（　　）

【参考答案】×

【答案解析】国税系统行政单位的流动资产应按取得时的实际成本计价。

47. 国税系统行政单位资产购置计划不必纳入本单位部门预算管理。（　　）

【参考答案】×

【答案解析】根据国税系统资产配置管理的规定，国税系统行政单位资产购置计划必须纳入本单位部门预算管理。

48. 投资总额10万元以上、不超过100万元（含）的房屋及设施设备的维修或修缮，凡不使用中央财政基建专项资金的，可不作为基建项目管理。（　　）

【参考答案】√

【答案解析】《国家税务局系统基本建设管理办法》（国税发〔2012〕43号）规定。

49. 国税系统基建的资金全部来自中央财政资金。（　　）

【参考答案】×

【答案解析】国税系统基建的资金来源包括中央财政资金及其他资金。

50. 国税系统基建项目立项统一由税务总局审核后分别报国务院、国

家发展改革委审批。（　）

【参考答案】×

【答案解析】国税系统基建项目立项实行分级审批管理。属于国务院、国家发展改革委审批立项的基建项目，由税务总局审核后分别报国务院、国家发展改革委审批。

51. 未纳入项目库管理的项目不得编制安排预算。（　）

【参考答案】√

【答案解析】《国家税务局系统基本建设管理办法》（国税发〔2012〕43号）规定。

52. 责任状必须在项目申请开工前签署。未签署责任状的项目，审批部门不得审批开工。（　）

【参考答案】√

【答案解析】该说法符合基建项目开工管理要求签署责任状的相关规定。

53. 税务系统新建、购建、改扩建项目，以及投资总额超过100万元的维修改造项目，应当签署责任状。签署责任状采取自下而上的程序。（　）

【参考答案】×

【答案解析】税务系统新建、购建、改扩建项目，以及投资总额超过100万元的维修改造项目，应当签署责任状。签署责任状采取自上而下的程序。

54. 因特殊情况确需增加投资概（预）算的，若投资概（预）算的上浮比例超过立项审批投资估算的10%，超过10%的项目应重新办理立项审批。（　）

【参考答案】√

【答案解析】该说法符合项目开工审批权限的相关规定。

55. 项目涉及的所有需要办理变更签证的工程，须由施工单位提出申请，并经监理单位和项目建设单位现场管理人员5人以上进行现场验收，按照规定办理签证手续。（　）

【参考答案】×

【答案解析】根据项目现场签证管理的相关规定，本题中的"5人以上"应修正为"2人以上"。

56. 通俗地讲，政府采购就是以政府为主体，为实现其社会管理职能、满足个人需要而进行的采购行为。（   ）

【参考答案】×

【答案解析】政府采购的目的是实现其社会管理职能、满足社会公共需要。

57. 属于中央预算的政府采购项目，公开招标数额标准，由财政部规定；属于地方预算的政府采购项目，由省级财政部门规定。（   ）

【参考答案】×

【答案解析】属于中央预算的政府采购项目，公开招标数额标准，由国务院规定；属于地方预算的政府采购项目，由省、自治区、直辖市人民政府规定。

58. 因特殊情况需要采用公开招标以外的采购方式的，应当在采购活动开始前获得设区的市、自治州以上人民政府采购监督管理部门的批准。
（   ）

【参考答案】√

【答案解析】《中华人民共和国政府采购法》第 27 条的规定。

59. 通过定期或不定期开展内外大扫除和检查评比、督导整改活动，促进机关环境卫生管理工作经常化、制度化。（   ）

【参考答案】√

【答案解析】环境卫生管理的要求。

60. 单位应采取多种形式宣传防火知识，让每一位干部职工掌握基本防火知识和技能。（   ）

【参考答案】√

【答案解析】这是单位消防管理的教育培训的规定。

61. 发生火灾后，在现场的人员应及时拨打火警 120 电话。（   ）

【参考答案】×

【答案解析】火警电话是 119。

62. 任何单位和个人都有参加、组织灭火工作的义务。（   ）

【参考答案】×

【答案解析】"个人"应修正为"成年人",《中华人民共和国消防法》第五条的规定。

63. 除涉及国家安全、侦查办案等有保密要求的特殊工作用车外,执法执勤用车应当喷涂明显的统一标识。（　　）

【参考答案】√

【答案解析】《中央和国家机关公务用车制度改革方案》的规定。

64. 公务用车达到更新年限仍能继续使用的,应当继续使用。（　　）

【参考答案】√

【答案解析】《中央和国家机关公务用车制度改革方案》的规定。

65. 所有公务用车都应安装北斗导航等车辆定位系统辅助管理。

（　　）

【参考答案】×

【答案解析】根据《党政机关公务用车配备使用管理办法》规定,除涉及国家安全、侦查办案等有保密要求的特殊工作用车外,条件具备的可对保留公务用车安装北斗导航等车辆定位系统辅助管理。

66. 机关事务管理部门应具有与食堂经营的食品品种、数量相适应的食品原料处理和食品加工、包装、贮存等场所。（　　）

【参考答案】√

【答案解析】税务机关食堂管理的基本内容。

67. 密封包装的食品可以与有毒、有害物品一同运输。（　　）

【参考答案】×

【答案解析】根据《中华人民共和国食品安全法》,不得将食品与有毒、有害物品一同运输。

68. 发生食品安全事故,卫生行政部门应当立即组织救治,封存可能导致食品安全事故的食品,立即进行检验。（　　）

【参考答案】×

【答案解析】根据《中华人民共和国食品安全法》,此情形,卫生行政部门应封存可能导致食品安全事故的食品及其原料。

69. 承接主体完成合同约定的服务事项后,购买主体应当及时组织对履约情况进行检查验收,并依据现行财政财务管理制度加强管理。

(　　)

【参考答案】√

【答案解析】《政府购买服务管理办法(暂行)》第二十二条的规定。

70. 政府购买服务的承接主体应是依法设立,具有独立承担民事责任的能力;具有依法缴纳税收和社会保障资金的良好记录;前五年内无重大违法记录,通过年检或按要求履行年度报告公示义务,信用状况良好,未被列入经营异常名录或者严重违法企业名单;符合国家有关政事分开、政社分开、政企分开的要求;法律、法规规定以及购买服务项目要求的其他条件。

(　　)

【参考答案】√

【答案解析】政府购买服务的承接主体应前三年内无重大违法记录。

(四) 简答题

1. 请简要论述行政单位会计信息的质量要求。

【参考答案】(1)真实性;(2)相关性;(3)全面性;(4)及时性;(5)可比性;(6)可理解性。

【答案解析】行政单位应当以实际发生的经济业务或者事项为依据进行会计核算;行政单位提供的会计信息应当与行政单位受托责任履行情况的反映、会计信息使用者的管理、监督和决策需要相关;行政单位应当将发生的各项经济业务或者事项全部纳入会计核算,确保会计信息能够全面反映行政单位的财务状况和预算执行情况等;行政单位对于已经发生的经济业务或者事项,应当及时进行会计核算,不得提前或者延后;同一行政单位不同时期发生的相同或者相似的经济业务或者事项,应当采用一致的会计政策,不得随意变更。不同行政单位发生的相同或者相似的经济业务或者事项,应当采用统一的会计政策,确保不同行政单位会计信息口径一致、相互可比;行政单位提供的会计信息应当清晰明了,便于会计信息使用者理解和使用。

2. 请简述税务系统会计要素主要有哪些?

【参考答案】税务系统的会计要素有五个,包括资产、负债、净资产、收入和支出。

【答案解析】会计对象是会计所要核算和监督的内容。会计要素也称会计报表要素，它是会计反映和核算的具体内容。税务系统行政单位和事业单位的会计要素有五个，包括资产、负债、净资产、收入和支出。

3．简述对行政单位财政拨款收入的管理要求。

【参考答案】对财政拨款收入的管理要求主要有四点：（1）必须严格执行财政预算管理制度；（2）必须加强财政拨款收入的监控；（3）必须区分不同科目和不同性质的经费分别核算管理；（4）必须将全部收入全面真实准确地核算。

【答案解析】行政单位取得各项收入，应当符合国家规定，并按照财务管理的要求全部纳入单位预算，统一分项如实核算，统一管理。

4．简述对事业单位收入管理的具体要求。

【参考答案】事业单位收入管理的具体要求有以下五点：（1）保证收入的合法性与合理性；（2）正确划分各项收入，依法缴纳各种税费；（3）收入统管，事业单位所有收入都由财务部门统一核算管理，严禁设账外账；（4）充分利用现有条件积极组织收入，提高经费自给率和自我发展能力；（5）正确处理社会效益和经济效益的关系。

【答案解析】根据事业单位应当将各项收入全部纳入单位预算、统一核算、统一管理的规定，事业单位收入的管理应遵循以上五点要求。

5．简述加强对"三公"经费支出管理的措施。

【参考答案】加强对"三公"经费支出的管理主要从三个方面着手：首先，要落实出国（境）管理规定，严格控制出国（境）经费支出；其次，加强车辆定编和更新管理，严格控制公务用车购置和运行经费支出；最后，加强公务接待管理，严格公务接待范围，减少公务接待的次数，严格控制公务接待费用支出。

【答案解析】加强"三公"经费支出的管理是落实中央"八项规定"和纠正"四风"的重要举措，这些措施有利于厉行节约，反对铺张浪费，有利于建立健全行政事业单位支出管理制度。

6．简述政府采购采用的主要方式。

【参考答案】（1）公开招标；（2）邀请招标；（3）竞争性谈判；（4）

单一来源采购；（5）询价；（6）竞争性磋商。

【答案解析】根据《中华人民共和国政府采购法》第二十六条的规定。

7. 请列举可以采用竞争性谈判方式采购货物或者服务的相关情形。

【参考答案】符合下列情形之一的货物或者服务，可以采用竞争性谈判方式采购：（1）政府购买服务项目，技术复杂或者性质特殊，不能确定详细规格或者具体要求的；（2）因艺术品采购、专利、专有技术或者服务的时间、数量事先不能确定等原因不能事先计算出价格总额的；（3）市场竞争不充分的科研项目，以及需要扶持的科技成果转化项目；（4）按照招标投标法及其实施条例必须进行招标的工程建设项目以外的工程建设项目。

【答案解析】根据《中华人民共和国政府采购法》第三十条的规定。

8. 简述节约型税务机关建设的基本原则。

【参考答案】（1）控制总量，优化存量；（2）循环利用，提高效率；（3）完善机制，创新驱动；（4）强化约束，推动落实。

9. 简述税务干部如何开展绿色系列行动。

【参考答案】（1）推进办公建筑绿色化改造试点示范；（2）开展绿色办公行动，减少使用一次性办公用品，提倡无纸化办公；（3）开展绿色出行，参与公共交通，少用私家车；（4）开展绿色食堂行动，推广食堂节能节水设备，促进厨房废弃物资源化利用；（5）开展绿色信息行动，实施数据中心机房节能改造，提高节能管理水平；（6）开展绿色文化行动，加强节约能源资源和生态文明建设宣传教育，广泛开展节能宣传周、中国水周、全国低碳日等主题宣传活动，引导干部职工树立生态文明理念。

10. 简述政府购买服务的原则。

【参考答案】（1）积极稳妥，有序实施；（2）科学安排，注重实效；（3）公开择优，以事定费；（4）改革创新，完善机制。

【答案解析】《政府购买服务管理办法（暂行）》第三条提出了以上原则。这将有序引导社会力量参与服务供给，形成改善公共服务的合力；切实提高财政资金使用效率；通过公平竞争择优选择方式确定政府购买服务的承接主体，建立优胜劣汰的动态调整机制；不断完善体制机制。

第五章　干部管理

一、公务员管理

（一）单选题

1. 我国行政执法类公务员按照行政执法类公务员职务序列进行管理。行政执法类公务员职务，分为（　　）。

A. 九个层次　　　　　　　B. 十一个层次
C. 十二个层次　　　　　　D. 二十七个层次

【参考答案】B

【答案解析】《行政执法类公务员管理规定（试行）》第九条　行政执法类公务员按照行政执法类公务员职务序列进行管理。行政执法类公务员职务，分为十一个层次。

2. 《专业技术类公务员管理规定（试行）》和《行政执法类公务员管理规定（试行）》的出台，标志着我国公务员分类管理的制度框架体系基本确立。两个规定均自（　　）。

A. 2015 年 7 月 8 日起实施　　B. 2015 年 10 月 1 日起实施
C. 2016 年 7 月 8 日起实施　　D. 2016 年 10 月 1 日起实施

【参考答案】C

【答案解析】《专业技术类公务员管理规定（试行）》和《行政执法类公务员管理规定（试行）》，均自 2016 年 7 月 8 日起实施。

第五章　干部管理

3. 一级总监、二级总监、一级高级主管、二级高级主管、三级高级主管、四级高级主管、一级主管、二级主管、三级主管、四级主管、专业技术员，这些是（　　）。

A. 行政执法类公务员通用职务名称

B. 专业技术类公务员通用职务名称

C. 行政执法类公务员具体职务名称

D. 专业技术类公务员具体职务名称

【参考答案】B

【答案解析】这些都是专业技术类公务员的通用职务名称，具体职务名称由中央公务员主管部门以通用职务名称为基础确定。

4. 督办、一级高级主办、二级高级主办、三级高级主办、四级高级主办、一级主办、二级主办、三级主办、四级主办、一级行政执法员、二级行政执法员，这些是（　　）。

A. 行政执法类公务员通用职务名称

B. 专业技术类公务员通用职务名称

C. 行政执法类公务员具体职务名称

D. 专业技术类公务员具体职务名称

【参考答案】A

【答案解析】这些都是行政执法类公务员的通用职务名称，具体职务名称由中央公务员主管部门以通用职务名称为基础确定。

5. 我国对公务员的管理实行的是（　　）制度。

A. 党政干部单一的管理模式　　B. 分类管理

C. 根据职位分级管理　　D. 对公务员集中统一管理

【参考答案】B

【答案解析】《中华人民共和国公务员法》第八条　国家对公务员实行分类管理，提高管理效能和科学化水平。

6. 下列（　　）类人员不是公务员。

A. 九三学社机关的工作人员　　B. 人大机关工作人员

C. 机关中的工勤人员　　D. 政协机关工作人员

【参考答案】C

【答案解析】公务员是指依法履行公职、纳入国家行政编制、由国家财政负担工资福利的工作人员。

7. 下列（   ）不属于《中华人民共和国公务员法》规定的公务员必备的条件。

  A. 身体健康

  B. 担任检察官必须具备司法资格证书

  C. 大专以上学历

  D. 无刑事犯罪记录

8. 国家级正职、国家级副职、省部级正职、省部级副职、厅局级正职、厅局级副职、县处级正职、县处级副职、乡科级正职、乡科级副职，这些是（   ）。

  A. 领导职务　　　　　　B. 行政执法类公务员通用职务

  C. 非领导职务　　　　　D. 专业技术类公务员通用职务

【参考答案】A

【答案解析】新《中华人民共和国公务员法》明确：国家实行公务员职位分类制度。领导职务层次分为：国家级正职、国家级副职、省部级正职、省部级副职、厅局级正职、厅局级副职、县处级正职、县处级副职、乡科级正职、乡科级副职。

9. 下列不属于公务员职位类别的是（   ）。

  A. 行政综合类　　　　　B. 行政执法类

  C. 综合管理类　　　　　D. 专业技术类

【参考答案】A

【答案解析】公务员职位类别按照公务员职位的性质、特点和管理需要，划分为综合管理类、专业技术类和行政执法类等类别。

10. 新修订的《中华人民共和国公务员法》明确了国家实行公务员职务与（   ）并行制度。

  A. 级别　　　　　　　　B. 职级

  C. 职位　　　　　　　　D. 衔级

【参考答案】B

【答案解析】新修订的《中华人民共和国公务员法》第十七条。

11. 公务员职级在（　　）级以下设置。

A. 省部级　　　　　　B. 厅局级

C. 县处级　　　　　　D. 乡科级

【参考答案】B

【答案解析】新修订的《中华人民共和国公务员法》第十九条。

12. 行政机关中初次从事下列（　　）岗位的公务员不需实行统一法律职业资格考试制度。

A. 行政处罚决定审核　B. 行政复议

C. 行政诉讼　　　　　D. 法律顾问

【参考答案】C

【答案解析】国家对行政机关中初次从事行政处罚决定审核、行政复议、行政裁决、法律顾问的公务员实行统一法律职业资格考试制度。

13. 公务员主管部门在审定录用计划时，必须坚持只有在（　　）的情况下，才能给予录用名额。

A. 缺编　　　　　　　B. 满编

C. 超编　　　　　　　D. 等编

【参考答案】A

【答案解析】录用公务员，必须在规定的编制限额内，并有相应的职位空缺。

14. 国家根据人民警察的工作特点，设置与其领导职务、职级相对应的（　　）。

A. 级别　　　　　　　B. 衔级

C. 职位　　　　　　　D. 职能

【参考答案】B

【答案解析】国家根据人民警察、消防救援人员以及海关、驻外外交机构等公务员的工作特点，设置与其领导职务、职级相对应的衔级。

15. 招录机关根据考试成绩、考察情况和体检结果，提出拟录用人员名单，并予以公示。公示期不少于（　　）个工作日。

A. 三　　　　　　　　B. 五

C. 七　　　　　　　　D. 十

【答案解析】新修订的《中华人民共和国公务员法》第三十二条。

16. 公示期满,地方各级招录机关将拟录用人员名单报（　　）公务员主管部门审批。

　　A. 中央　　　　　　　　B. 省级或者设区的市级

　　C. 同级人大　　　　　　D. 省级以上

【参考答案】B

【答案解析】省级或者设区的市级公务员主管部门审批地方各级招录机关拟录用人员名单。

17. 录用特殊职位的公务员,经（　　）公务员主管部门批准,可以简化程序或者采用其他测评办法。

　　A. 中央　　　　　　　　B. 省级以上

　　C. 设区的市级　　　　　D. 上级

【参考答案】B

【答案解析】新修订的《中华人民共和国公务员法》第三十三条　录用特殊职位的公务员,经省级以上公务员主管部门批准,可以简化程序或者采用其他测评办法。

18. 对民族自治地方录用公务员,依照法律和有关规定对少数民族报考者的态度是（　　）。

　　A. 按照公务员录用规定平等对待

　　B. 与其他考生同等条件录取

　　C. 予以适当照顾

　　D. 由民族自治地方自行规定录用办法

【参考答案】C

【答案解析】新修订的《中华人民共和国公务员法》第二十三条　民族自治地方依照前款规定录用公务员时,依照法律和有关规定对少数民族报考者予以适当照顾。

19. 新录用的公务员试用期为（　　）。

　　A. 三个月　　　　　　　B. 六个月

　　C. 一年　　　　　　　　D. 两年

【参考答案】C

【答案解析】新录用的公务员试用期为一年。

20. 对公务员的考核，以其职位职责和所承担的工作任务为基本依据，全面考核德、能、勤、绩、廉，重点考核政治素质和（　　）。

A. 德　　　　　　　　　B. 能
C. 勤　　　　　　　　　D. 绩

【参考答案】D

【答案解析】重点考核政治素质和工作实绩。

21. 公务员年度考核优秀等次人数，一般控制在本机关参加年度考核的公务员总人数的15%以内，最多不超过（　　）。

A. 20%　　　　　　　　B. 25%
C. 30%　　　　　　　　D. 35%

【参考答案】A

【答案解析】公务员年度考核优秀等次人数最多不超过20%。

22. 公务员年度考核，应将考核结果以（　　）形式通知被考核公务员，并由公务员本人签署意见。

A. 口头　　　　　　　　B. 书面
C. 口头或书面　　　　　D. 口头和书面

【参考答案】B

【答案解析】将考核结果以书面形式通知被考核公务员。

23. 以下（　　）不是公务员的考核方式。

A. 平时考核　　　　　　B. 重点考核
C. 专项考核　　　　　　D. 定期考核

【参考答案】B

【答案解析】新修订的《中华人民共和国公务员法》第三十六条　公务员的考核分为平时考核、专项考核和定期考核等方式。

24. 公务员定期考核采取（　　）。

A. 每月一考核的方式　　B. 季度考核的方式
C. 半年一考核的方式　　D. 年度考核的方式

【参考答案】D

【答案解析】定期考核采取年度考核的方式，在当年年末或者次年年初进行。

25. 给予记二等功、记一等功和授予"人民满意的公务员""人民满意的公务员集体"荣誉称号（　　）。

　　A. 一般每二年评选一次　　　　B. 一般每三年评选一次
　　C. 一般每四年评选一次　　　　D. 一般每五年评选一次

【参考答案】D

【答案解析】这是高等次的奖励，评选周期长。

26. 下列（　　）不是公务员晋升领导职务的程序。

　　A. 动议　　　　　　　　　　　B. 民主测评
　　C. 组织考察　　　　　　　　　D. 履行任职手续

【参考答案】B

【答案解析】公务员晋升领导职务的程序：（1）动议；（2）民主推荐；（3）确定考察对象，组织考察；（4）按照管理权限讨论决定；（5）履行任职手续。

27. 新修订的《中华人民共和国公务员法》对领导成员职务的任免实行的是（　　）。

　　A. 委任制　　　　　　　　　　B. 选任制
　　C. 聘任制　　　　　　　　　　D. 任期制

【参考答案】D

【答案解析】领导成员职务按照国家规定实行任期制。

28. 以下（　　）不是对公务员的处分。

　　A. 严重警告　　　　　　　　　B. 记大过
　　C. 撤职　　　　　　　　　　　D. 开除

【参考答案】A

【答案解析】处分分为：警告、记过、记大过、降级、撤职、开除。

29. 行政机关公务员受记过处分的期间为（　　）。

　　A. 6个月　　　　　　　　　　 B. 12个月
　　C. 18个月　　　　　　　　　　D. 24个月

【参考答案】B

【答案解析】受记过处分的期间为12个月。

30. 行政机关公务员受记大过处分的期间为（　　）。

A. 6 个月　　　　　　　　B. 12 个月

C. 18 个月　　　　　　　D. 24 个月

【参考答案】C

【答案解析】受记大过处分的期间为 18 个月。

31. 行政机关公务员处分的种类共有（　　）。

A. 4 种　　　　　　　　　B. 5 种

C. 6 种　　　　　　　　　D. 7 种

【参考答案】C

【答案解析】行政机关公务员处分的种类为：警告、记过、记大过、降级、撤职、开除。

32. 新修订的《中华人民共和国公务员法》规定了公务员受处分的期间，以下说法正确的是（　　）。

A. 记过，12 个月　　　　B. 记大过，16 个月

C. 降级，18 个月　　　　D. 撤职，18 个月

【参考答案】A

【答案解析】受处分的期间为：警告，6 个月；记过，12 个月；记大过，18 个月；降级、撤职，24 个月。

33. 公务员申请复核，应当自知道人事处理之日起（　　）内提交书面申请。

A. 15 日　　　　　　　　B. 30 日

C. 30 日　　　　　　　　D. 60 日

【参考答案】B

【答案解析】公务员申请复核，应当自知道人事处理之日起 30 日内提交书面申请。

34. 公务员对涉及本人的人事处理申请复核，原处理机关在接到复核申请书后，应当在（　　）内作出维持、撤销或者变更原人事处理的复核决定，并以书面形式通知申请人。

A. 10 日　　　　　　　　B. 15 日

C. 20 日　　　　　　　　D. 30 日

【参考答案】D

【答案解析】原处理机关在接到复核申请书后,应当在30日内作出维持、撤销或者变更原人事处理的复核决定。

35. 对人事处理申请复核、申诉、再申诉,应当由受到人事处理的( )提出。

A. 公务员单位　　　　　　B. 公务员本人
C. 公务员同事　　　　　　D. 公务员近亲属

【参考答案】B

【答案解析】复核、申诉、再申诉应当由受到人事处理的公务员本人提出。

36. 对晋升领导职务的公务员应当在( )期间进行任职培训。
①任职前　　　　　　　②任职后半年内
③任职后一年内

A. ①　　　　　　　　　　B. ②
C. ①或②都行　　　　　　D. ①或③都行

【参考答案】D

【答案解析】对晋升领导职务的公务员应当在任职前或者任职后一年内进行任职培训。

37. 国有企业、高等院校和科研院所以及其他不参照《中华人民共和国公务员法》管理的事业单位中从事公务的人员,可以调入机关担任领导职务或者( )调研员以上及其他相当层次的职级。

A. 一级　　　　　　　　　B. 二级
C. 三级　　　　　　　　　D. 四级

【参考答案】D

【答案解析】见《中华人民共和国公务员法》第七十条。

38. 对( )级别的领导成员应当有计划、有重点地实行跨地区、跨部门转任。

A. 省部级正职以下　　　　B. 省部级副职以下
C. 厅局级正职以下　　　　D. 厅局级副职以下

【参考答案】A

【答案解析】见《中华人民共和国公务员法》第七十一条。

39. 根据工作需要，机关可以采取（　　）方式选派公务员承担重大工程、重大项目、重点任务或者其他专项工作。

　　A. 调任　　　　　　　　B. 挂职
　　C. 转任　　　　　　　　D. 借调

【参考答案】B

【答案解析】见《中华人民共和国公务员法》第七十二条。

40. 以下（　　）情况没有违反公务员法中的需要任职回避的规定情形。

　　A. 在同一个处里处长与处里的科员为直系血亲关系
　　B. 夫妻双方在同一个厅级机关工作，分别在不同的处里任科级干部
　　C. 夫妻双方在同一个厅机关里任处长职务
　　D. 在同一机关里有亲属关系的一方担任领导职务，另一方在该机关的监察部门工作

【参考答案】B

41. 公务员工资制度贯彻（　　）的原则。

　　A. 按劳分配　　　　　　B. 按生产要素贡献分配
　　C. 按管理要素贡献分配　D. 按劳动力要素贡献分配

【参考答案】A

【答案解析】按劳分配是公务员工资制度的原则。

42. 公务员工资中，（　　）是工资结构的主体。

　　A. 基本工资　　　　　　B. 津贴
　　C. 补贴　　　　　　　　D. 奖金

【参考答案】A

43. 我国公务员要享受年终奖金，必须在定期考核中被确定为（　　）。

　　A. 优秀　　　　　　　　B. 称职和基本称职
　　C. 优秀或称职　　　　　D. 称职或基本称职

【参考答案】C

【答案解析】在定期考核中被确定为优秀、称职的，可以享受年终

奖金。

44. 公务员在受（　　）处分期间不得晋升工资档次。
①警告　②记过　③记大过　④降级　⑤撤职
A. ①②③④　　　　　　　　B. ②③④⑤
C. ①③④⑤　　　　　　　　D. ①②③④⑤

【参考答案】B

【答案解析】根据《中华人民共和国公务员法》第五十八条规定，公务员在受处分期间不得晋升职务和级别，其中受记过、记大过、降级、撤职处分的，不得晋升工资档次。

45. 普通公务员申请辞去公职，任免机关应当自接到申请之日起（　　）内予以审批。
A. 15日　　　　　　　　B. 30日
C. 60日　　　　　　　　D. 90日

【参考答案】B

【答案解析】根据《中华人民共和国公务员法》第八十五条规定，公务员辞去公职，应当向任免机关提出书面申请。任免机关应当自接到申请之日起30日内予以审批，其中对领导成员辞去公职的申请，应当自接到申请之日起90日内予以审批。

46. 《中华人民共和国公务员法》中规定的领导成员的辞职制度中，有一种辞职方式实际上是领导成员对本人失职失误的一种主动追究，这是（　　）的辞职方式。
A. 因公辞职　　　　　　　B. 自愿辞职
C. 引咎辞职　　　　　　　D. 责令辞职

【参考答案】C

47. 公务员符合以下（　　）条件，可以提出申请，经任免机关批准后提前退休。
A. 工作年限满25年的
B. 工作年限满30年的
C. 丧失部分工作能力且工作年限满25年的
D. 工作年限满35年的

【参考答案】B

【答案解析】根据《中华人民共和国公务员法》第九十三条规定。

48. 非领导职务的一般公务员辞去公职或者退休的，在离职（　　）年内，不得到与原工作业务直接相关的企业或者其他营利性组织任职，不得从事与原工作业务直接相关的营利性活动。

A. 一年　　　　　　　　　　B. 两年

C. 三年　　　　　　　　　　D. 半年

【参考答案】B

【答案解析】非领导职务的一般公务员是两年，原系领导成员、县处级以上领导职务的公务员是三年。

49. 机关对新录用人员在试用期内进行的培训是（　　）。

A. 初任培训　　　　　　　　B. 任职培训

C. 更新知识培训　　　　　　D. 专门业务培训

【参考答案】A

【答案解析】根据《中华人民共和国公务员法》第六十七条规定。

50. 中组部、国家人事部选派中央机关的干部到西部地区各级政府中交流任职，这种干部交流方式属于（　　）。

A. 调任　　　　　　　　　　B. 转任

C. 委任　　　　　　　　　　D. 挂职锻炼

【参考答案】D

（二）多选题

1. 公务员是指（　　）的工作人员。

A. 依法履行公职

B. 纳入国家行政编制

C. 由国家财政负担工资福利

D. 国家机关中除工勤人员以外的

【参考答案】ABC

2. 公务员的管理坚持（　　）原则，依照法定的权限、条件、标准和程序进行。

A. 公开 B. 平等
C. 竞争 D. 择优

【参考答案】ABCD

3. 属于公务员的基本义务的有（　　）。

A. 保守国家秘密和工作秘密
B. 维护国家的安全、荣誉和利益
C. 服从和执行上级依法作出的决定和命令
D. 模范遵守社会公德

【参考答案】ABCD

4. 下列属于税务系统的领导职务的有（　　）。

A. 县处级正职 B. 一级调研员
C. 四级主任科员 D. 乡科级正职

【参考答案】AD

【答案解析】BC 是综合管理类公务员职级序列。

5. 下列属于行政执法类公务员的通用职务名称的有（　　）。

A. 督办 B. 一级高级主办
C. 一级主办 D. 一级总监

【参考答案】ABC

【答案解析】一级总监属于专业技术类公务员的通用职务名称。

6. 下列属于专业技术类公务员的通用职务名称的有（　　）。

A. 一级总监 B. 办事员
C. 一级主管 D. 一级高级主管

【参考答案】ACD

【答案解析】办事员属于综合管理类非领导职务。

7. 我国公务员制度的指导思想有（　　）。

A. 马克思列宁主义、毛泽东思想、邓小平理论
B. "三个代表"重要思想
C. 科学发展观
D. 习近平新时代中国特色社会主义思想

【参考答案】ABCD

【答案解析】根据《中华人民共和国公务员法》第四条规定。

8. 公务员应该维护国家的（　　）。

A. 安全　　　　　　　　　B. 政权

C. 荣誉　　　　　　　　　D. 利益

【参考答案】ACD

9. 我国录用公务员的程序包括（　　）。

A. 编制录用计划　　　　　B. 发布招考公告

C. 资格审查　　　　　　　D. 录取与试用

【参考答案】ABCD

10. 下列情形中，不得录用为公务员的有（　　）。

A. 因犯罪受过刑事处罚

B. 被开出共产党党籍的

C. 被依法列为失信联合惩戒对象的

D. 被开除公职的

【参考答案】ABCD

【答案解析】新修订的《中华人民共和国公务员法》中将B和C列入了不得录用的情形。

11. 机关录用公务员应当考虑（　　）条件。

A. 机关职能　　　　　　　B. 编制限额

C. 职位空缺　　　　　　　D. 公务员录用主管部门的意见

【参考答案】ABCD

12. 行政机关中初次从事（　　）岗位的公务员需实行统一法律职业资格考试制度。

A. 行政处罚决定审核　　　B. 行政复议

C. 行政裁决　　　　　　　D. 法律顾问

【参考答案】ABCD

【答案解析】根据《中华人民共和国公务员法》第二十五条规定。

13. 我国税务系统公务员的考核等次包括（　　）。

A. 优秀　　　　　　　　　B. 称职

C. 基本称职　　　　　　　D. 不称职

【参考答案】ABCD

14. 公务员的考核有（　　）方式。

A. 平时考核　　　　　　B. 重点考核

C. 专项考核　　　　　　D. 定期考核

【参考答案】ACD

【答案解析】新修订的《中华人民共和国公务员法》里，专项考核为新增，见第三十六条。

15. 新修订的《中华人民共和国公务员法》规定，公务员职级实行（　　）。

A. 选任制　　　　　　　B. 委任制

C. 聘任制　　　　　　　D. 任期制

【参考答案】BC

【答案解析】根据《中华人民共和国公务员法》第四十条规定。

16. 公务员职务任命必须具备的条件是（　　）。

A. 有编制　　　　　　　B. 有职数

C. 有相应的权限　　　　D. 有相应的职位空缺

【参考答案】ABD

17. 我国税务系统公务员晋升领导职务的程序包括（　　）。

A. 动议　　　　　　　　B. 民主推荐

C. 确定考察对象，组织考察　　D. 按照管理权限讨论决定

E. 履行任职手续

【参考答案】ABCDE

【答案解析】新修订的《中华人民共和国公务员法》中，新增了"动议"一项。

18. 公务员法规定可以越级晋升的条件是（　　）。

A. 表现特别优秀的公务员　　B. 资历深

C. 工作经验丰富　　　　D. 工作特殊需要

【参考答案】AD

【答案解析】根据《中华人民共和国公务员法》第四十五条规定。

19. 在公务员晋升领导职务时，应当实行（　　）制度。

A. 任职前公示制度 B. 委任
C. 任职试用期制度 D. 任期

【参考答案】AC

【答案解析】根据《中华人民共和国公务员法》第四十八条规定。

20. 公务员应收到（ ）方面的监督。

A. 思想政治 B. 履行职责
C. 作风表现 D. 遵纪守法

【参考答案】ABCD

【答案解析】《中华人民共和国公务员法》第五十七条规定，机关应当对公务员的思想政治、履行职责、作风表现、遵纪守法等情况进行监督，开展勤政廉政教育，建立日常管理监督制度。

21. 对公务员监督发现问题的，应视情况予以（ ）处理。

A. 谈话提醒 B. 批评教育
C. 诫勉 D. 处分

【参考答案】ABCD

【答案解析】对公务员监督发现问题的，应当区分不同情况，予以谈话提醒、批评教育、责令检查、诫勉、组织调整、处分。

22. 公务员纪律的内容归纳起来可以分为以下（ ）。

A. 政治纪律 B. 工作纪律
C. 廉政纪律 D. 道德纪律

【参考答案】ABCD

23. 下列属于公务员奖励种类的有（ ）。

A. 嘉奖 B. 升职
C. 记一等功 D. 授予荣誉称号

【参考答案】ACD

【答案解析】对公务员、公务员集体的奖励分为：嘉奖、记三等功、记二等功、记一等功、授予荣誉称号。

24. 公务员或者公务员集体有下列（ ）情形之一的，应给予奖励。

A. 爱护公共财产，节约国家资财有突出成绩的

B. 忠于职守，积极工作，工作实绩显著的

C. 为增进民族团结、维护社会稳定做出突出贡献的

D. 在抢险、救灾等特定环境中做出突出贡献的

E. 同违法违纪行为作斗争有功绩的

【参考答案】ABCDE

【答案解析】参见新修订的《中华人民共和国公务员法》第五十二条规定，其中 D 为新增内容。

25. 给予行政机关公务员处分，应当（　　）。

A. 坚持公正、公平和教育与惩处相结合的原则

B. 与其违法违纪行为的性质、情节、危害程度相适应

C. 事实清楚、证据确凿、定性准确、处理恰当、程序合法、手续完备

D. 惩前毖后、从重处罚

【参考答案】ABC

【答案解析】从重处罚与前几个原则冲突。

26. 我国税务系统公务员工资制度要（　　）。

A. 坚持效率优先、兼顾公平的原则

B. 体现工作职责、工作能力、工作实绩、资历等因素

C. 保持不同领导职务、职级、级别之间的合理工资差距

D. 按时足额发放

【参考答案】BCD

【答案解析】初次分配和再分配都要处理好效率和公平的关系，再分配更加注重公平。

27. 下列条件中，可以让公务员自愿提出申请，经任免机关批准，提前退休的有（　　）。

A. 工作年限满 30 年的

B. 距国家规定的退休年龄不足 5 年，且工作年限满 20 年的

C. 工作年限满 20 年的

D. 国家公务员男年满 60 周岁

【参考答案】AB

【答案解析】C项条件不充分；国家公务员男年满60周岁，正常退休。

28. 公务员工资是指国家根据按劳分配原则，分配给公务员个人消费品的货币表现。对此理解正确的有（　　）。

　　A. 工资是公务员为国家服务的劳动所得，必须由国家财政支付

　　B. 工资只能以法定货币形式出现，不能包含其他物质和非物质形式的权益

　　C. 工资是公务员收入中最基本的部分，具有决定性地位

　　D. 现有公务员工资水平能激励各地公务员努力工作

【参考答案】ABC

【答案解析】D项表达错误。

29. 录用担任一级主任科员以下及其他相当职级层次的公务员，可采取（　　）办法。

　　A. 公开考试　　　　　　B. 严格考察

　　C. 平等竞争　　　　　　D. 择优录取

【参考答案】ABCD

【答案解析】根据《中华人民共和国公务员法》第二十三条规定。

30. 公务员法明确规定了对有某些亲属关系的公务员在职务任用上需要回避的情况，以下（　　）属于需要回避的亲属关系。

　　A. 夫妻关系　　　　　　B. 三代以内直系血亲关系

　　C. 三代以内旁系血亲关系　D. 近姻亲关系

【参考答案】ABCD

【答案解析】根据《中华人民共和国公务员法》第七十四条规定。

31. 公务员在定期考核中被确定为（　　）的，按照国家规定享受年终奖金。

　　A. 优秀　　　　　　　　B. 称职

　　C. 基本称职　　　　　　D. 不称职

【参考答案】AB

【答案解析】根据《中华人民共和国公务员法》第八十条规定。

32. 公务员享受的津贴有（　　）。

A. 职务津贴　　　　　　B. 地区附加津贴
C. 艰苦边远地区津贴　　D. 岗位津贴

【参考答案】BCD

【答案解析】根据《中华人民共和国公务员法》第八十条规定。

33. 公务员福利待遇主要包括（　　）。

A. 休假、福利费　　　　B. 子女义务教育补贴
C. 住房、医疗补贴　　　D. 抚恤、优待
E. 加班补休

【参考答案】ACDE

【答案解析】《中华人民共和国公务员法》。

34. 公务员有（　　）的情况，予以辞退。

A. 年度考核两次以上被确定为不称职的
B. 本人工作能力无法胜任现任工作的
C. 不履行公务员义务，经教育仍无转改，不适合继续在机关工作，又不宜给予开除处分的
D. 所在机关撤销需要调整工作，本人拒绝合理安排的
E. 旷工或者因公外出、请假期满无正当理由逾期不归连续超过十天的

【参考答案】CD

【答案解析】《中华人民共和国公务员法》第八十八条。选项 A 应为连续两年被确定为不称职的；选项 B 应为不胜任现职工作，又不接受其他安排的；选项 E 应为旷工或者因公外出、请假期满无正当理由逾期不归连续超过十五天的。

35. 对于具有特定情况的公务员不得辞退，下面（　　）情况属于不得辞退的情形。

A. 因工致残被确认丧失工作能力的
B. 患病或者负伤在规定的医疗期内的
C. 女性公务员在孕期、产假、哺乳期内的
D. 法律、行政法规规定的其他不得辞退的情形

【参考答案】ABCD

【答案解析】根据《中华人民共和国公务员法》第八十九条规定。

36. 关于提前退休的规定正确的是（　　）。

A. 退休条件须由公务员主管部门作出规定

B. 公务员提前退休的前提是由公务员自愿提出

C. 公务员退休的条件主要强调的是工作年限

D. 公务员本人申请退休的，必须经任免机关审批

【参考答案】BD

【答案解析】根据《中华人民共和国公务员法》第九十三条规定。

（三）判断题

1. 公务员工资、福利、保险以及录用、奖励、培训、辞退等所需经费，列入财政预算，予以保障。（　　）

【参考答案】√

【答案解析】根据《中华人民共和国公务员法》第十一条规定。

2. 各级公务员主管部门负责指导下级各机关的公务员管理工作。（　　）

【参考答案】×

【答案解析】根据《中华人民共和国公务员法》第十二条规定，应为各级公务员主管部门指导同级各机关的公务员管理工作。

3. 新修订的《中华人民共和国公务员法》，国家实行公务员职务与职级并行制度。（　　）

【参考答案】√

【答案解析】根据《中华人民共和国公务员法》第十七条规定。

4. 公务员担任的领导职务和职级可以互相转任、兼任。（　　）

【参考答案】√

【答案解析】根据《中华人民共和国公务员法》第二十一条规定。

5. 公务员的领导职务、职级与级别是确定公务员工资以及其他待遇的依据。（　　）

【参考答案】√

【答案解析】根据《中华人民共和国公务员法》第二十一条规定。

6. 录用调研员职级层次的公务员,需采取公开考试、严格考察、平等竞争、择优录取的办法。（　　）

【参考答案】×

【答案解析】录用担任一级主任科员以下及其他相当职级层次的公务员,才需采取公开考试、严格考察、平等竞争、择优录取的办法。

7. 中央机关及其直属机构公务员的录用,由中央公务员主管部门负责组织。（　　）

【参考答案】√

【答案解析】根据《中华人民共和国公务员法》第二十四条规定。

8. 地方各级机关公务员的录用,必要时可由设区的市级公务员主管部门组织。（　　）

【参考答案】√

【答案解析】地方各级机关公务员的录用,由省级公务员主管部门负责组织,必要时省级公务员主管部门可以授权设区的市级公务员主管部门组织。

9. 公示期满,地方各级招录机关应当将拟录用人员名单报省级或者设区的市级公务员主管部门备案。（　　）

【参考答案】×

【答案解析】地方各级招录机关应当将拟录用人员名单报省级或者设区的市级公务员主管部门审批。

10. 公务员职级实行选任制、委任制和聘任制。（　　）

【参考答案】×

【答案解析】公务员职级实行委任制和聘任制,领导职务才有选任制。

11. 录用特殊职位的公务员,经省级以上公务员主管部门批准,可以简化程序或者采用其他测评办法。（　　）

【参考答案】√

【答案解析】根据《中华人民共和国公务员法》第三十三条规定。

12. 公务员定期考核的结果分为优秀、称职、基本称职三个等次。（　　）

【参考答案】×

【答案解析】公务员定期考核的结果分为优秀、称职、基本称职和不称职四个等次。

13. 非领导成员公务员的定期考核采取年度考核的方式。（   ）

【参考答案】√

【答案解析】根据《中华人民共和国公务员法》第三十七条规定。

14. 公务员领导职务应当逐级晋升，特别优秀的或者工作特殊需要的，可以按照规定破格或者越级晋升。（   ）

【参考答案】√

【答案解析】根据《中华人民共和国公务员法》第四十五条规定。

15. 公务员因工作需要在机关外兼职，应当经有关机关批准，其领取的兼职报酬不得高于在关系所在单位薪酬。（   ）

【参考答案】×

【答案解析】根据《中华人民共和国公务员法》第四十四条规定。

16. 公务员晋升领导职务的，应当按照有关规定实行任职前公示制度和任职试用期制度。（   ）

【参考答案】√

【答案解析】根据《中华人民共和国公务员法》第四十八条规定。

17. 公务员在年度考核中被确定为不称职的，按照规定程序降低一个职务或者职级层次任职。（   ）

【参考答案】√

【答案解析】根据《中华人民共和国公务员法》第五十条规定。

18. 奖励坚持定期奖励与及时奖励相结合，精神奖励与物质奖励相结合、以物质奖励为主的原则。（   ）

【参考答案】×

【答案解析】应以精神奖励为主。

19. 公务员在受处分期间不得晋升职务、职级和级别。（   ）

【参考答案】√

【答案解析】根据《中华人民共和国公务员法》第六十四条规定。

20. 公务员受警告、记过、记大过、降级、撤职处分的，不得晋升工

资档次。（　　）

【参考答案】×

【答案解析】公务员受警告处分的，不影响晋升工资档次。《中华人民共和国公务员法》第六十四条：受记过、记大过、降级、撤职处分的，不得晋升工资档次。

21. 公务员在受处分期间有悔改表现，并且没有再发生违纪违法行为的，处分期满后自动解除。（　　）

【参考答案】×

【答案解析】受开除处分的除外。

22. 公务员可以在公务员和参照《中华人民共和国公务员法》管理的工作人员队伍内部交流，也可以与国有企业和不参照《中华人民共和国公务员法》管理的事业单位中从事公务的人员交流。（　　）

【参考答案】√

【答案解析】根据《中华人民共和国公务员法》第六十九条规定。

23. 公务员不得在其配偶、子女及其配偶经营的企业、营利性组织的行业监管或者主管部门任职。（　　）

【参考答案】×

【答案解析】上述情况，不得担任领导成员。

24. 公务员因地域或者工作性质特殊，需要变通执行任职回避的，由市级以上公务员主管部门规定。（　　）

【参考答案】×

【答案解析】应由省级以上公务员主管部门规定。

25. 公务员担任乡级机关、县级机关、设区的市级机关、省级机关及其有关部门主要领导职务的，应当按照有关规定实行地域回避。（　　）

【参考答案】×

【答案解析】不含省级机关。

26. 公务员在法定工作日之外加班的，应当给予相应的补休，不能补休的按照国家规定给予补助。（　　）

【参考答案】√

【答案解析】根据《中华人民共和国公务员法》第八十二条规定。

27. 对公务员领导成员辞去公职的申请，应当自接到申请之日起三十日内予以审批。（　）

【参考答案】×

【答案解析】应为九十日内。

28. 机关根据工作需要，经省级以上公务员主管部门批准，可以对专业性较强的职位和辅助性职位实行聘任制。（　）

【参考答案】√

【答案解析】根据《中华人民共和国公务员法》第一百条规定。

29. 机关聘任公务员可以参照公务员考试录用的程序进行公开招聘，也可以从符合条件的人员中直接选聘。（　）

【参考答案】√

【答案解析】根据《中华人民共和国公务员法》第一百零一条规定。

30. 聘任制公务员与所在机关之间因履行聘任合同发生争议的，可以自争议发生之日起三十日内向人事争议仲裁委员会申请仲裁。（　）

【参考答案】×

【答案解析】根据《中华人民共和国公务员法》第一百条规定，聘任制公务员与所在机关之间因履行聘任合同发生争议的，可以自争议发生之日起六十日内向人事争议仲裁委员会申请仲裁。

31. 公务员辞去公职或者退休的，原系领导成员、县处级以上领导职务的公务员在离职两年内，不得到与原工作业务直接相关的企业或者其他营利性组织任职，不得从事与原工作业务直接相关的营利性活动。（　）

【参考答案】×

【答案解析】原系领导成员、县处级以上领导职务的公务员是离职三年内，不得到与原工作业务直接相关的企业或者其他营利性组织任职，不得从事与原工作业务直接相关的营利性活动。

32. 国家实行公务员职位分类制度。职位分类为国家公务员的考试录用、考核、晋升、培训、工资待遇等提供依据。（　）

【参考答案】√

33. 一级高级主办、二级高级主办、三级高级主办、四级高级主办、一级主办、二级主办、三级主办、四级主办，属于专业技术类公务员。

（　　）

【参考答案】×

【答案解析】应属行政执法类公务员。

34. 专业技术类公务员的职责具有强技术性、低替代性。（　　）

【参考答案】√

35. 新录用的公务员试用期为半年。试用期满合格的，予以任职；不合格的，取消录用。（　　）

【参考答案】×

【答案解析】新录用的公务员试用期为一年。

（四）简答题

1. 公务员法对公务员的定义作了新的界定，请问公务员必须具备哪三个条件？

【参考答案】一是依法履行公职；二是纳入国家行政编制；三是由国家财政负担工资福利。

2. 我国公务员法规定的公务员的义务有哪些？

【参考答案】（1）忠于宪法，模范遵守、自觉维护宪法和法律，自觉接受中国共产党领导；（2）忠于国家，维护国家的安全、荣誉和利益；（3）忠于人民，全心全意为人民服务，接受人民监督；（4）忠于职守，勤勉尽责，服从和执行上级依法作出的决定和命令，按照规定的权限和程序履行职责，努力提高工作质量和效率；（5）保守国家秘密和工作秘密；（6）带头践行社会主义核心价值观，坚守法治，遵守纪律，恪守职业道德，模范遵守社会公德、家庭美德；（7）清正廉洁，公道正派；（8）法律规定的其他义务。

3. 公务员享有哪些权利？

【参考答案】（1）获得履行职责应当具有的工作条件；（2）非因法定事由、非经法定程序，不被免职、降职、辞退或者处分；（3）获得工资报酬，享受福利、保险待遇；（4）参加培训；（5）对机关工作和领导人员提出批评和建议；（6）提出申诉和控告；（7）申请辞职；（8）法律规定的其他权利。

4. 如何正确理解"公务员应当执行上级做出的决定和命令"？

【参考答案】（1）公务员服从和执行上级做出的决定和命令应当是上级依法做出的；（2）公务员在执行公务时认为上级的决定和命令有错误的，可以向上级提出改正或者撤销该决定和命令的意见，上级不改变决定或者命令，或者要求立即执行的，公务员应当立即执行；但是公务员执行明显违法的决定和命令的应当依法承担法律责任。

5. 年度考核，是对公务员进行奖惩、培训、辞退以及调整职务、级别和工资的重要依据，单位和个人都非常重视。科学、民主的程序是考核质量的保障。请简要回答年度考核的程序。

【参考答案】年度考核的程序为：被考核公务员按照职位职责和有关要求进行总结，并在一定范围内述职；主管领导在听取群众和公务员本人意见的基础上，根据平时考核情况和个人总结，写出评语，提出考核等次建议和改进提高的要求；对拟定为优秀等次的公务员在本机关范围内公示；由本机关负责人或者授权的考核委员会确定考核等次；将考核结果以书面形式通知被考核公务员，并由公务员本人签署意见。

【答案解析】不要颠倒程序的顺序。

6. 公务员领导职务层次有哪些？

【参考答案】（1）国家级正职、国家级副职；（2）省部级正职、省部级副职；（3）厅局级正职、厅局级副职；（4）县处级正职、县处级副职；（5）乡科级正职、乡科级副职。

7. 公务员法将公务员职位类别分为哪些？

【参考答案】我国将公务员职位类别划分为综合管理类、专业技术类、行政执法类等类别，国务院根据公务员法对于具有职位特殊性，需要单独管理的，可以增设其他职位类别。

8. 各机关在设置本机关公务员具体职位时应依照哪些因素？

【参考答案】（1）职能；（2）规格；（3）编制限额；（4）职数以及结构比例。

9. 公务员法规定，哪些人员不得录用为公务员？

【参考答案】（1）因犯罪受过刑事处罚的；（2）被开除中国共产党

党籍的；(3) 被开除公职的；(4) 被依法列为失信联合惩戒对象的；(5) 有法律规定不得录用为公务员的其他情形的。

10. 公务员录用程序主要有哪些？

【参考答案】(1) 发布招考公告；(2) 资格审查；(3) 考试；(4) 考察、体检；(5) 提出拟录用人选；(6) 备案或者审批。

11. 请问公务员晋升领导职务时，应当按照哪些程序进行？

【参考答案】(1) 动议；(2) 民主推荐；(3) 确定考察对象，组织考察；(4) 按照管理权限讨论决定；(5) 履行任职手续。

12. 简述公务员不得辞去公职的几种情形。

【参考答案】公务员有下列情形之一的，不得辞去公职：(1) 未满国家规定的最低服务年限的；(2) 在涉及国家秘密等特殊职位任职或者离开上述职位不满国家规定的脱密期限的；(3) 重要公务尚未处理完毕，且须由本人继续处理的；(4) 正在接受审计、纪律审查，或者涉嫌犯罪，司法程序尚未终结的；(5) 法律、行政法规规定的其他不得辞去公职的情形。

【答案解析】根据《中华人民共和国公务员法》第八十六条规定。

二、税务系统机构编制管理

(一) 单选题

1. 为贯彻落实党的十九大关于深化机构改革的决策部署，中央作出深化党和国家机构改革的决定。通过该决定的全体会议是（   ）。

　　A. 十九大　　　　　　　　B. 十九届一次会议
　　C. 十九届二次会议　　　　D. 十九届三次会议

【参考答案】D

【答案解析】2018年2月28日，中国共产党第十九届中央委员会第三次全体会议通过《中共中央关于深化党和国家机构改革的决定》。

2. 深化党和国家机构改革,坚持统领的核心要素是( )。

　A. 坚持党的全面领导　　　　B. 坚持人民当家作主

　C. 坚持依法治国　　　　　　D. 坚持统筹兼顾

【参考答案】A

【答案解析】《中共中央关于深化党和国家机构改革的决定》明确,坚持以人民为中心,坚持全面依法治国,以加强党的全面领导为统领,以国家治理体系和治理能力现代化为导向。

3. 《中共中央关于深化党和国家机构改革的决定》指出,全面深化改革的总目标是( )。

　A. 深化放管服改革

　B. 优化营商环境

　C. 实现"两个一百年"奋斗目标

　D. 完善和发展中国特色社会主义制度

【参考答案】D

【答案解析】《中共中央关于深化党和国家机构改革的决定》指出,全面深化改革的总目标是完善和发展中国特色社会主义制度。

4. 《中共中央关于深化党和国家机构改革的决定》指出,深化党和国家机构改革的首要任务是( )。

　A. 加强党对各领域各方面工作领导

　B. 深化经济体制改革

　C. 提高人民群众满意度

　D. 发挥民主作用

【参考答案】A

【答案解析】《中共中央关于深化党和国家机构改革的决定》指出,加强党对各领域工作领导,是深化党和国家机构改革的首要任务。

5. 新时代中国特色社会主义思想,明确中国特色社会主义最本质的特征是( )。

　A. "五位一体"总体布局

　B. 中国共产党领导

　C. 建设中国特色社会主义法治体系

D. 人民利益为根本出发点

【参考答案】B

【答案解析】中国共产党领导是中国特色社会主义最本质的特征，是全党全国各族人民共同意志和根本利益的体现，是决胜全面建成小康社会、夺取新时代中国特色社会主义伟大胜利的根本保证。

6. 2018年，全国税务系统机构改革动员部署视频会议召开时间是（　　）。

A. 2018年6月12日　　　　B. 2018年6月15日
C. 2018年7月5日　　　　 D. 2018年8月1日

【参考答案】A

【答案解析】2018年6月12日，全国税务系统机构改革动员部署视频会议在北京召开。

7. 根据《国税地税征管体制改革方案》，深化税收征管体制改革，要求强化一个根本，这个根本是指（　　）。

A. 加强党对税收工作的全面领导　B. 加强总局的组织领导
C. 加强总局和地方的协同配合　　D. 加强思想政治建设

【参考答案】A

【答案解析】强化一个根本，即加强党对税收工作的全面领导。

8. 根据《国税地税征管体制改革方案》，推进税收征管体制改革的根本遵循是（　　）。

A. 习近平总书记的重要讲话、论述、指示

B. 总局的部署

C. 改革方案

D. 基层实际

【参考答案】A

【答案解析】参考《国税地税征管体制改革方案》。

9. 根据《国税地税征管体制改革方案》，下面关于税收征管体制改革的表述，不正确的是（　　）。

A. 将各级税务局党组改设党委

B. 税务总局既积极承担"为主"的责任，又主动落实"双重"的

要求

　　C. 税收征管体制是国家治理体系的重要组成部分

　　D. 税务总局独立加强税务系统党的领导

【参考答案】D

【答案解析】税务总局会同省级党委和政府加强税务系统党的领导。

10. 36个省级新税务机构统一顺利挂牌的日期是（　　）。

　　A. 6月15日　　　　　　　　B. 7月5日

　　C. 7月15日　　　　　　　　D. 8月5日

【参考答案】A

【答案解析】6月15日，全国省级新税务机构统一挂牌并平稳运行。

11. 基本养老保险费、基本医疗保险费、失业保险费、工伤保险费、生育保险费等各项社会保险费交由税务部门统一征收，具体执行的日期是（　　）。

　　A. 2018年11月1日　　　　B. 2018年12月1日

　　C. 2018年12月31日　　　　D. 2019年1月1日

【参考答案】D

【答案解析】《国税地税征管体制改革方案》明确从2019年1月1日起，将基本养老保险费、基本医疗保险费、失业保险费、工伤保险费、生育保险费等各项社会保险费交由税务部门统一征收。

12. 以下表述，不是国税地税征管体制改革期间培训特点的是（　　）。

　　A. 全面学习　　　　　　　　B. 分类分级

　　C. 全员覆盖　　　　　　　　D. 学以致用

【参考答案】A

【答案解析】"领导先训、急用先学；分类分级、全员覆盖；学以致用、突出实效"是这次培训的特点。

13. 国税地税征管体制改革，以一个字表述为改革的核心，以下表述中准确的是（　　）。

　　A. 合　　　　　　　　　　　B. 和

　　C. 情　　　　　　　　　　　D. 快

【参考答案】A

【答案解析】参考《国税地税征管体制改革方案》。

14. 税务机构改革第一场战役全面告捷的标志是（　　）。

A. 全国省级新税务机构统一挂牌　B. 全国市级新税务机构统一挂牌

C. 全国县级新税务机构统一挂牌　D. 省级税务系统三定到位

【参考答案】A

【答案解析】全国省级新税务机构统一挂牌并平稳运行，标志着税务机构改革第一场战役全面告捷。

15. 原各省国税、地税机关制发的有效期内的税务检查证件在（　　）前可以继续使用。

A. 2018年12月31日　　　　B. 2018年10月31日

C. 2019年12月31日　　　　D. 2018年11月30日

【参考答案】A

【答案解析】参考《国税地税征管体制改革方案》。

16. 根据国家税务总局党委部署，各级税务机关党委要坚持党对意识形态工作的领导权，把握正确舆论导向，切实提高税收新闻舆论的传播力、引导力、影响力和（　　）。

A. 公信力　　　　　　　　　B. 执行力

C. 领导力　　　　　　　　　D. 科学力

【参考答案】A

【答案解析】国家税务总局党委在学习贯彻《中国共产党纪律处分条例》，研究税务系统贯彻落实工作时指出，把握正确舆论导向，切实提高税收新闻舆论的传播力、引导力、影响力、公信力。

17. 在全国税务工作会议上，国家税务总局党组书记、局长王军代表总局党组提出实现税收现代化奋斗目标的时间是（　　）年。

A. 2017　　　　　　　　　　B. 2020

C. 2025　　　　　　　　　　D. 2030

【参考答案】B

【答案解析】在2014年度全国税务工作会议上，国家税务总局党组书记、局长王军代表总局党组提出到2020年实现税收现代化的奋斗目标。

18. 2018 年在全国范围内实现 100% 的办税服务厅一厅通办所有税收业务,为广大纳税人营造良好的税收营商环境。这项改革事项的开始时间具体是( )。

A. 9 月 1 日　　　　　　　　B. 10 月 1 日
C. 6 月 1 日　　　　　　　　D. 8 月 1 日

【参考答案】D

【答案解析】参考《国税地税征管体制改革方案》。

19. 为进一步深化"放管服"改革,转变政府职能,优化税收营商环境,税务总局 2018 年 8 月相继出台了( )项具体措施。

A. 5　　　　　　　　　　　　B. 8
C. 10　　　　　　　　　　　D. 15

【参考答案】C

【答案解析】参见国家税务总局相关文件。

20. 为优化税收营商环境,国家税务总局规定对有未办结涉税事项的企业,税务部门应在公告期届满( )提出异议,最大限度地便利市场主体,激发市场活力。

A. 次日　　　　　　　　　　B. 5 日内
C. 10 日内　　　　　　　　D. 3 日内

【参考答案】A

【答案解析】参见国家税务总局相关文件。

21. 下列不属于我国国家税务局系统机构编制管理主要内容的是( )。

A. 职能管理　　　　　　　　B. 机构管理
C. 人员编制管理　　　　　　D. 日常工作管理

【参考答案】D

【答案解析】此题是逆向选择题。

22. 国家税务局系统的机构设置为( )。

A. 三级　　　　　　　　　　B. 四级
C. 五级　　　　　　　　　　D. 六级

【参考答案】C

【答案解析】国家税务局系统的机构设置为五级,即国家税务总局,省(自治区、直辖市、计划单列市)国家税务局,地(市、州、盟)国家税务局,县(市、区、旗)国家税务局,税务所(分局)。

23. 省级国家税务局设置的稽查局,属于它的(   )。

    A. 内设机构   B. 直属机构
    C. 事业单位   D. 派出机构

【参考答案】B

【答案解析】省局设置稽查局,为直属机构。

24. 直辖市局设置的车辆购置税征收管理分局,属于它的(   )。

    A. 内设机构   B. 直属机构
    C. 事业单位   D. 企业单位

【参考答案】B

【答案解析】直辖市局设置车辆购置税征收管理分局,为直属机构。

25. 国家税务总局是国务院(   )直属机构。

    A. 正部级   B. 副部级
    C. 正厅级   D. 副厅级

【参考答案】A

【答案解析】国家税务总局是正部级单位。

26. 省(自治区、直辖市、计划单列市)税务局是国家税务总局直属的(   )机构。

    A. 正部级   B. 副部级
    C. 正厅级   D. 副厅级

【参考答案】C

27. 国家税务总局是国务院正部级直属机构,下列不属于其主要职责是(   )。

    A. 办理进出口商品的税收及出口退税业务
    B. 组织实施对纳税人进行分类管理和专业化服务
    C. 负责编报税收收入中长期规划和年度计划
    D. 负责税务行政处罚听证、行政复议和行政应讼工作

【参考答案】D

【答案解析】选项 D 属于省（自治区、直辖市、计划单列市）税务局的职能管理。

28. 国家税务局系统的人员编制由（　　）审定。

A. 全国人大　　　　　　　　B. 国务院
C. 国家税务总局　　　　　　D. 中央机构编制委员会

【参考答案】D

【答案解析】注意关键词是"系统"。

（二）多选题

1. 将省级和省级以下国税地税机构合并，具体承担所辖区域内各项税收、非税收入征管等职责，所实现的目的有（　　）。

A. 降低征纳成本　　　　　　B. 保证中央收入任务
C. 理顺职责关系　　　　　　D. 精简机构
E. 为纳税人提供更加优质高效便利服务

【参考答案】ACE

【答案解析】根据《深化党和国家机构改革方案》，选项 B 和选项 D 不对。

2. 为提高社会保险资金征管效率，以下社会保险费由税务部门统一征收的有（　　）。

A. 基本养老保险费　　　　　B. 工伤保险费
C. 基本医疗保险费　　　　　D. 失业保险费
E. 生育保险费

【参考答案】ABCDE

【答案解析】根据《深化党和国家机构改革方案》，为提高社会保险资金征管效率，将基本养老保险费、基本医疗保险费、失业保险费等各项社会保险费交由税务部门统一征收。

3. 国税地税征管体制改革所需要遵循的原则有（　　）。

A. 坚持为民便民利民　　　　B. 坚持党的全面领导
C. 坚持优化高效统一　　　　D. 坚持透明高效稳定
E. 坚持依法协同稳妥

【参考答案】ABCE

【答案解析】根据《深化党和国家机构改革方案》,国税地税征管体制改革有四条原则,即坚持党的全面领导、坚持为民便民利民、坚持优化高效统一、坚持依法协同稳妥。

4. 深化党和国家机构改革,目标是构建党和国家机构职能体系,以下具体目标表述正确的有( )。

A. 系统完备　　　　　　B. 科学规范
C. 运行高效　　　　　　D. 上下统一

【参考答案】ABC

【答案解析】深化党和国家机构改革,目标是构建系统完备、科学规范、运行高效的党和国家机构职能体系。

5. 为降低征纳成本,理顺职责关系,提高征管效率,为纳税人提供更加优质高效便利服务,将( )国税地税机构合并,具体承担所辖区域内各项税收、非税收入征管等职责。

A. 国家级　　　　　　　B. 省级
C. 市级　　　　　　　　D. 县级

【参考答案】BCD

【答案解析】根据《深化党和国家机构改革方案》,省级和省级以下国税地税机构合并。

6. 深化税收征管体制改革,要求打赢三场主攻战,下列说法正确的有( )。

A. 新税务机构挂牌

B. 制定落实"三定"规定

C. 社保费和非税收入征管职责划转

D. 配好各级班子成员

【参考答案】ABC

【答案解析】打赢三场主攻战,是指凝心聚力打好新税务机构挂牌、制定落实"三定"规定、社保费和非税收入征管职责划转这三场主攻战。

7. 国家税务总局提出,深化税收征管体制改革,要做到( )。

A 事合　　　　　　　　B. 力合

C. 人合 　　　　　　　　D. 心合

E 整合

【参考答案】ABCD

【答案解析】税务部门将在改革中努力做到事合、人合、力合、心合。

8. 中国共产党第十九届中央委员会第三次全体会议于 2018 年 2 月 26 日至 28 日在北京举行。会议审议通过了（　　）。

　　A.《中共中央关于修改宪法部分内容的建议》

　　B.《中共中央关于全面深化改革若干重大问题的决定》

　　C.《中共中央关于深化党和国家机构改革的决定》

　　D.《深化党和国家机构改革方案》

【参考答案】CD

【答案解析】中国共产党第十九届中央委员会第三次全体会议，于 2018 年 2 月 26 日至 28 日在北京举行。全会由中央政治局主持。中央委员会总书记习近平作了重要讲话。全会审议通过了《中共中央关于深化党和国家机构改革的决定》和《深化党和国家机构改革方案》，同意把《深化党和国家机构改革方案》的部分内容按照法定程序提交十三届全国人大一次会议审议。

9. 深化党和国家机构改革，要遵循的原则是（　　）。

　　A. 坚持党的全面领导　　　　B. 坚持以人民为中心

　　C. 坚持优化协同高效　　　　D. 坚持全面依法治国

【参考答案】ABCD

【答案解析】见《中共中央关于深化党和国家机构改革的决定》。

10. 国务院机构改革第二次推进会 2018 年 5 月 7 日在北京召开，中共中央政治局常委、国务院副总理韩正出席会议并讲话。韩正要求要严格执行机构改革六项纪律。六项纪律包括（　　）。

　　A. 政治纪律、组织纪律、廉洁纪律

　　B. 政治纪律、组织纪律、机构编制纪律

　　C. 干部人事纪律、群众纪律、工作纪律

　　D. 干部人事纪律、财经纪律、保密纪律

【参考答案】BD

【答案解析】韩正表示，要严格落实主体责任，各部门主要负责同志要亲力亲为，坚定不移把党中央明确的改革任务落实到位。严格执行机构改革政治纪律、组织纪律、机构编制纪律、干部人事纪律、财经纪律、保密纪律。

11. 深化党和国家机构改革，目标是构建党和国家机构职能体系，以下具体目标表述正确的有（　　）。

  A. 系统完备　　　　　　B. 科学规范
  C. 运行高效　　　　　　D. 上下统一

【参考答案】ABC

【答案解析】深化党和国家机构改革，目标是构建系统完备、科学规范、运行高效的党和国家机构职能体系。

12. 深化党和国家机构改革，需要遵循的原则有（　　）。

  A. 坚持党的全面领导　　　B. 坚持以人民为中心
  C. 坚持优化协同高效　　　D. 坚持全面依法治国

【参考答案】ABCD

【答案解析】《中共中央关于深化党和国家机构改革的决定》指出，深化党和国家机构改革，要遵循上述四个原则。

13. 为降低征纳成本，理顺职责关系，提高征管效率，为纳税人提供更加优质高效便利服务，将（　　）国税地税机构合并，具体承担所辖区域内各项税收、非税收入征管等职责。

  A. 国家级　　　　　　　　B. 省级
  C. 市级　　　　　　　　　D. 县级

【参考答案】BCD

【答案解析】根据《深化党和国家机构改革方案》，省级和省级以下国税地税机构合并。

14. 2018年6月召开的全国税务系统机构改革动员部署会议，标志着（　　）。

  A. 国税地税征管体制改革攻坚战的冲锋号已经吹响
  B. 两支相扶相助24年的兄弟队伍马上就要融为一体

C. 近 80 万干部职工将携手共创新时代新税务的美好未来

D. 税收征管体制改革顺利完成

【参考答案】ABC

【答案解析】参见国家税务总局相关文件。

15. 深化税收征管体制改革，要求打赢三场主攻战，下列说法正确的有（　　）。

A. 新税务机构挂牌

B. 制定落实"三定"规定

C. 社保费和非税收入征管职责划转

D. 配好各级班子成员

【参考答案】ABC

【答案解析】打赢三场主攻战，是指凝心聚力打好新税务机构挂牌、制定落实"三定"规定、社保费和非税收入征管职责划转这三场主攻战。

16. 深化税收征管体制改革，要求夯实支撑点，主要是指（　　）。

A. 整合优化税费业务和信息系统

B. 强化经费保障和资产管理

C. 清理修改相关法律法规和规章

D. 规范干部人事和编制管理

【参考答案】ABCD

【答案解析】夯实四大支撑点，是指围绕三场主攻战，整合优化税费业务和信息系统、强化经费保障和资产管理、清理修改相关法律法规和规章、规范干部人事和编制管理。

17. 税收管理改革实施操作要分"三个先后顺序"。这三个顺序是指（　　）。

A. 先挂牌再落实"三定"规定

B. 先合并国税地税机构再接受社保费和非税收入征管职责

C. 先把省局改革做稳妥再扎实推进市局、县局改革

D. 先管事再管人

【参考答案】ABC

【答案解析】按照改革要求，改革实施操作要分"三个先后顺序"，

即先挂牌再落实"三定"规定，先合并国税地税机构再接受社保费和非税收入征管职责，先把省局改革做稳妥再扎实推进市局、县局改革，从而确保整个改革有条不紊地进行。

18. 税务机构既是改革落实的最末梢，又是面向纳税人、缴费人最前沿。符合上述精神的税务机构有（　　）。

  A. 省级   B. 市级

  C. 县级   D. 乡级

【参考答案】CD

【答案解析】税务总局党组书记、局长王军2018年7月在河北省固安县调研时指出，县乡税务机构既是改革落实的最末梢，又是面向纳税人、缴费人最前沿。

19. 全国所有县乡国税地税机构合并且统一挂牌，意义重大。以下说法正确的有（　　）。

  A. 标志着24年国税地税分设的历史已成为我们共同的记忆

  B. 标志着新时代新税务的航船已扬帆起航

  C. 标志着国税地税征管体制改革的第一场主攻战圆满收官

  D. 标志着税收征管体制改革顺利完成

【参考答案】ABC

【答案解析】税务总局党组书记、局长王军2018年7月在河北固安县税务局挂牌仪式上致辞时指出，固安及全国所有县乡国税地税机构合并且统一挂牌的重要时刻！这标志着国税地税征管体制改革的第一场主攻战——各级国税地税机构合并后挂牌圆满收官，标志着24年国税地税分设的历史已成为我们共同的记忆，标志着新时代新税务的航船已扬帆起航！

20. 下列属于优化税收营商环境的措施有（　　）。

  A. 限时解决办税堵点问题

  B. 简化税务迁移、注销流程

  C. 实行纳税人网上自主更正申报

  D. 推行个体工商户承诺制税务注销

【参考答案】ABCD

【答案解析】按照国家税务总局相关文件，以上都是深化"放管服"

改革转变政府职能，优化税收营商环境的措施。

21. 国家税务局系统机构编制管理主要内容包括（　　）。

A. 职能管理　　　　　　　　B. 机构管理

C. 人员编制管理　　　　　　D. 干部教育培训

【参考答案】ABC

【答案解析】D 项与此无关。

22. 下列属于省局内设机构的有（　　）。

A. 巡视工作办公室　　　　　B. 政策法规处

C. 稽查局　　　　　　　　　D. 车辆购置税征收管理分局

【参考答案】AB

【答案解析】CD 属于直属机构。

23. 下列属于税务系统内的事业单位的有（　　）。

A. 税收科学研究所　　　　　B. 注册税务师管理中心

C. 集中采购中心　　　　　　D. 税务干部学校

【参考答案】ABCD

【答案解析】省局事业单位包括信息中心、机关服务中心、税收科学研究所、注册税务师管理中心、集中采购中心、税务干部学校。

24. 下列属于国家税务总局职能的有（　　）。

A. 具体起草税收法律法规草案及实施细则并提出税收政策建议，与财政部共同上报和下发，制定贯彻落实的措施

B. 参与研究宏观经济政策、中央与地方的税权划分并提出完善分税制的建议，研究税负总水平并提出运用税收手段进行宏观调控的建议

C. 组织实施对纳税人进行分类管理和专业化服务，组织实施对大型企业的纳税服务和税源管理

D. 根据本地区经济发展规划，研究制定本系统税收发展规划和年度工作计划并组织实施

【参考答案】ABC

【答案解析】D 项为省（自治区、直辖市、计划单列市）国家税务局的职能管理。

25. 下列关于税务系统人员编制管理说法正确的有（　　）。

A. 国家税务局系统的人员编制由中央机构编制委员会审定

B. 各省、自治区、直辖市、计划单列市税务局的人员编制由国家税务总局核批

C. 副省级市局人员编制由省局审核，报税务总局审批后实施

D. 市局、县局人员编制由省局审批，报税务总局备案后实施

【参考答案】ABCD

（三）判断题

1. 此次国税地税征管体制改革，将省级和省级以下国税地税机构合并，承担所辖区域内各项税收、非税收入征管职责。国税地税合并后，实行以国家税务总局为主与省区市人民政府双重领导管理体制。（　　）

【参考答案】√

【答案解析】改革国税地税征管体制。将省级和省级以下国税地税机构合并，承担所辖区域内各项税收、非税收入征管职责。国税地税合并后，实行以国家税务总局为主与省区市人民政府双重领导管理体制。

2. 深化党和国家机构改革的目的就是更好地推进党和国家事业发展，更好地满足人民日益增长的美好生活需要，更好推动人的全面发展、社会全面进步、人民共同富裕。（　　）

【参考答案】√

【答案解析】2018年2月，习近平在《关于深化党和国家机构改革决定高和方案稿的说明》中指出：深化党和国家机构改革的目的就是更好地推进党和国家事业发展，更好地满足人民日益增长的美好生活需要，更好推动人的全面发展、社会全面进步、人民共同富裕。

3. 取消分级财政，建立统一税制，是加强和优化政府财税职能，夯实国家治理的重要基础。（　　）

【参考答案】×

【答案解析】《中共中央关于深化党和国家机构改革的决定》指出，加强和优化政府财税职能，进一步理顺统一税制和分级财政的关系，夯实国家治理的重要基础。应为理顺统一税制和分级财政的关系，而不是取消分级财政，建立统一税制。

4. 实施市场准入负面清单制度,有利于保障各类市场主体机会平等、权利平等、规则平等,营造良好营商环境。( )

【参考答案】√

【答案解析】《中共中央关于深化党和国家机构改革的决定》指出,深入推进简政放权,全面实施市场准入负面清单制度,保障各类市场主体机会平等、权利平等、规则平等,营造良好营商环境。

5. 国税地税机构合并后,实行以国家税务总局为主与省(自治区、直辖市)政府双重领导管理体制。( )

【参考答案】√

【答案解析】《深化党和国家机构改革方案》中的原话。

6. 国家税务总局要会同省级党委和政府加强税务系统党的领导,做好党的建设、思想政治建设和干部队伍建设工作,优化各层级税务组织体系和征管职责,按照"瘦身"原则,精简和完善结构布局和力量配置,构建优化高效统一的税收征管体系。( )

【参考答案】×

【答案解析】本题应为"按照'瘦身'与'健身'相结合原则,完善结构布局和力量配置,构建优化高效统一的税收征管体系。"

7. 《国税地税征管体制改革方案》对税务部门领导管理体制作了规定,明确国税地税机构合并后实行以税务总局为主、与省区市党委和政府双重领导的管理体制。( )

【参考答案】√

【答案解析】《国税地税征管体制改革方案》里有明确阐述。

8. 深化党和国家机构改革,既要立足于实现第一个百年奋斗目标,又要着眼于实现第二个百年奋斗目标。( )

【参考答案】√

【答案解析】参考中共中央《关于深化党和国家机构改革的决定》。

9. 根据中共中央《深化党和国家机构改革方案》,为提高社会保险资金征管效率,将基本养老保险费、基本医疗保险费、失业保险费等各项社会保险费交由税务部门和人社部门联合征收。( )

【参考答案】×

【答案解析】根据方案要求，各项社会保险费由税务部门统一征收。

10. 改革国税地税征管体制是以习近平同志为核心的党中央着眼全局作出的重大战略部署。（　　）

【参考答案】√

【答案解析】参考《深化党和国家机构改革方案》。

11. 国家税务总局提出，2018年的税收管理改革涉及"两个层面、三种体制、四级单位、几万机构、百万人员、十多亿纳税人和缴费人"。
（　　）

【参考答案】√

【答案解析】参考国家税务总局王军局长2018年在部署税收征管改革视频会议上的讲话。

12. 国税地税机构合并，将使税务部门服务国家治理的合力进一步增强；社保费和非税收入征管职责划转，将使税务部门服务国家治理的职能进一步增强；构建优化高效统一的税收征管体系，将使税务部门服务国家治理的效能进一步增强。（　　）

【参考答案】√

【答案解析】国家税务总局王军局长2018年在全国税务系统改革推进会议上的讲话。

13. 深化税收征管体制改革，涉及省、市、县三级税务机构。（　　）

【参考答案】×

【答案解析】改革涉及省、市、县、乡四级税务机构。

14. 改革的目标是，逐步构建起优化高效统一的税收征管体系，为纳税人和缴费人提供更加优质高效便利服务，提高税法遵从度和社会满意度，提高征管效率，降低征纳成本，增强税费治理能力，确保税收职能作用充分发挥，夯实国家治理的重要基础。（　　）

【参考答案】√

【答案解析】本题是《国税、地税征管体制改革方案》提出的改革目标。

15. 机构编制管理主要是有效监督和防范机关和事业单位随意增人、因人设事、滥设机构等违法违纪行为。（　　）

【参考答案】√

【答案解析】依据国家机构编制管理规定。

16. 国家税务局系统机构编制管理主要内容包括职能管理、机构管理、人员编制管理。（　　）

【参考答案】√

17. 国家税务局系统机构编制管理的目标是理顺职责关系，明确和强化责任，规范机构设置，完善体制机制，从整体上优化税务机构设置，促进税务机关职能向管理型转变。（　　）

【参考答案】×

【答案解析】要促进税务机关职能向服务型转变。

18. 国家税务局系统的机构设置为五级，即国家税务总局，省（自治区、直辖市、计划单列市）税务局，地（市、州、盟）税务局，县（市、区、旗）税务局，税务所（分局）。（　　）

【参考答案】√

【答案解析】国家税务局系统的机构设置为五级。

19. 税务干部学校，是省级税务局的直属机构。（　　）

【参考答案】×

【答案解析】税务干部学校，是事业单位。

20. 省局设置的稽查局，是省级家税务局的事业单位。（　　）

【参考答案】×

【答案解析】省局设置的稽查局，是直属机构。

21. 国家税务总局具体起草税收法律法规草案及实施细则并提出税收政策建议，与财政部共同上报和下发，制定贯彻落实的措施。（　　）

【参考答案】√

22. 省（自治区、直辖市、计划单列市）税务局办理进出口商品的税收及出口退税业务。（　　）

【参考答案】×

【答案解析】此职能，属于国家税务总局。

23. 国家税务总局是国务院正部级直属机构，省（自治区、直辖市、计划单列市）税务局（以下简称省局）是国家税务总局直属的正厅级机

构。（　　）

【参考答案】√

24. 国家税务局系统的人员编制由中央机构编制委员会审定。（　　）

【参考答案】√

三、干部选拔任用（含领导班子管理和离退休管理）

（一）单选题

1. 下列不属于选拔任用党政领导干部原则的是（　　）。

A. 党管干部原则　　　　　　B. 五湖四海、任人唯贤原则
C. 德才兼备、以才为先原则　　D. 注重实绩、群众公认原则

【参考答案】C

【答案解析】应该以德为先。

2. 提任县处级领导职务的，应当具有五年以上工龄和（　　）以上基层工作经历。

A. 一年　　　　　　B. 两年
C. 三年　　　　　　D. 五年

【参考答案】B

【答案解析】注意对象：县处级领导职务。

3. 提任县处级以上领导职务的，一般应当具有在下一级（　　）以上职位任职的经历。

A. 一个　　　　　　B. 两个
C. 三个　　　　　　D. 四个

【参考答案】B

【答案解析】注意关键词：县处级以上领导职务、下一级。

4. 提任县处级以上领导职务，由副职提任正职的，应当在副职岗位工作（　　）。

  A. 一年以上　　　　　　　　B. 两年以上
  C. 三年以上　　　　　　　　D. 四年以上

【参考答案】B

【答案解析】注意关键词：县处级以上、由副职提任正职。

5. 提任县处级以上领导职务，由下级正职提任上级副职的，应当在下级正职岗位工作（　　）。

  A. 一年以上　　　　　　　　B. 两年以上
  C. 三年以上　　　　　　　　D. 四年以上

【参考答案】C

【答案解析】注意关键词：县处级以上、由下级正职提任上级副职的。

6. 破格提拔干部必须从严掌握，下列情况中不得破格提拔的是（　　）。

  A. 任职试用期刚满　　　　　B. 提拔任职已满一年
  C. 任职年限刚满　　　　　　D. 越两级提拔

【参考答案】D

【答案解析】注意关键词：不得。

7. 选拔任用党政领导干部的民主推荐结果在（　　）年内有效。

  A. 半年　　　　　　　　　　B. 一年
  C. 两年　　　　　　　　　　D. 三年

【参考答案】B

【答案解析】本题考查民主推荐结果的时效。

8. 党委（党组）讨论决定干部任免事项，必须有（　　）以上成员到会，并保证与会成员有足够时间听取情况介绍、充分发表意见。

  A. 三分之一　　　　　　　　B. 二分之一
  C. 三分之二　　　　　　　　D. 四分之三

【参考答案】C

【答案解析】党委（党组）讨论决定干部任免事项，必须有三分之二

9. 党委（党组）有关干部任免的决定，需要复议的，应当经党委（党组）超过（　　）成员同意后方可进行。

A. 三分之二　　　　　　B. 半数

C. 四分之三　　　　　　D. 全数

【参考答案】B

10. 实行党政领导干部任职前公示制度，公示期不少于（　　）。

A. 5 天　　　　　　　　B. 7 天

C. 5 个工作日　　　　　D. 7 个工作日

【参考答案】C

【答案解析】注意关键词：不少于 5 个工作日。

11. 公务员交流的方式不包括（　　）。

A. 调任　　　　　　　　B. 转任

C. 挂职锻炼　　　　　　D. 提拔

【参考答案】D

【答案解析】交流的方式包括调任、转任和挂职锻炼。

12. 担任内设机构领导职务的干部在同一职位上任职（　　）以上的，原则上要实行轮岗。

A. 4 年　　　　　　　　B. 5 年

C. 8 年　　　　　　　　D. 10 年

【参考答案】B

【答案解析】注意关键词：内设机构领导职务、在同一职位上、轮岗。

13. 各级税务机关主要负责人在同一地区任职满（　　）的，应当交流。

A. 4 年　　　　　　　　B. 5 年

C. 8 年　　　　　　　　D. 10 年

【参考答案】D

【答案解析】注意关键词：主要负责人、同一地区任职、交流。

14. 领导干部任职必须回避的亲属关系，不包括（　　）。

A. 夫妻关系 B. 直系血亲关系
C. 三代以外旁系血亲关系 D. 近姻亲关系

【参考答案】C

【答案解析】亲属关系包括三代以内旁系血亲关系。

15. 下列情形中，不属于党政领导干部应当免职情形的是（ ）。

A. 达到任职年龄界限或者退休年龄界限的

B. 受到责任追究应当免职的

C. 辞职或者调出的

D. 组织选派，离职学习期限超过一年的

【参考答案】D

【答案解析】非组织选派，离职学习期限超过一年的，必须免职。

16. 引咎辞职、责令辞职和因问责被免职的党政领导干部，（ ）内不安排职务。

A. 半年 B. 一年
C. 两年 D. 三年

【参考答案】B

【答案解析】注意不包括因公辞职的。

17. 干部选拔任用过程中，情节较重或者群众反映强烈、造成恶劣影响的，给予组织处理。组织处理的方式包括（ ）。

①给予批评教育 ②调离岗位 ③引咎辞职 ④责令作出书面检查

A. ①② B. ①③
C. ②③ D. ③④

【参考答案】C

【答案解析】情节较轻的，给予批评教育或者责令作出书面检查。

18. 干部选拔任用过程中，应报告上一级人事部门情形的是（ ）。

A. 市、县、乡党政正职在同一岗位任期不到3年进行调整的

B. 破格提拔干部的

C. 一批集中调整干部数量较大的

D. 领导干部的秘书等身边工作人员提拔任用的

【参考答案】A

【答案解析】选项 B、C、D 是应征求上一级人事部门意见的情形。

19. 对干部选拔任用工作民主评议各项目中，"满意"和"基本满意"两项比率合计不足（　　）的，本级党组应对相关情况向上一级党组作出说明，并进行整改。

  A. 二分之一　　　　　　　B. 三分之二

  C. 四分之三　　　　　　　D. 五分之三

【参考答案】B

【答案解析】高要表扬，低要整改。

20. 党组书记履行干部选拔任用工作职责离任检查，是指（　　）以上国家税务局党组书记即将离任时，由上级党组对其任职期间履行干部选拔任用工作职责的情况进行检查。

  A. 县级　　　　　　　　　B. 市级

  C. 厅级　　　　　　　　　D. 省级

【参考答案】A

【答案解析】县级以上国家税务局党组书记离职要检查。

21. 下列对党组书记的选拔任用工作职责离任检查程序排序正确的是（　　）。

  ①审阅报告　　　　　　　②检查预备
  ③调查了解　　　　　　　④组织评议
  ⑤查阅资料　　　　　　　⑥形成检查报告

  A. ①②③④⑤⑥　　　　　B. ①②④③⑤⑥

  C. ②①④③⑤⑥　　　　　D. ②①③④⑤⑥

【参考答案】C

【答案解析】起点是检查预备。组织评议在调查了解之前。

（二）多选题

1. 税务系统选拔任用党政领导干部必须坚持（　　）。

  A. 党管干部原则　　　　　　B. 五湖四海、任人唯贤原则

  C. 德才兼备、以德为先原则　　D. 注重实绩、群众公认原则

【参考答案】ABCD

【答案解析】必须坚持党管干部原则；五湖四海、任人唯贤原则；德才兼备、以德为先原则；注重实绩、群众公认原则；民主、公开、竞争、择优原则；民主集中制原则；依法办事原则。

2. 税务系统党政领导干部应当具备的基本条件有（　　）。

A. 坚持讲学习、讲政治、讲正气，思想上、政治上、行动上同党中央保持高度一致，经得起各种风浪考验

B. 能做到自重、自省、自警、自励，反对官僚主义，反对任何滥用职权、谋求私利的不正之风

C. 能卓有成效开展工作，讲实话，办实事，求实效，反对形式主义

D. 能树立正确政绩观，干出经得起实践、人民、历史检验的实绩

【参考答案】ABCD

3. 下列条件中，可以破格提拔的特别优秀干部的有（　　）。

A. 在关键时刻或者承担急难险重任务中经受住考验、表现突出、作出重大贡献

B. 在条件艰苦、环境复杂、基础差的地区或者单位工作实绩突出

C. 艰苦边远地区、贫困地区急需引进的

D. 在其他岗位上尽职尽责，工作实绩特别显著

【参考答案】ABD

【答案解析】C项不符题意。艰苦边远地区、贫困地区急需引进的，是因工作特殊需要破格提拔的干部的情形和条件。

4. 下列情形中，可以因工作特殊需要破格提拔干部的有（　　）。

A. 领导班子结构需要或者领导职位有特殊要求的

B. 专业性较强的岗位或者重要专项工作急需的

C. 艰苦边远地区、贫困地区急需引进的

D. 在条件艰苦、环境复杂、基础差的地区或者单位工作实绩突出

【参考答案】ABC

【答案解析】在条件艰苦、环境复杂、基础差的地区或者单位工作实绩突出，是破格提拔的特别优秀干部的条件。

5. 选拔任用党政领导干部，必须经过民主推荐。民主推荐的程序包

括（　　）。

A. 召开推荐会，公布推荐职位、任职条件、推荐范围，提供干部名册，提出有关要求，组织填写推荐表

B. 进行个别谈话推荐

C. 对会议推荐和谈话推荐情况进行综合分析

D. 向上级党委汇报推荐情况

【参考答案】ABCD

【答案解析】选项 ABCD 依次是民主推荐的程序。

6. 选拔任用党政领导干部过程中，不得列为考察对象的情形有（　　）。

A. 群众公认度不高的

B. 配偶已移居国（境）外或者没有配偶，子女均已移居国（境）外的

C. 近三年年度考核结果中有被确定为称职以下等次的

D. 受到组织处理或者党纪政纪处分影响使用的

【参考答案】ABD

【答案解析】C 项表达不符题意。近三年年度考核结果中有被确定为基本称职以下等次的，不得列为考察对象。

7. 税务系统公务员交流的对象（　　）。

A. 需要通过交流锻炼提高领导能力的

B. 按照规定需要回避的

C. 各级税务机关主要负责人在同一地区任职满 5 年的

D. 担任内设机构领导职务的干部在同一职位上任职 5 年以上的

【参考答案】ABD

【答案解析】担任内设机构领导职务的干部在同一职位上任职 5 年以上的，原则上要实行轮岗；各级税务机关主要负责人在同一地区任职满 10 年的，应当交流。故 C 项不符题意。

8. 公务员执行公务时，应当回避的情形包括（　　）。

A. 涉及本人利害关系的

B. 涉及与本人有亲属关系人员的利害关系的

C. 涉及以前做过的同类工作的

D. 涉及有认识的人

【参考答案】AB

【答案解析】选项 CD 不是公务员执行公务应当回避的法定情形。

9. 一般说来,党政领导干部应当免去现职的情形有(   )。

A. 达到任职年龄界限或者退休年龄界限的

B. 受到责任追究应当免职的

C. 辞职或者调出的

D. 组织选派,离职学习期限超过一年的

【参考答案】ABC

【答案解析】D 项不符题意。非组织选派,离职学习期限超过一年的,一般应当免去现职。

10. 税务系统干部选拔任用工作责任追究中的组织处理方式包括(   )。

A. 书面检查　　　　　　B. 引咎辞职、责令辞职

C. 调离岗位　　　　　　D. 免职、降职

【参考答案】BCD

【答案解析】有应当追究责任的情形,情节较轻的,给予批评教育或者责令作出书面检查;情节较重或者群众反映强烈、造成恶劣影响的,给予组织处理。组织处理的方式包括调离岗位、引咎辞职、责令辞职、免职、降职等。

11. 关于税务系统干部选拔任用工作责任追究后果的说法正确的有(   )。

A. 受到调离岗位处理的,一年内不得提拔

B. 引咎辞职和受到责令辞职、免职处理的,一年内不得重新担任与其原任职务相当的领导职务,两年内不得提拔

C. 受到降职处理的,两年内不得提拔

D. 同时受到纪律处分的,按照影响期长的规定执行

【参考答案】ABCD

【答案解析】上述说法都正确。

12. 对党组书记选拔任用工作职责的离任检查，主要包括（　　）。

　　A. 任职期间贯彻执行党的干部路线方针政策的情况

　　B. 任职期间遵守组织人事纪律的情况，特别是离任前有无突击提拔调整干部的情况

　　C. 任职期间本单位（系统）用人风气的情况

　　D. 任职期间加强干部监督管理工作的情况

【参考答案】ABCD

【答案解析】以上四项，都是必须检查的内容。

13. 关于税务领导班子分工制度认识正确的是（　　）。

　　A. 实行集体领导和个人分工负责相结合的制度

　　B. 领导班子成员的分工由主要负责人提出初步意见

　　C. 主要负责人可直接分管人事、财务和基建工作

　　D. 领导班子成员的分工由上一级党组决定

【参考答案】AB

【答案解析】选项 CD 表述错误。领导班子主要负责人不直接分管人事、财务和基建工作；领导班子成员的分工由主要负责人提出初步意见，征求其他领导班子成员意见，经党组会讨论决定，及时公布并向上一级党组报告。

14. 领导干部述职述廉内容应包括（　　）。

　　A. 执行民主集中制情况

　　B. 履行岗位职责和落实党风廉政建设责任情况，遵守廉洁从政规定情况

　　C. 执行干部选拔任用工作规定情况

　　D. 存在的突出问题和改正措施

【参考答案】ABCD

【答案解析】这些都是应该述职述廉的内容。

15. 关于因私出国（境）管理制度的有关要求，认识正确的有（　　）。

　　A. 税务总局机关各司局和各省（区、市）国税局主要负责人只批准因私出国（境）探亲、看病，其他因私出国（境）情形不予批准

B. 在职厅局级、处级干部，退（离）休厅局级干部和退休3年（含）以内的处级干部的因私出国（境）证件均要交由所在单位人事部门集中保管

C. 切实做好防范干部外逃等有关工作，凡发现有领导干部外逃或涉嫌外逃的，要在24小时内逐级上报至税务总局（人事司）

D. 对于出现干部滞留不归、借机外逃等问题的，除对当事人依纪依规处理外，还要追究所在单位主要负责人和相关责任人的责任

【参考答案】ABCD

【答案解析】以上四项都符合相关规定。

（三）判断题

1. 干部选拔任用工作中，还应当树立注重基层的导向；应当注重培养选拔优秀年轻干部，注重使用后备干部，用好各年龄段干部。（　）

【参考答案】√

2. 税务系统提任县处级领导职务的，应当具有五年以上工龄和两年以上基层工作经历。（　）

【参考答案】√

3. 税务系统提任县处级以上领导职务，由副职提任正职的，应当在副职岗位工作两年以上，由下级正职提任上级副职的，应当在下级正职岗位工作三年以上。（　）

【参考答案】√

4. 税务系统厅局级以上领导干部一般应当具有硕士以上文化程度。
（　）

【参考答案】×

【答案解析】大学本科以上。

5. 税务系统提任党的领导职务的，还应当符合《中国共产党章程》规定的党龄要求。（　）

【参考答案】√

6. 特别优秀或者工作特殊需要的干部，可以突破任职资格规定或者越级提拔担任领导职务。（　）

【参考答案】√

7. 任职试用期未满或者提拔任职虽不满一年的，但专业性较强的岗位或者重要专项工作急需的，可以破格提拔。（　　）

【参考答案】×

【答案解析】任职试用期未满或者提拔任职不满一年的，不得破格提拔。

8. 选拔任用党政领导干部，必须经过民主推荐。民主推荐包括会议推荐和个别谈话推荐，推荐结果作为选拔任用的重要参考，在半年内有效。（　　）

【参考答案】×

【答案解析】推荐结果作为选拔任用的重要参考，在一年内有效。

9. 实行党政领导干部任职试用期制度，提拔担任非选举产生的厅局级以下领导职务的，试用期为半年。（　　）

【参考答案】×

【答案解析】试用期为一年。

10. 税务系统干部交流的方式包括调任、转任和挂职锻炼。（　　）

【参考答案】√

11. 税务系统干部跨地区跨部门交流的，应当同时迁转行政关系、工资关系和党的组织关系。（　　）

【参考答案】√

12. 税务系统降职使用的干部，其待遇按照老职务的标准执行。（　　）

【参考答案】×

【答案解析】降职，其待遇按照新任职务的标准执行。

13. 公务员担任乡级机关、县级机关及其有关部门主要领导职务的，应当实行地域回避。（　　）

【参考答案】√

14. "一报告两评议"每年度开展一次，一般与领导班子和领导干部年度总结、年度考核工作结合进行，也可以在接受上级国家税务局的巡视或干部选拔任用工作的专项检查中进行。（　　）

【参考答案】√

15. 各级税务机关主要负责人在同一地区任职满 5 年的,应当交流。
（　　）

【参考答案】×

【答案解析】按照规定,主要负责人在同一地区任职满 10 年的应当交流。

16. 税务系统科级以上国家税务局党组书记因提拔、调任、转任、轮岗、免职、辞职、退休及其他原因即将离任时,由上级党组对其任职期间履行干部选拔任用工作职责的情况进行检查。
（　　）

【参考答案】×

【答案解析】对县以上国家税务局党组书记,才搞离任检查。

17. 党组书记接到选拔任用工作职责离任检查通知后 5 日内,向上级党组及其派出的检查组书面报告其任职期间履行干部选拔任用工作职责的情况。
（　　）

【参考答案】√

18. 对党组书记选拔任用工作职责的离任检查,按照检查预备、审阅报告、组织评议、调查了解、查阅资料、形成检查报告的程序进行。
（　　）

【参考答案】√

19. 税务系统领导班子实行集体领导和个人分工负责相结合的制度,领导班子成员的分工由上一级党组决定。
（　　）

【参考答案】×

【答案解析】领导班子成员的分工经党组会讨论决定。

20. 税务系统领导班子主要负责人可直接分管人事、财务和基建工作。
（　　）

【参考答案】×

【答案解析】领导班子主要负责人不可以直接分管人事、财务和基建工作。

21. 领导班子成员分管税务稽查工作的,不得同时分管重大案件审理工作,分管财务工作的,不得同时分管审计工作。
（　　）

【参考答案】√

22. 税务系统领导班子不按规定分工、调整分工的，应责令改正。个人不服从调整的，责令其辞职。（　　）

【参考答案】×

【答案解析】个人不服从调整的，对其进行诫勉谈话。

23. 中央规定的重大决策、重大项目安排、重要干部任免和大额度资金使用等事项，必须实行集体研究、集体决策。（　　）

【参考答案】√

24. 党组会应有三分之二以上成员到会，在研究重大事项难以形成统一意见时，应暂缓作出决议，经沟通酝酿仍达不成一致意见的，必须实行举手表决。（　　）

【参考答案】×

【答案解析】必须实行无记名票决。

25. 就税务系统而言，应当报告个人有关事项的领导干部，是指税务总局机关及直属事业单位担任领导职务和非领导职务的科级副职以上（含科级副职，下同）的干部。（　　）

【参考答案】×

【答案解析】应该是处级副职以上（含处级副职，下同）的干部。

26. 组织（人事）部门，对领导干部报告个人有关事项的真实性和完整性进行查核。随机抽查每年集中开展一次，按照5%的比例进行。（　　）

【参考答案】×

【答案解析】随机抽查每年集中开展一次，按照10%的比例进行。

27. 查核发现领导干部的家庭财产明显超过正常收入的，应当要求本人在15个工作日内说明来源，必要时组织（人事）部门会同有关部门对其财产来源的合法性进行验证。（　　）

【参考答案】√

28. 在职厅局级干部因私出国（境）原则上每年不超过一次，国（境）外停留时间一般不超过30天。（　　）

【参考答案】×

【答案解析】在职厅局级干部因私出国,一般不超过15天。

29. 在职处级干部和退(离)休厅局级、处级干部因私出国(境)次数不作限制,一次出国(境)在外停留时间一般不超过半年。（　　）

【参考答案】×

【答案解析】这类干部,一次出国(境)在外停留时间一般不超过3个月。

30. 税务总局机关各司局和各省(区、市)税务局主要负责人只批准因私出国(境)探亲、看病,其他因私出国(境)情形不予批准。
（　　）

【参考答案】√

31. 同一领导班子成员不得在同一时间段内安排因私出国(境)。
（　　）

【参考答案】√

32. 在职厅局级、处级干部,退(离)休厅局级干部和退休3年(含)以内的处级干部的因私出国(境)证件均要交由所在单位人事部门集中保管。（　　）

【参考答案】√

33. 要切实做好防范干部外逃等有关工作,凡发现有领导干部外逃或涉嫌外逃的,要在24小时内逐级上报至税务总局(人事司)。（　　）

【参考答案】√

（四）简答题

1. 建立科学规范的党政领导干部选拔任用制度,形成有效管用、简便易行、有利于优秀人才脱颖而出的选人用人机制,推进干部队伍革命化、年轻化、知识化、专业化。我国税务系统选拔任用党政领导干部应坚持哪些原则和要求?

【参考答案】必须坚持党管干部原则;五湖四海、任人唯贤原则;德才兼备、以德为先原则;注重实绩、群众公认原则;民主、公开、竞争、择优原则;民主集中制原则;依法办事原则。

必须符合把领导班子建设成为坚持党的基本理论、基本路线、基本纲领、基本经验、基本要求，全心全意为人民服务，具有领导社会主义现代化建设能力，结构合理、团结坚强的领导集体的要求。干部选拔任用工作中，还应当树立注重基层的导向；应当注重培养选拔优秀年轻干部，注重使用后备干部，用好各年龄段干部。

【答案解析】注意区分基本条件与基本资格，本题要求回答基本资格。

2. 讨论决定，是税务干部选拔任用程序中的重要一环。请介绍讨论决定环节中的决定权限。

【参考答案】选拔任用党政领导干部，应当按照干部管理权限由党委（党组）集体讨论作出任免决定，或者决定提出推荐、提名的意见。属于上级党委（党组）管理的，本级党委（党组）可以提出选拔任用建议。

对拟破格提拔的人选在讨论决定前，必须报经上级组织（人事）部门同意。越级提拔或者不经过民主推荐列为破格提拔人选的，应当在考察前报告，经批复同意后方可进行。

3. 为进一步加强对干部选拔任用工作和整治用人上不正之风工作的监督力度，中央制定四项干部选拔任用工作监督制度。请介绍四项干部选拔任用工作监督制度。

【参考答案】这四项干部选拔任用工作监督分别是：中央办公厅印发的《党政领导干部选拔任用工作责任追究办法（试行）》；中央组织部同步印发的《党政领导干部选拔任用工作有关事项报告办法（试行）》《地方党委常委会向全委会报告干部选拔任用工作并接受民主评议办法（试行）》和《市县党委书记履行干部选拔任用工作职责离任检查办法（试行）》。

这四项干部选拔任用工作监督制度，相互衔接配套，初步构成了事前要报告、事后要评议、离任要检查、违规失责要追究的干部选拔任用工作监督体系，将选人用人的重要方面、关键环节都纳入监督范围，都置于严格的监督之下。

4. 党委（党组）及纪检监察机关、组织人事部门按照职责权限负责对党政领导干部选拔任用工作实行责任追究。哪些情形要追究党委（党组）主要领导干部或者有关领导干部的责任？

【参考答案】违反干部任免程序和规定，个人指定提拔、调整人选的；临时动议决定干部任免的；不按照规定召开党委（党组）会议讨论决定干部任免的；个人决定干部任免或者个人改变党委（党组）会议集体作出的干部任免决定的；突击提拔、调整干部的；违反规定超职数配备领导干部或者提高干部职级待遇的；授意、指使、强令组织人事部门违反规定选拔任用干部，或者阻挠、制止纪检监察机关和组织人事部门对选人用人问题进行调查核实以及按照有关规定作出处理的；违反干部选拔任用工作规定，导致用人失察失误，造成恶劣影响的；本地区本部门用人上不正之风严重，干部群众反映强烈以及对违反组织人事纪律的行为查处不力的；有其他违反干部选拔任用工作规定行为的。

在发生突发重大自然灾害、群体性事件及其他紧急情况下，经上一级党组织批准的用人行为，不列入责任追究范围，但事后应当履行有关干部任免程序，并在一定范围内通报。

【答案解析】注意被追究主体——党委（党组）主要领导干部或者有关领导干部。

5. 简要介绍税务系统干部选拔任用工作"一报告两评议"制度。

【参考答案】"一报告两评议"是指，各级国家税务局党组每年要在本级税务局范围内对年度干部选拔任用工作情况进行专题报告，并在一定范围内接受对本级党组干部选拔任用工作和新选拔任用干部的民主评议。

"一报告两评议"由上级税务局人事部门会同本级党组组织实施。本级税务局人事部门应当提前将开展"一报告两评议"的具体安排报告上级税务局人事部门。上级税务局在巡视或干部选拔任用工作专项检查中进行过民主评议的，经报上级税务局人事部门同意，可不再进行民主评议。

6. "三重一大"事项集体决策制度，是民主集中制在全面推进党的建设新的伟大工程中取得的重大发展，是决策科学理论与党的议事决策基本制度相结合的重要成果，对于推进科学民主决策，加强反腐倡廉建设具有重要意义。什么是"三重一大"事项集体决策制度？

【参考答案】中央规定的重大决策、重大项目安排、重要干部任免和大额度资金使用等事项，实行集体研究、集体决策。

重大决策事项，包括贯彻执行党和国家的路线方针政策、法律法规和上级重要决定的重大措施，税制改革、征管改革、机构设置及调整、党风廉政建设等方面的决策以及安全稳定等其他决策事项。

重大项目安排事项，主要包括年度基本建设项目、政府采购、信息化建设等项目安排。

重要干部任免事项，主要包括处级以上干部及省以下机关中层以上干部、直属单位和下一级税务机关领导班子成员的任免、后备干部人选的确定以及其他重要人事任免事项。

大额度资金使用事项，主要包括年度预算资金安排及调整、大额公用经费、专项经费、重大项目资金、机动经费、补助性经费以及其他大额度资金使用事项。

7. 2017年2月8日，《领导干部报告个人有关事项规定》和《领导干部个人有关事项报告查核结果处理办法》正式施行。就税务系统而言，应当报告个人有关事项的领导干部有哪些？

【参考答案】税务总局机关及直属事业单位担任领导职务和非领导职务的处级副职以上（含处级副职，下同）的干部；省税务局系统担任领导职务和非领导职务的处级副职以上的干部；上述范围中已退出现职、尚未办理退休手续的人员。

8. 每年，税务系统领导干部都要在规定范围内述职述廉。如何结合年度考核在规定范围内组织述职述廉活动？

【参考答案】述职述廉会议由本级党组组织，应提前10天向上一级党组报告。上一级人事、纪检监察部门应参加述职述廉会议，组织开展民主测评和廉政测评。会议结束后，上一级人事、纪检监察部门应对收集到的意见和测评情况进行梳理分析，及时将群众意见、民主评议情况予以反馈。人事、纪检监察部门应在述职述廉会议结束后30日内将领导班子成员的述职述廉报告和整改措施，报上一级人事、纪检监察部门并存入领导班子成员的个人档案和廉政档案。

9. 国家税务总局印发的《中共国家税务总局党组关于进一步加强领导干部因私出国（境）管理工作的通知》，从审批把关、证件保管和日常管理三个方面对国家税务局系统领导干部因私出国（境）提出了要求。请简要介绍因私出国（境）证件的审批工作。

【参考答案】审批在职厅局级干部因私出国（境）原则上每年不超过一次，国（境）外停留时间一般不超过 15 天。在职处级干部和退（离）休厅局级、处级干部因私出国（境）次数不作限制，一次出国（境）在外停留时间一般不超过 3 个月。税务总局机关各司局和各省（区、市）税务局主要负责人只批准因私出国（境）探亲、看病，其他因私出国（境）情形不予批准。同一领导班子成员不得在同一时间段内安排因私出国（境）。

在职厅局级、处级干部和退（离）休厅局级干部因私出国（境）要向所在单位提出书面申请，人事部门按照干部管理权限进行认真审核，并征求纪检监察部门的意见。退（离）休处级干部因私出国（境）须于 10 日前向所在单位人事部门备案。对涉及管理人、财、物，机要档案和其他重要岗位的领导干部，以及配偶已移居国（境）外和没有配偶、子女均已移居国（境）外的领导干部因私出国（境）要从严把关。发现有法律法规规定不准出国（境）的人员，以及涉嫌严重违纪违法的人员，一律不得批准其出国（境）。

四、税务人才培养与教育培训

（一）单选题

1. 事事记录，天天累积、年年累积，通过日积月累，使考核识别干部不仅看其当期情况，还要看历史情况、一贯表现，识人用人更全面准确。这表明数字人事制度具有（　　）的基本内涵。

A. 日常化 B. 多维化
C. 数据化 D. 累积化

【参考答案】D

【答案解析】注意关键词：日积月累。

2. 数字人事中四个支柱是指（　　）。

A. 业务能力、领导胜任力、日常绩效（平时考核）和公认评价

B. 职业基础、业务能力、领导胜任力和日常绩效（平时考核）

C. 职业基础、领导胜任力、日常绩效（平时考核）和公认评价

D. 职业基础、业务能力、日常绩效（平时考核）和公认评价

【参考答案】A

【答案解析】参考《国家税务总局关于修订数字人事制度有关内容的通知》（税总发〔2018〕195号）。

3. 业务能力升级专业类别有（　　）类，分为初级、中级和高级，共（　　）档。

A. 3　12　　　　　　　　　B. 3　11

C. 5　12　　　　　　　　　D. 5　11

【参考答案】D

4. 领导胜任力测试成绩合格，有效期（　　）年。

A. 2　　　　　　　　　　　B. 3

C. 4　　　　　　　　　　　D. 5

【参考答案】B

5. 下列不属于外部评价的是（　　）。

A. 办税服务厅现场评价　　　B. 纳税人满意度调查

C. 行风评议　　　　　　　　D. 廉政测评

【参考答案】D

6. 七要素模型，除了德能勤绩廉外，还包括（　　）。

A. 职业基础和业务能力

B. 领导胜任力和日常绩效（平时考核）

C. 业务能力和公认评价

D. 职业基础和公认评价

【参考答案】D

7. "数字人事"推行后，有关信息数据是以定量积分和定性评价的方式记入（　　）。

A. 综合干部管理信息系统　　B. 个人考核账户

C. 个人积分账户　　　　　　D. 个人成长账户

【参考答案】D

8. 按国家税务总局相关制度要求，新进人员岗位实训应不少于（　　）天。

A. 60　　　　　　　　　　　B. 90

C. 120　　　　　　　　　　 D. 150

【参考答案】D

9. 业务能力升级主要面向（　　）岁以下税务干部。

A. 40　　　　　　　　　　　B. 45

C. 50　　　　　　　　　　　D. 55

【参考答案】B

10. 凡获得注册会计师、法律职业资格证书等与税收工作相关职业资格的，在已达到级档的基础上直接跨（　　）档报测。

A. 1　　　　　　　　　　　B. 2

C. 3　　　　　　　　　　　D. 4

【参考答案】B

11. 业务能力升级学习内容分通用知识能力和（　　）两部分。

A. 专项知识能力　　　　　　B. 税收知识能力

C. 专业知识能力　　　　　　D. 业务工作技能

【参考答案】C

12. 调入本岗位不足（　　）的，可以选择报考原岗位或现岗位所属专业类别。

A. 三个月　　　　　　　　　B. 半年

C. 一年　　　　　　　　　　D. 两年

【参考答案】B

13. 税务系统内，领导胜任力测试的适用对象是领导职务和（　　）以上非领导职务。

A. 副科级　　　　　　　　　B. 正科级

C. 副处级　　　　　　　　　D. 正处级

【参考答案】C

14. 平时考核坚持客观公正、注重实绩的原则,坚持(　　)的方法。

　　A. 定性与定量相结合　　　　B. 德才兼备、以德为先
　　C. 依法治税,倾情带队　　　　D. 上级与下级相结合

【参考答案】A

15. 在业务能力测试中,允许最多跨(　　)档级次。

　　A. 1　　　　　　　　　　　　B. 2
　　C. 3　　　　　　　　　　　　D. 4

【参考答案】B

16. 职业基础的新进培养信息占(　　)。

　　A. 30%　　　　　　　　　　　B. 40%
　　C. 50%　　　　　　　　　　　D. 60%

【参考答案】D

17. 申请跨档报名参加测试的税务干部,其上年年度考核得分在同级同类人员排序中不得处于后(　　)才行。

　　A. 25%　　　　　　　　　　　B. 35%
　　C. 15%　　　　　　　　　　　D. 5%

【参考答案】D

18. 对于(　　)周岁以上的干部参加业务能力升级测试,区分年龄段给予不同权重加分的鼓励措施。

　　A. 40　　　　　　　　　　　　B. 45
　　C. 50　　　　　　　　　　　　D. 55

【参考答案】B

19. 在《税务系统领导胜任力测试管理办法》施行前参加工作的税务干部,晋升(　　)领导职务的,可免于参加领导胜任力测试。

　　A. 副科级　　　　　　　　　　B. 正科级
　　C. 副处级　　　　　　　　　　D. 正处级

【参考答案】A

20. 办税服务厅现场评价,由(　　)纳税服务部门组织实施。

A. 县区税务局 B. 地市税务局
C. 省税务局 D. 税务总局

【参考答案】B

21. 前台人员的办税服务厅现场评价得分，平时记录，按（　　）计算记入数字人事信息系统。

A. 日 B. 月
C. 季 D. 年

【参考答案】C

22. 税务领军人才的培养目标是到 2022 年，达到规模（　　）名。

A. 500 B. 1 000
C. 5 000 D. 10 000

【参考答案】C

【答案解析】见《全国税务领军人才培养规划》。

23. 司局级、处级领导干部 5 年内参加税务总局党校（干部学院）、省税务干部学校或干部教育培训管理部门认可的其他培训机构的培训时长是（　　）。

A. 累计 1 个月或者 180 学时以上　B. 累计 45 天或者 360 学时以上
C. 累计 60 天或者 480 学时以上　D. 累计 3 个月或者 550 学时以上

【参考答案】D

【答案解析】见《2018—2022 年全国税务系统干部教育培训规划》。

24. 税务总局党校（干部学院）主体班次的教学安排中，以习近平新时代中国特色社会主义思想课程为主，理论教育和党性教育的比重不低于总课时的（　　）。

A. 30% B. 50%
C. 70% D. 80%

【参考答案】C

【答案解析】见《2018—2022 年全国税务系统干部教育培训规划》。

25. 税务总局党校（干部学院）、省税务干部学校主体班次中，领导干部讲课课时不低于总课时的（　　）。

A. 10% B. 20%

C. 30% D. 50%

【参考答案】B

【答案解析】见《2018—2022 年全国税务系统干部教育培训规划》。

26. 《2018—2022 年全国税务系统干部教育培训规划》中提出，把学习（　　）摆在干部教育培训最突出的位置。

A. 贯彻习近平新时代中国特色社会主义思想
B. 党的基本理论教育
C. 税收专业化知识
D. 党纪党规

【参考答案】A

【答案解析】见《2018—2022 年全国税务系统干部教育培训规划》。

27. 《2018—2022 年全国税务系统干部教育培训规划》中提出，公务员初任培训中将加大法律知识培训力度，每年法律知识培训不少于（　　）学时。

A. 8 B. 15
C. 20 D. 30

【参考答案】C

28. 教育培训管理部门每年进行重点评估的比例为不低于培训项目总数的（　　）。

A. 5% B. 8%
C. 10% D. 15%

【参考答案】B

29. 下列人员中，不属于国家税务总局负责组织培训的是（　　）。

A. 司局级领导干部 B. 处级领导干部任职培训
C. 科级领导干部任职培训 D. 全国税务领军人才

【参考答案】C

【答案解析】《税务系统贯彻〈干部教育培训工作条例〉实施办法》规定，税务总局负责组织国家税务局系统司局级领导干部、司局级后备干部、优秀中青年干部培训，处级领导干部任职培训，全国税务领军人才培养对象培训，税务总局人才库人员培训，税务总局机关干部培训以及应由税务总局组织的其他培训。

30. 税务干部在参加组织选派的脱产教育培训期间，一般应享受在岗同等待遇，因特殊情况确需请假的，必须严格履行手续。请假时间累计超过总学时（　　）的，按退学处理。

A. 1/3　　　　　　　　　B. 1/2
C. 1/7　　　　　　　　　D. 1/5

【参考答案】C

【答案解析】《税务系统贯彻〈干部教育培训工作条例〉实施办法》，税总发〔2016〕98号；《中共中央组织部关于印发〈关于在干部教育培训中进一步加强学员管理的规定〉的通知》规定。

（二）多选题

1. 加强税务干部能力建设，实施人才强税战略，实行税务领军人才培养计划。深入推进绩效管理，加强对税务干部平时考核，完善（　　）的数字管理制度体系。

A. 考评化　　　　　　　B. 日常化
C. 累积化　　　　　　　D. 可比化

【参考答案】BCD

【答案解析】参考总局《关于开展数字人事制度改革试点的指导意见（试行）》（税总党组发〔2015〕104号）。

2. 税务系统数字人事制度的主要特征（　　）。

A. 突出以人为本　　　　B. 突出科学考评
C. 突出数字管理　　　　D. 突出科技引领

【参考答案】ABCD

3. 下列属于数字人事四个支柱的是（　　）。

A. 业务能力　　　　　　B. 领导胜任力
C. 组织绩效　　　　　　D. 公认评价

【参考答案】ABD

4. 业务能力升级专业类别包括（　　）。

A. 行政管理类　　　　　B. 纳税服务类

C. 征管评估类　　　　　　D. 税务稽查类

E. 信息技术类

【参考答案】ABCDE

5. 数字人事的内涵是实现干部考核管理（　　）。

A. 日常化　　　　　　　　B. 多维化

C. 数据化　　　　　　　　D. 累积化

E. 可比化

【参考答案】ABCDE

6. 税务干部小王，在数字人事纪实上，可以填（　　）内容。

A. 工作事项和工作成效　　B. 存在问题、改进措施

C. 本人政治思想、遵规守纪情况　D. 心得体会、感悟打算

【参考答案】ABCD

7. 新进人员培养管理考核包括（　　）等指标。

A. 初任培训　　　　　　　B. 执法资格考试

C. 季度考评　　　　　　　D. 试用期任职定级民主测评

E. 年度考核（年终测评）

【参考答案】ABDE

8. 根据数字人事系统工作记实质量评价办法，将干部分为（　　）类。

A. 领导班子　　　　　　　B. 班子成员和部门正职

C. 部门副职　　　　　　　D. 一般干部

【参考答案】BCD

9. 领导胜任力包括（　　）。

A. 任职考察　　　　　　　B. 试用期管理

C. 专项考评　　　　　　　D. 领导胜任力测试

【参考答案】ABCD

10. 未开展行风评议的单位，行风评议的权重平均分摊到（　　）指标上。

A. 办税服务厅现场评价　　B. 纳税人满意度调查

C. 廉政测评　　　　　　　D. 年终测评

【参考答案】AB

【答案解析】参考《国家税务总局关于修订数字人事制度有关内容的通知》（税总发〔2018〕195 号），这个点的内容有所变更。

11. 一般干部当年综合评价得分由（　　）组成。

A. 业务能力得分　　　　　　B. 领导胜任力得分

C. 年度考核得分　　　　　　D. 个人绩效得分

【参考答案】AC

12. 在开展下列工作时，应充分运用数字人事的相关数据信息（　　）。

A. 年度考核、评先评优　　　B. 干部选拔任用

C. 干部职级评定　　　　　　D. 干部交流、遴选

【参考答案】ABCD

13. 公认评价的内部评价包括（　　）

A. 年终测评　　　　　　　　B. "一报告两评议"测评

C. 廉政测评　　　　　　　　D. 民主测评

【参考答案】ABC

14. 个人成长账户基本内容包括（　　）。

A. 职业基础　　　　　　　　B. 业务能力

C. 领导胜任力　　　　　　　D. 日常绩效

E. 公认评价

【参考答案】ABCDE

15. 科级领导职务领导胜任力测试检验的能力主要有（　　）。

A. 依法办事和执行操作能力　B. 统筹落实能力

C. 组织协调能力　　　　　　D. 应对风险挑战的能力

【参考答案】AC

16. 外部评价的运用，实行（　　）相结合、（　　）相结合的方法。坚持公正公平、注重实绩的原则。

A. 平时与定期　　　　　　　B. 定性与定量

C. 横向与纵向　　　　　　　D. 全面与专项

【参考答案】AB

17. 税务领军人才的标准是（　　）。
    A. 综合素质优秀　　　　　　B. 业务能力卓越
    C. 引领作用突出　　　　　　D. 团队效应显著
    【参考答案】ABCD

18. 税务总局党校（干部学院）、省税务干部学校主体班次中，领导干部讲课课时不低于总课时的 20%，运用互动式教学方法的课程比重不低于 30%。互动式教学方法有（　　）。
    A. 研讨式　　　　　　　　　B. 案例式
    C. 模拟式　　　　　　　　　D. 体验式
    E. 辩论式
    【参考答案】ABCDE
    【答案解析】见《2018—2022 年全国税务系统干部教育培训规划》。

19. 加强机关干部培训，以加强（　　）建设为重点。
    A. 思想政治　　　　　　　　B. 职业道德
    C. 业务能力　　　　　　　　D. 执行力
    【参考答案】ABC
    【答案解析】见《2018—2022 年全国税务系统干部教育培训规划》。

20. 《2018—2022 年全国税务系统干部教育培训规划》中提出，基层干部的培养主线是（　　）。
    A. 理想信念教育　　　　　　B. 知识结构优化
    C. 法治观念养成　　　　　　D. 能力素质的提升
    【参考答案】ABCD

21. 税务系统高素质专业化年轻干部培养，突出（　　）教育。
    A. 理想信念宗旨　　　　　　B. 思想道德
    C. 优良作风　　　　　　　　D. 职业道德
    【参考答案】ABC

22. 下列关于素质提升"115 工程"的说法正确的是（　　）。
    A. 倾力打造一支拥有 5 千名领军人才、1 万名业务骨干和 5 万名岗位能手的人才队伍
    B. "岗位大练兵、业务大比武"活动一年一部署，连续抓五年

C. 着力构建覆盖国家税务总局、省税务局、市税务局三个层级的人才梯次培养机制

D. 横贯国税、地税两大系统，纵贯各层级税务机关，涉及近 80 万名税务干部

【参考答案】BCD

【答案解析】A 项表述错误。要倾力打造一支拥有 1 千名领军人才、1 万名业务骨干和 5 万名岗位能手的人才队伍。

23. 税务干部教育培训，以（　　）为重点内容，培养造就高素质、专业化税务干部队伍。

A. 坚定理想信念　　　　　B. 增强税收法治意识

C. 提高税收治理能力　　　D. 提升税务人员社会形象

【参考答案】ABC

【答案解析】《税务系统贯彻〈干部教育培训工作条例〉实施办法》规定，干部教育培训以坚定理想信念、增强税收法治意识、提高税收治理能力为重点。

24. 税务领军人才的特点是（　　）。

A. 综合素质优秀　　　　　B. 业务能力卓越

C. 引领作用突出　　　　　D. 团队效应显著

E. 具备国际竞争力的队伍

【参考答案】ABCDE

25. 税务系统领军人才培养方向分为（　　）几类。

A. 综合管理　　　　　　　B. 税收业务

C. 税收法制　　　　　　　D. 税收信息化管理

【参考答案】ABD

26. 干部教育培训中政策法规教育是指重点加强（　　）教育。

A. 宪法法律　　　　　　　B. 党内法规

C. 税收法律法规　　　　　D. 中央重大决策部署

【参考答案】ABCD

【答案解析】《税务系统贯彻〈干部教育培训工作条例〉实施办法》规定，政策法规教育重点加强宪法法律、党内法规和税收法律法规教育，

开展党中央关于经济建设、政治建设、文化建设、社会建设、生态文明建设和党的建设等方面重大决策部署的培训，提高税务干部科学执政、民主执政、依法执政水平。

27. 以下关于对学员掌握理论和业务知识情况进行的考核，说法正确的是（　　）。

A. 主要以考试或撰写论文的方式进行
B. 培训 1 个月以上的培训班，应进行相应的结业考试
C. 培训时间 3 个月以上的培训班应分别组织单课考试和结业考试
D. 培训时间较短、培训主题比较单一、培训对象职务层次较高的班次，可采取学员撰写结业论文的方式进行考核

【参考答案】ABCD
【答案解析】依据《税务系统贯彻〈干部教育培训工作条例〉实施办法》，税总发〔2016〕98 号，《税务系统脱产培训班学员考核暂行办法》，国税发〔2008〕127 号规定。

（三）判断题

1. 税务系统每个干部都拥有职业基础信息。（　　）
【参考答案】×

2. 年终测评属于日常绩效（平时考核）的一部分。（　　）
【参考答案】×

3. 业务能力升级测试具有"自愿参与，自学为主、助学为辅"的特点。（　　）
【参考答案】√

4. 业务能力升级考试合格，则业务能力得分等于业务能力考试得分。（　　）
【参考答案】×

5. 职业基础包括税务干部接受教育信息、考录信息和新进培养信息等。（　　）
【参考答案】√

6. 数字人事以业务能力、领导胜任力、日常绩效、公认评价为四大

支柱，支撑税务干部全面发展。 （ ）

【参考答案】√

7. 报考业务能力升级专业类别时，以所在税务机构划分考试类别，不以所在部门的岗位工作性质为依据。 （ ）

【参考答案】×

8. 业务能力升级工作遵循参与自主化、助学多样化、测试标准化、过程规范化和结果挂钩化。 （ ）

【参考答案】√

9. 税务干部可以根据自己的意愿选择业务能力升级考试报考类别和档次。 （ ）

【参考答案】×

10. 只要个人愿意，业务能力升级考试每年都能参加报测。 （ ）

【参考答案】×

11. 领导干部岗位胜任力测试成绩有效期为两年。 （ ）

【参考答案】×

12. 晋升副科级职务，应具备业务能力初级4档以上。 （ ）

【参考答案】×

13. 数字人事业务能力升级的专业类别分为行政管理、纳税服务、征管评估、税务稽查和信息技术等5类。 （ ）

【参考答案】√

14. 业务能力很高的干部可以越级参加领导胜任力测试。 （ ）

【参考答案】×

15. 业务能力升级测试不是简单地考60分就能通过的，而是按照通过率认定每次的达标分数。 （ ）

【参考答案】√

16. 税务领军人才引领作用突出，指的是具有国际视野、战略思维、现代理念，在促进税收事业科学发展中具有引领带动和标杆示范作用。
（ ）

【参考答案】√

【答案解析】依据国家税务总局领军人才管理办法规定。

17. 建立科学有效的考核评价体系，是数字人事的重要特征，突出重德才、重实绩的考评导向，让埋头苦干、真抓实干的干部真正得到重用、充分展示才华。（　　）

【参考答案】√

【答案解析】依据《国家税务总局数字人事管理办法》规定。

18. 晋升处级、科级领导职务的人员必须参加相应的初任培训。（　　）

【参考答案】×

【答案解析】《税务系统贯彻〈干部教育培训工作条例〉实施办法》规定，晋升处级、科级领导职务的人员必须参加相应的任职培训。同时规定，税务机关新录用干部必须参加初任培训。

19. 网络培训是一种基于计算机技术、网络技术和通信技术进行知识传输和知识学习的新型教育模式，具有突破时空限制、助力行为自主化、实现终身教育等特征。（　　）

【参考答案】√

【答案解析】《税务系统贯彻〈干部教育培训工作条例〉实施办法》，税总发〔2016〕98号规定。

20. 国家税务总局对每批领军人才学员集中培养期间组织开展不少于7次公共知识与能力集中培训，不少于3次专业集中培训。（　　）

【参考答案】√

【答案解析】见《2018—2022年全国税务系统干部教育培训规划》。

（四）简答题

1. 数字人事的核心要义和基本内涵是什么？

【参考答案】数字人事的核心要义在于，以税务干部个人为主体，把对事的制度按人进行归集，把各种事态下的分散化的规定，变成以人为单位的整合化的制度体系，把单次、定期、不定期的考评变成日常、累积、同等条件可比的考评机制和得分，把对干部评价的定性表述变为数字化与定性化相结合的具体评价。目的就是要找到新形势下加强税务干部管理的新抓手、新机制、新方法，在80万名税务干部中形成发奋作为、干事创业的正确导向，使税务干部一身正气、一生正气、一心向上、一生向上，更好地激发推进税收现代化建设的正能量。

数字人事的基本内涵是"七化"，即通过全面、及时、准确地记录和科学运用税务干部"德、能、勤、绩、廉、评、基"（评指公认评价，基指职业基础）等各方面数据信息，对税务干部进行全员、全程、全面管理，实现干部管理日常化、日常管理指标化、指标管理数字化、数字管理累积化、累积管理可比化、可比管理挂钩化、挂钩管理导向化。

干部管理日常化，实行平时考核，按日（周）记实、按季（月）评鉴、按季考评、全年合计；日常管理指标化，为干部管理建立一系列指标，目前一级指标5个，二级指标26个，三级指标47个；指标管理数字化，对各项指标进行量化，设置不同分值、权重，折算成分数；数字管理累积化，为每一名税务干部建立个人成长账户，逐项记分，连年累计，用得分展现干部成长轨迹；累积管理可比化，建立规范统一的指标体系、权重配比、计分规则，实现同级同类人员横向可比、干部个人纵向可比；可比管理挂钩化，坚持党管干部，量化但不唯分，将数据用在干部考核、培养、使用、管理中；挂钩管理导向化，强化激励约束，引导税务干部一心向上、一生向上。

2. 数字人事的制度体系包含哪些内容？

【参考答案】目前，数字人事的制度体系已基本形成，包括1个意见和8个制度办法。

"1个意见"是指《中共国家税务总局党组关于开展数字人事制度改革试点的指导意见（试行）》。"8个制度办法"是指《税务系统数字人事实施办法（试行）》《税务系统数字人事量化计分规则（试行）》《税务系统公务员初任培训管理办法（试行）》《税务系统业务能力升级管理办法（试行）》《税务系统领导胜任力测试管理办法（试行）》《税务系统外部评价管理办法（试行）》《税务系统平时考核管理办法（试行）》和《税务系统数字人事数据应用办法（试行）》。

3. 简述数字人事的框架内容。

【参考答案】数字人事从梳理税务干部成长轨迹和重要节点入手，对各项管理制度和事项进行适当归类，根据管理需要进行了制度创新，增加了职业基础、日常绩效、领导胜任力测试、外部评价等新内容。总的框架体系是"一个基础、四个支柱、一个顶子、一个平台"。

"一个基础"是指职业基础，"四个支柱"是指业务能力、领导胜任力、日常绩效、公认评价，"一个顶子"是指数据应用，"一个平台"是指信息系统。数字人事将"德、能、勤、绩、廉、评、基"各方面的数据信息进行量化，建立个人成长账户予以记载，为各级党组考核培养使用干部、促进干部全面发展提供重要参考。对于"数字人事"的总体架构，税务总局王军局长形象地说："干部队伍建设就像盖房子，要打好一个基础，立好四个支柱，盖好一个顶子，使它坚如磐石，金碧辉煌，搭建起现代化的税务队伍大厦。"

4. 数字人事是如何克服"唯分论"的？

【参考答案】数字人事是基础，党管干部是根本。数字人事虽然对税务干部职业生涯的所有数据进行量化，赋予权重、折算成分，并以分为标准进行比较，但并不会陷入"唯分论"。在制度设计上，数字人事中"分"的内涵和外延与过去的"分"有很大差别，既有个人各项得分，又有年度合计积分，还有近三年、历年累积总分；纵向看，既有同类人员最高分、最低分，还有平均分、中位值。它不是单项、一次、一时的分，而是综合、累积、长期的分。在应用操作上，不是简单的按分取人，而是实行得分划段制度，对于同级同类干部，根据实际需要建立数据模型，计算个人得分，按照得分高低进行排序，划分为4个分数段。原则上，得分排在前20%的为第一段，20%—40%（不含20%）的为第二段，40%—80%（不含40%）的为第三段，排在后20%的为第四段，各级党组在特定的分数段上行使考量权，充分发挥党组在选人用人上的监督、指导、把关作用，而不是简单的按分排序取人。

5. 《2018—2022年全国税务系统干部教育培训规划》的主要目标有哪些？

【参考答案】《2018—2022年全国税务系统干部教育培训规划》的主要目标包括：（1）以习近平新时代中国特色社会主义思想为中心内容的理论教育更加深入，使之系统权威进教材、生动有效进课堂、刻骨铭心进头脑，广大税务干部马克思主义水平和政治理论素养不断提高，"四个意识"不断增强,"四个自信"进一步坚定,"四个服从"成为普遍自觉,坚决做到"两个维护",思想行动高度统一。

(2) 党性教育更加扎实,广大税务干部理想信念、党性观念、宗旨意识进一步强化,思想觉悟、政德修养、品行作风进一步提高,信仰之基、从政之基、廉政之基进一步牢固。

(3) 税收专业化能力培训更加精准,知识培训更加深入,税务干部专业素养、专业能力、专业作风、专业精神得到培育,助力高质量推进新时代税收现代化的本领普遍增强,税务部门落实党中央、国务院决策部署更加高效有力,服务经济社会发展的能力全面提高。

(4) 人才工程建设更加有效,素质提升"115工程"目标任务全面完成,具有国际竞争力的人才培养体系更加健全,复合型人才培养取得新进展,适应新时代新税务要求、数量充足、充满活力的人才队伍不断壮大和优化。

(5) 教育培训体系更加优化,税务干部素质培养的时代性、针对性、有效性不断增强,教育培训能力建设不断深化,培训理念、内容体系、组织架构、运行机制更加完善,适应新时代发展要求、具有税务特色、科学高效的税务干部教育培训体系基本健全。

第六章 监督管理

(一) 单选题

1. 党员受到警告处分的,一定期限内不得在党内提升职务和向党外组织推荐担任高于其原任职务的党外职务,该期限是指( )。

   A. 1年 B. 2年
   C. 3年 D. 4年

   【参考答案】A

   【答案解析】《中国共产党纪律处分条例》第十条。

2. 收受可能影响公正执行公务的礼品、礼金、消费卡和有价证券、股权、其他金融产品等财物,情节较重的,给予的处分是( )。

   A. 严重警告 B. 留党察看
   C. 开除党籍 D. 撤销党内职务或者留党察看

   【参考答案】D

   【答案解析】《中国共产党纪律处分条例》第八十八条。

3. 关于对党员的纪律处分种类,下列说法中,错误的是( )。

   A. 警告 B. 严重警告
   C. 撤销党内职务 D. 口头警告

   【参考答案】D

   【答案解析】《中国共产党纪律处分条例》第八条。

4. 利用职权或者职务上的影响为他人谋取利益,本人的配偶、子女及其配偶等亲属和其他特定关系人收受对方财物,情节较重的,应给予( )。

A. 警告或严重警告处分　　　B. 留党察看处分
C. 撤销党内职务处分　　　　D. 开除党籍处分

【参考答案】A

【答案解析】《中国共产党纪律处分条例》第八十五条。

5. 对党不忠诚不老实，表里不一，阳奉阴违，欺上瞒下，搞两面派，做两面人，情节较轻的，给予警告或者严重警告处分；情节较重的，给予撤销党内职务或者留党察看；情节严重的，给予（　　）处分。

A. 严重警告　　　　　　　　B. 撤销党内职务
C. 留党察看　　　　　　　　D. 开除党籍

【参考答案】D

【答案解析】《中国共产党纪律处分条例》第五十一条。

6. 某区税务局党委成员、副局长陈某因违反党的组织纪律被给予严重警告处分，又因为违反党的群众纪律给予警告处分。根据《中国共产党纪律处分条例》规定的两种以上（含两种）应当受到党纪处分的违纪行为，应当对其处理的结果是（　　）。

A. 合并处理，并按其最重处分处理
B. 合并处理，并按其最重处分加重一档处理
C. 分开处理，按其最重处分加重一档处理
D. 分开处理，按其最重处分处理

【参考答案】B

【答案解析】《中国共产党纪律处分条例》第二十三条。

7. 对于应当受到撤销党内职务处分，但本人没有担任党内职务的，应当给予其处分的种类是（　　）。

A. 警告　　　　　　　　　　B. 严重警告
C. 留党察看　　　　　　　　D. 开除党籍

【参考答案】B

【答案解析】《中国共产党纪律处分条例》第十一条。

8. 党员小李有两种违反党纪行为，应分别受到严重警告、撤销党内职务处分，最终给小李的处分应该是（　　）。

A. 严重警告　　　　　　　　B. 撤销党内职务

C. 留党察看　　　　　　D. 开除党籍

【参考答案】C

【答案解析】《中国共产党纪律处分条例》规定，一人有两种以上（含两种）应当受到党纪处分的违纪行为，应当合并处理，按其数种违纪行为中应当受到的最高处分加重一档给予处分。撤销党内职务加重一档处分为留党察看。

9. 党组织在纪律审查中发现党员有刑法规定的行为，虽不构成犯罪但须追究党纪责任的，应当视具体情节给予（　　）。

A. 警告或者严重警告处分

B. 警告直至开除党籍处分

C. 撤销党内职务或者留党察看处分

D. 留党察看或者开除党籍处分

【参考答案】B

【答案解析】《中国共产党纪律处分条例》第二十八条。

10. 按照规定程序讨论决定实施党纪处分是（　　）。

A. 党代会　　　　　　　B. 党支部

C. 党组织集体　　　　　D. 党员代表

【参考答案】C

【答案解析】根据《中国共产党纪律处分条例》第四条。

11. 对于党员的党纪处分，一般由（　　）决定，报党的基层委员会批准。

A. 党委会讨论　　　　　B. 党的支部大会讨论

C. 党委书记直接　　　　D. 上级领导直接

【参考答案】B

【答案解析】对于党员的党纪处分，一般由党的支部大会讨论决定，报党的基层委员会批准。

12. 税务系统纪检监察部门发现或收到反映本级领导班子及其成员的问题线索和线索处置情况，应及时向（　　）报告。

A. 同级党委　　　　　　B. 党委书记

C. 纪检监察负责人　　　D. 上级纪检监察部门

【参考答案】D

【答案解析】发现或收到反映本级领导班子及其成员的问题线索和线索处置情况,应及时向上级纪检监察机构报告。

13. 党员有两种以上应当受到党纪处分的违纪行为,应当合并处理。关于处理原则,下面说法正确的是(　　)。
A. 按违纪情节严重的一种违纪行为应受到的处分
B. 按违纪情节较轻的一种违纪行为应受到的处分
C. 按其数种违纪行为中应当受到的最高处分加重一档
D. 按其数种违纪行为中应当受到的最高处分减轻一档

【参考答案】C

【答案解析】参考《中国共产党纪律处分条例》,有两种以上应当受到党纪处分的违纪行为,应当合并处理,按其数种违纪行为中应当受到的最高处分加重一档给予处分。

14. 下列情形中,党纪适用从轻或减轻处分的是(　　)。
①主动交代本人违纪问题的
②主动挽回损失、消除不良影响的
③上缴违纪所得的
④强迫、唆使他人违纪的
A. ①②④　　　　　　　　B. ②③④
C. ①③④　　　　　　　　D. ①②③

【参考答案】D

【答案解析】参考《中国共产党纪律处分条例》,强迫、唆使他人违纪的,党纪适用从重或加重处分。

15. 免予处分,必须同时具备以下条件(　　)。
①行政机关公务员具有违纪的行为
②违纪行为情节轻微
③违纪行为人本人经过批评教育后确已改正了错误
④违法犯罪行为社会危害性较小、情节较轻
A. ①②③　　　　　　　　B. ①②④
C. ①③④　　　　　　　　D. ①②③④

【参考答案】A

【答案解析】参考《中国共产党纪律处分条例》，实施违法犯罪行为，必须接受相关处分。

16. 下列关于处分规则、处分情形的说法正确的是（　　）。
①免予处分是处分的一个种类
②纪律整饬过程中不收敛不收手的，党纪从重或加重处分
③违纪行为人不因提出复核、申诉而被加重处分
④在受处分期间受到新的处分的，其处分期为原处分期与新处分期限之和

A. ①②　　　　　　　　B. ②③
C. ②④　　　　　　　　D. ③④

【参考答案】B

【答案解析】免予处分不是处分的一个种类。在受处分期间受到新的处分的，其处分期为原处分期尚未执行的期限与新处分期限之和。

17. 党员受到开除党籍处分，（　　）年内不得重新入党。

A. 1　　　　　　　　　B. 2
C. 3　　　　　　　　　D. 5

【参考答案】D

【答案解析】参考《中国共产党纪律处分条例》，党员受到开除党籍处分，5年内不得重新入党。

18. 党员受到警告处分，（　　）年内不得在党内提升职务和向党外组织推荐担任高于其原任职务的党外职务。

A. 1　　　　　　　　　B. 2
C. 3　　　　　　　　　D. 5

【参考答案】A

【答案解析】参考《中国共产党纪律处分条例》第九条。

19. 2018年2月，广西壮族自治区政协原副主席刘君因严重违纪问题被降为副处级非领导职务。刘君又是一名"高尔夫官员"，经常"违规出入私人会所，接受私营企业主安排打高尔夫球，用公款支付个人费用"。刘君被纪律处分是因为其行为可能影响（　　）执行公务。

A. 方便 B. 妨碍
C. 有利 D. 公正

【参考答案】D

【答案解析】《中国共产党纪律处分条例》第八十八条。

20. 某一党员领导干部，因违纪受到留党察看 2 年处分。依据《中国共产党纪律处分条例》有关规定，在留党察看处分期间，他应该拥有的权利是（ ）。

A. 表决权 B. 选举权
C. 被选举权 D. 申诉权

【参考答案】D

【答案解析】《中国共产党纪律处分条例》第十二条。

21. 某市市委副书记李某，因违反政治纪律受到党内严重警告处分，依据《中国共产党纪律处分条例》有关规定，其（ ）内不得在党内提升职务和向党外组织推荐担任高于其原任职务的党外职务。

A. 6 个月 B. 1 年
C. 1 年半 D. 2 年

【参考答案】C

【答案解析】《中国共产党纪律处分条例》第十条。

22. 某市财政局局长张某（党员）因严重违纪受到留党观察 2 年处分。一年内，有关部门又查清刘某违反廉洁纪律，依据《中国共产党纪律处分条例》，对张某应当给予其（ ）。

A. 开除党籍处分 B. 延长一年察看期
C. 延长两年察看期 D. 撤销党内职务

【参考答案】A

【答案解析】《中国共产党纪律处分条例》第十二条。

23. 某党员犯罪情节轻微，人民检察院依法作出不起诉决定的，或者人民法院依法作出有罪判决并免予刑事处罚的，党组织应当给予其（ ）处分。

A. 严重警告
B. 撤销党内职务

C. 留党观察

D. 撤销党内职务、留党观察或者开除党籍

【参考答案】D

【答案解析】《中国共产党纪律处分条例》第三十一条。

24. 某党员姜某因故意犯罪被法院判刑 1 年，缓刑 1 年，其所在党组织应给予其（　　）处分。

A. 留党观察二年　　　　　B. 撤销党内职务

C. 开除党籍　　　　　　　D. 严重警告

【参考答案】C

【答案解析】《中国共产党纪律处分条例》第三十二条。

25. 某市主管经济的陈副市长（市委常委）的女儿，在该市某日资企业中担任由外方聘任的副总经理。组织针对其女儿任职问题，多次对陈副市长进行劝说。其拒不纠正，也不服从组织调整职务。对陈副市长应给予党内的处分是（　　）。

A. 警告　　　　　　　　　B. 留党观察

C. 严重警告　　　　　　　D. 撤销党内职务

【参考答案】D

【答案解析】《中国共产党纪律处分条例》第九十七条。

26. 陈璠是宋代的一名官员，曾任宿州太守，后被判处极刑，写下了忏悔录："积玉堆金官又崇，祸来倏忽变成空。五年荣贵今何在，不异南柯一梦中。"这首诗对中国共产党党员的启示是（　　）。

A. 坚持公私分明　　　　　B. 坚持崇廉拒腐

C. 坚持勤俭节约　　　　　D. 坚持吃苦在前

【参考答案】B

【答案解析】陈璠因贪赃被处以极刑，此诗为其临刑索笔之作，道出了悔愧已晚的心声，也启示全体党员要时刻牢记党员廉洁自律规范，注重拒腐防变、廉洁自律。

27. 监察机关采取留置措施，关于留置时间的期限一般是（　　）个月。

A. 1　　　　　　　　　　　B. 3

C. 6　　　　　　　　　　D. 9

【参考答案】B

【答案解析】《中华人民共和国监察法》第四十三条规定。

28. 临近年终，各种检查考核要求有"迹"可循、有"证"可查。但如果过分强调留痕、依赖留痕，不仅降低工作效率，而且容易让干部身心疲惫。在"四风"中，"过度留痕"属于（　　）。

A. 官僚主义　　　　　　　B. 享乐主义

C. 奢靡之风　　　　　　　D. 形式主义

【参考答案】D

【答案解析】"四风"指形式主义、官僚主义、享乐主义和奢靡之风。"过度留痕"属于典型的形式主义。

29. 如果某县税务局张某在外出参加会议返程时，擅自改变行程，借机旅游并公款报销差旅费，根据《中国共产党纪律处分条例》，其违反的纪律是（　　）。

A. 政治纪律　　　　　　　B. 廉洁纪律

C. 工作纪律　　　　　　　D. 财经纪律

【参考答案】B

【答案解析】《中国共产党纪律处分条例》第一百零五条。

30. 《中华人民共和国监察法》为加强对所有公职人员或行使公权力的人员进行监督提供了依据。以下对象的行为受《监察法》监督的是（　　）。

A. 民营企业主做出企业经营决策

B. 外商独资雇员与客户谈生意

C. 辅警在十字路口协助指挥交通

D. 英驻华大使签署外交协议

【参考答案】C

【答案解析】《中华人民共和国监察法》监察的对象为我国公职人员或行使公权力的我国人员，主要包括公务员、法律、法规授权或者受国家机关依法委托管理公共事务的组织中从事公务的人员、国有企业管理人员、公办的教育、科研、文化、医疗卫生、体育等单位中从事管理的人员、基层群众性自治组织中从事管理的人员、其他依法履行公职的人员。

31. 担任领导成员的公务员离职后，一段时间内不得到与原工作业务直接相关的企业或者其他营利性组织任职。"一段时间内"是指（　　）。

　　A. 2 年内　　　　　　　　B. 3 年内
　　C. 5 年内　　　　　　　　D. 8 年内

【参考答案】B

【答案解析】根据《中华人民共和国公务员法》第一百零二条，公务员辞去公职或者退休的，原系领导成员的公务员在离职三年内，其他公务员在离职两年内，不得到与原工作业务直接相关的企业或者其他营利性组织任职，不得从事与原工作业务直接相关的营利性活动。

32. 上级纪委要强化对下级纪委的领导，下级纪委向上级纪委报告工作至少（　　）。

　　A. 每月一次　　　　　　　B. 每季一次
　　C. 每半年一次　　　　　　D. 每年一次

【参考答案】C

【答案解析】《中国共产党党内监督条例》第二十六条规定，下级纪委至少每半年向上级纪委报告工作一次。

33. 党的工作部门既要加强对本部门本单位的内部监督，又强化对本系统的（　　）。

　　A. 日常监督　　　　　　　B. 全面监督
　　C. 职能监督　　　　　　　D. 常态监督

【参考答案】A

【答案解析】《中国共产党党内监督条例》第十六条规定。

34. 督查督办开始环节主要包括（　　）。

　　A. 立项和分办　　　　　　B. 承办和督办
　　C. 反馈、审核　　　　　　D. 归档

【参考答案】A

【答案解析】开始环节主要包括立项和分办。中间环节主要包括承办和督办。事后环节包括反馈、审核和归档。

35. 经审定立项的事项，督查部门应及时将"督办通知单"转交有关承办单位办理。这属于（　　）。

　　A. 立项　　　　　　　　B. 分办

　　C. 承办　　　　　　　　D. 督办

【参考答案】B

【答案解析】应属于分办。

36. 下列关于承办说法不正确的是（　　）。

　　A. 如果督办事项涉及多个单位的，由主办单位综合协办单位意见后统一办理

　　B. 主办单位应向协办单位提出明确的协办要求和时限，并填写"督办事项协办通知单"，督促协办单位按时回复

　　C. 协办单位应积极配合，按时回复协办意见

　　D. 需要多部门共同完成的督办事项，由主办单位向相关单位提出协办要求

【参考答案】D

【答案解析】需要多部门共同完成的督办事项，由主办单位向相关单位提出协办要求，属于分办。

37. 各类督办事项都应有相应的办结时间。上级交办事项、有关部门征求意见或会签的文件办结时间是（　　）。

　　A. 以向局领导正式签报的时间为准

　　B. 以局领导审定或局正式发文的时间为准

　　C. 以向来文单位答复的时间为准

　　D. 向申请方作出答复的时间为准

【参考答案】B

【答案解析】上级交办事项、有关部门征求意见或会签的文件办结时间以局领导审定或局正式发文的时间为准。

38. 下级税务机关请示需要书面答复的，办结时间是（　　）。

　　A. 以向局领导正式签报的时间为准

　　B. 以在"督办通知单"上注明的电话沟通、说明情况的时间为准

　　C. 以向来文单位答复的时间为准

D. 向申请方作出答复的时间为准

【参考答案】C

【答案解析】下级税务机关请示需要书面答复的,以向来文单位答复的时间为准。

39. 下级税务机关请示不需要书面答复的,以(　　)为准。

A. 在"督办通知单"上注明的电话沟通、说明情况的时间

B. 以向来文单位答复的时间为准

C. 向申请方作出答复的时间为准

D. 以向局领导正式签报的时间为准

【参考答案】A

【答案解析】不需要书面答复的,以在"督办通知单"上注明的电话沟通、说明情况的时间为准。

40. 下发督查通知。一般提前(　　)工作日向被督查单位下发督查通知,告知督查事项、工作安排、督查组成员及有关要求。

A. 3个　　　　　　　　　　B. 4个

C. 5个　　　　　　　　　　D. 6个

【参考答案】A

【答案解析】下发督查通知。一般提前3个工作日向被督查单位下发督查通知,告知督查事项、工作安排、督查组成员及有关要求。

41. 对上级领导同志批示及上级单位文件涉及事项的办理。对有时限要求的,承办单位一般应在时限要求内提前(　　)完成。

A. 2个工作日　　　　　　　B. 3个工作日

C. 5个工作日　　　　　　　D. 10个工作日

【参考答案】A

【答案解析】对上级领导同志批示及上级单位文件涉及事项的办理。对有时限要求的,承办单位一般应在时限要求内提前2个工作日完成。

42. 在督查督办中,对未明确时限要求的紧急事项,承办单位应在(　　)内提出初步意见。

A. 2个工作日　　　　　　　B. 3个工作日

C. 5个工作日　　　　　　　D. 10个工作日

【参考答案】B

【答案解析】对未明确时限要求的紧急事项，承办单位应在 3 个工作日内提出初步意见。

43. 查办件一般应在（　　）个月内完成，因特殊情况需要延长时限的，按其他规定执行。

A. 1　　　　　　　　　　B. 2
C. 3　　　　　　　　　　D. 6

【参考答案】A

【答案解析】查办件一般应在 1 个月内完成，因特殊情况需要延长时限的，按其他规定执行。

44. 对上级党委、政府和上级税务机关文件中涉及税收工作的重要事项的办理，承办单位应在收到文件后的（　　）内，将落实决定的时间、方式、具体责任人等报送督查部门。

A. 2 个工作日　　　　　　B. 3 个工作日
C. 5 个工作日　　　　　　D. 10 个工作日

【参考答案】A

【答案解析】对上级党委、政府和上级税务机关文件中涉及税收工作的重要事项的办理，承办单位应在收到文件后的 2 个工作日内，将落实决定的时间、方式、具体责任人等报送督查部门。

45. 同级有关部门主办，向本单位征求意见或会签的公文，有明确时限的，承办单位应在时限要求内提前（　　）完成。

A. 2 个工作日　　　　　　B. 3 个工作日
C. 5 个工作日　　　　　　D. 10 个工作日

【参考答案】A

【答案解析】同级有关部门主办，向本单位征求意见或会签的公文，有明确时限的，承办单位应在时限要求内提前 2 个工作日完成。

46. 纪检监察机关要防止"灯下黑"。这就要求纪检监察机关（　　）。

A. 做足铁杵磨针的功夫　　B. 做到打铁还需自身硬
C. 具有抓铁有痕的意志　　D. 拿出滴水穿石的劲头

【参考答案】B

【答案解析】习近平在十八届中央纪委第五次会议上的讲话中指出，纪检监察机关要防止"灯下黑"，严肃处理以案谋私、串通包庇、跑风漏气等突出问题，清理好门户，做到打铁还需自身硬。

47.《中国共产党纪律处分条例》把党章和其他党内法规中的纪律和要求，整合为政治纪律、组织纪律、廉洁纪律和（ ）。

①群众纪律　　②工作纪律
③经济纪律　　④生活纪律

 A. ①②③　　　　　　　　B. ①②④
 C. ②③④　　　　　　　　D. ①②③④

【参考答案】B

【答案解析】《中国共产党纪律处分条例》分则中包含：政治纪律、组织纪律、廉洁纪律、群众纪律、工作纪律、生活纪律。

48. 习近平强调领导干部要加强理论修养，掌握辩证唯物主义的世界观和方法论，提高战略思维、历史思维、辩证思维、创新思维、（ ）能力。

 A. 法治思维、底线思维　　　B. 逻辑思维、法制思维
 C. 逻辑思维、全局思维　　　D. 底线思维、前瞻思维

【参考答案】A

【答案解析】习近平强调领导干部要加强理论修养，提高战略思维、历史思维、辩证思维、创新思维、法治思维、底线思维能力。

49. 巡视是（ ）的"利剑"。

 A. 法律监督　　　　　　　　B. 党内监督
 C. 舆论监督　　　　　　　　D. 司法监督

【参考答案】B

【答案解析】巡视是党内监督与群众监督相结合的重要方式。

50.《中国共产党巡视工作条例》是中国共产党规范巡视工作的重要的（ ）。

 A. 党内法规　　　　　　　　B. 党外法规
 C. 国家法律　　　　　　　　D. 行政法规

【参考答案】A

【答案解析】《中国共产党巡视工作条例》是党内法规。

51. 巡视工作要聚焦"一个中心"。这个中心是指（　　）。

A. 党风廉政建设和反腐败工作

B. 党政机关作风建设

C. 充分发挥党员先锋模范作用

D. 贯彻民主集中制的根本组织制度

【参考答案】A

【答案解析】关于巡视定位，提出了聚焦"一个中心"，这个中心是指党风廉政建设和反腐败工作。

52. 关于巡视责任，《中国共产党巡视工作条例》明确了"三个第一责任人"。其中，落实巡视监督责任第一责任人是（　　）。

A. 党委（组）书记　　　　B. 巡视工作领导小组组长

C. 巡视组组长　　　　　　D. 巡视组工作人员

【参考答案】C

【答案解析】"三个第一责任人"，即党委（组）书记是党风廉政建设第一责任人，巡视工作领导小组组长是巡视工作第一责任人，巡视组组长是落实巡视监督责任第一责任人。

53. 关于巡视定位，《中国共产党巡视工作条例》提出了聚焦"一个中心"，把（　　）作为主要任务，发挥巡视利剑作用。

A. 老虎苍蝇一起打　　　　B. 抓住"关键少数"

C. 发现问题、形成震慑　　D. 健全巡视制度

【参考答案】C

【答案解析】巡视定位聚焦"一个中心"，把发现问题、形成震慑作为主要任务。

54. 巡视汇报，包括（　　）等步骤。

①撰写巡视报告　　　　　②起草谈话报告

③汇总问题线索　　　　　④呈报巡视报告

⑤进行巡视反馈

A. ①②③④　　　　　　　B. ①②③⑤

C. ①②④⑤   D. ②③④⑤

【参考答案】A

【答案解析】进行巡视反馈，不属于巡视汇报的步骤。

55. 督察内审部门是税务系统内部控制的（　　），内部风险和工作落实的（　　），以及责任落实评价和问题追究的（　　）。

  A. 管理部门　　　　监督检查部门　　实施部门
  B. 监督检查部门　　实施部门　　　　管理部门
  C. 实施部门　　　　管理部门　　　　监督检查部门
  D. 管理部门　　　　实施部门　　　　监督检查部门

【参考答案】A

【答案解析】督察内审部门是税务系统内部控制的管理部门，内部风险和工作落实的监督检查部门，以及责任落实评价和问题追究的实施部门。

56. 督察内审部门的职能定位体现于税收工作的事前、事中、事后三个环节。事中是指（　　）。

  A. 通过组织开展内控机制建设，促进内控内生化，对税收管理提出意见建议

  B. 通过督察中央决策部署、税务总局工作部署的贯彻落实情况，督促税收政策落实到位

  C. 通过开展执法督察、内部审计，对执法机关与执法人员进行监督、考核、评价

  D. 督促被监督单位及时整改、落实责任，同时对接并配合协调外部监督，化解问题风险，促进内部管理

【参考答案】B

【答案解析】事中，通过督察中央决策部署、税务总局工作部署的贯彻落实情况，督促税收政策落实到位。

57. 下列关于督查内审部门的工作职权的说法中，错误的是（　　）。

  A. 要求被督察审计单位按时提供与督察审计事项相关的资料

  B. 对督察审计事项中的问题，向有关单位和人员开展调查和询问

  C. 对督察审计过程中发现的严重违法违规和严重损失浪费等行为，

可直接作出制止决定

D. 对督察审计中发现的违法、违规及管理不规范行为提出纠正、处理意见及改进管理的建议

【参考答案】C

【答案解析】对督察审计过程中发现的严重违法违规和严重损失浪费等行为，报经税务机关负责人批准后，可作出临时制止决定。

58. 督察内审工作的组织开展集中体现在《督察审计基本规范》的（　　）部分。

A. 文书规范　　　　　　　B. 流程规范
C. 数据规范　　　　　　　D. 档案规范

【参考答案】B

【答案解析】督察内审工作的组织开展集中体现在《督察审计基本规范》的流程规范部分。

59. （　　）是形成督察审计结论的基础。

A. 采集和分析数据　　　　B. 现场督审获取信息
C. 审查分析资料　　　　　D. 收集督察审计证据

【参考答案】D

【答案解析】收集督察审计证据，是形成督察审计结论的基础。

60. 在督察审计实施阶段，督察审计组根据实际需要现场督审。现场督审包括（　　）等方法步骤。

①现场检查　②座谈　③个别谈话和询问　④延伸调查

A. ①②③　　　　　　　　B. ①③④
C. ①②④　　　　　　　　D. ①②③④

【参考答案】D

【答案解析】选项所述的四种方法步骤，都属于现场督审的方法步骤。

61. 督察内审部门对督察审计发现的重大问题和性质严重问题，根据集体审理会议决议，移交人事、监察和稽查等部门处理。问题移交，是督查内审（　　）的要求。

A. 准备阶段　　　　　　　B. 实施阶段

C. 报告阶段　　　　　　　　D. 整改阶段

【参考答案】C

【答案解析】问题移交，是督查内审报告阶段的要求。

62. 对本单位制定的财务管理各环节控制制度是否健全、合理，有无与上级制度相悖的现象的审查，属于（　　）审查。

A. 内部控制　　　　　　　　B. 财务收支
C. 预算管理　　　　　　　　D. 固定资产管理

【参考答案】A

【答案解析】内部控制，重点审计各项制度的制定与执行情况，包括上本单位制定的财务管理各环节控制制度是否健全、合理，有无与上级制度相悖的现象。

63. 领导干部在其任职期间失职、渎职，应承担（　　）。

A. 直接责任　　　　　　　　B. 间接责任
C. 主管责任　　　　　　　　D. 领导责任

【参考答案】A

【答案解析】失职、渎职行为，应承担直接责任。

64. 税务部门要针对（　　）对风险进行评估，确定风险等级，建立风险指标体系和风险信息库。

①岗位的重要程度
②权力的重要程度
③自由裁量权的大小
④违规违纪行为发生的概率和危害程度

A. ①②④　　　　　　　　　B. ①③④
C. ②③④　　　　　　　　　D. ①②③④

【参考答案】C

【答案解析】税务部门要在排查廉政风险基础上，针对权力的重要程度、自由裁量权的大小、违规违纪行为发生的概率和危害程度，对风险进行评估，确定风险等级，建立风险指标体系和风险信息库。

（二）多选题

1. 监察机关在向人民检察院移送涉嫌职务犯罪的被调查人时，以下可以作为从宽处罚的依据有（　　）。

　　A. 自动投案，真诚悔罪悔过

　　B. 涉案金额较小，损失轻微

　　C. 积极退赃，减少损失的

　　D. 具有重大立功表现或者案件涉及国家重大利益

　　E. 涉案人员少，社会影响小

【参考答案】ACD

【答案解析】《中华人民共和国监察法》第三十一条。

2. 下列属于搞非组织活动的违纪行为有（　　）。

　　A. 在党内选举中搞拉票、助选

　　B. 在法律规定的选举活动中，怂恿、诱使他人投票

　　C. 在组织考察完之后，个人邀请几个同事到家里聚餐

　　D. 在民主推荐时搞拉票、助选

【参考答案】ABD

【答案解析】《中国共产党纪律处分条例》第七十五条。

3. 《中国共产党纪律处分条例》总则部分强调，坚决维护习近平总书记党中央的核心、全党的核心地位，党组织和党员除了牢固树立政治意识，还必须牢固树立（　　）。

　　A. 法治意识　　　　　　B. 大局意识

　　C. 核心意识　　　　　　D. 看齐意识

【参考答案】BCD

【答案解析】《中国共产党纪律处分条例》总则部分第三条。

4. 依照《中华人民共和国监察法》规定，对违法的公职人员可以作出的政务处分决定包括（　　）。

　　A. 警告　　　　　　　　B. 严重警告

　　C. 降级　　　　　　　　D. 降职

　　E. 撤职

【参考答案】ACE

【答案解析】《中华人民共和国监察法》第四十五条。

5. 各级纪律检查机关必须加强自身建设，健全内控机制，自觉接受

( )，确保权力受到严格约束。

A. 党内监督　　　　　　　B. 社会监督
C. 自我监督　　　　　　　D. 群众监督

【参考答案】ABD

【答案解析】《中国共产党党内监督条例》规定，各级纪律检查机关必须加强自身建设，健全内控机制，自觉接受党内监督、社会监督、群众监督，确保权力受到严格约束。

6. 纪检监察部门的处分处理权，具体包括（　　）。

A. 党纪政纪的处分权　　　B. 财产处理权
C. 移送权　　　　　　　　D. 司法权

【参考答案】ABC

【答案解析】司法权属于司法机关（法院和检察院）。

7. 下列属于国家监察部门监察对象的是（　　）。

A. 人大、政协机关是工作人员
B. 审判机关、检察机关的工作人员
C. 国家行政机关及其公务员
D. 国家行政机关任命的其他人员

【参考答案】CD

【答案解析】国家监察部门的监察对象是国家行政机关、公务员及其国家行政机关任命的其他人员。

8. 税务系统纪检监察部门必须落实监督检查责任，具体要求是（　　）。

A. 坚决维护党的纪律、加强对重大事项决策的监督
B. 加强对主体责任落实情况的监督
C. 加强对作风建设的监督、加强对干部选拔任用的监督
D. 加强对落实内控机制建设主体责任的监督

【参考答案】ABCD

【答案解析】四个选项所涉及的要求，都是税务系统纪检监察部门落实监督检查责任的要求。

9. 纪检监察机关要加大信访举报办理力度，对（　　）等信访举报

优先办理。

　　A. 来访举报　　　　　　　　B. 实名举报

　　C. 违反中央八项规定精神问题　D. "四风"问题

【参考答案】BCD

【答案解析】纪检监察机关对实名举报和违反中央八项规定精神、"四风"问题等信访举报优先办理。

10. 处理纪检监察信访举报应坚持的基本原则包括（　　）。

　　A. 以党章和法律法规为准绳

　　B. 以事实为依据

　　C. 惩防并举，注重预防

　　D. 解决实际问题同思想教育相结合

【参考答案】ABD

【答案解析】处理纪检监察信访举报应坚持的基本原则中无惩防并举，注重预防原则。

11. 下列情形中，信访工作人员应当回避的有（　　）。

　　A. 举报人不认可该信访工作人员的

　　B. 是被举报人或被举报人的近亲属的

　　C. 本人或近亲属与被检举、控告问题有利害关系的

　　D. 与检举、控告问题有其他关系，可能影响检举、控告问题公正处理的

【参考答案】BCD

【答案解析】举报人不认可，不是信访工作人员应当回避的标准。

12. 从事信访举报管理工作的人员，必须遵守以下（　　）工作纪律。

　　A. 不得向被举报人泄露举报人的姓名、单位、住址等有关情况及举报内容

　　B. 不得在无保密措施的载体上存储、传递、处理信访举报件

　　C. 不得泄露上级部门和有关领导对信访举报件的批示、内部讨论处理意见等情况

　　D. 不得接受举报人、被举报人及有关单位和人员的宴请、财物和其

他不正当利益

【参考答案】ABCD

【答案解析】四个方面，都是从事信访举报管理工作的人员必须遵守的工作纪律。

13. 关于监督执纪工作，下列说法中正确的有（　　）。

A. 中央纪律检查委员会受理和审查在中央工作的党员领导干部

B. 地方各级纪律检查委员会受理和审查同级党委委员、候补委员、纪委委员

C. 对党的组织关系在地方、干部管理权限在主管部门的党员干部违纪问题，应当按照谁主管谁负责的原则进行监督执纪

D. 对作出立案审查决定、给予党纪处分等重要事项，纪检机关直接向上级纪委报告

【参考答案】BC

【答案解析】中央纪律检查委员会受理和审查党员领导干部，是中央一级，而不是在中央工作。对作出立案审查决定、给予党纪处分等重要事项，纪检机关应当向同级党委（党组）请示汇报并向上级纪委报告。

14. 关于采取谈话函询方式处置问题线索，下列有关说法正确的有（　　）。

A. 对需要谈话函询的下一级党委（党组）主要负责人，应当报纪检机关主要负责人批准，必要时向同级党委主要负责人报告

B. 函询应当以纪检机关办公厅（室）名义发函给被反映人，并抄送其所在党委（党组）主要负责人

C. 被函询人应当在收到函件后15个工作日内写出说明材料，由其所在党委（党组）主要负责人签署意见后发函回复

D. 反映问题比较具体，但被反映人予以否认，或者说明存在明显问题的，应当再次谈话函询或者进行初步核实

【参考答案】ABCD

【答案解析】关于采取谈话函询方式处置问题线索，四种说法都是正确的。

15. 下列情形中，正确采取监督执纪第一种形态处理方式，即提醒谈

话和批评教育方式的是（　　）。

A. 上级领导班子主要负责人、领导班子成员负责对下一级领导班子主要负责人及其他成员进行谈话

B. 领导班子主要负责人与领导班子成员进行谈话

C. 分管领导或纪检组组长（副组长）对部门负责人进行谈话

D. 基层党组织负责人对本单位党员干部进行谈话

【参考答案】ABCD

【答案解析】选项所述的四种情形，都正确采取了提醒谈话和批评教育方式。

16. 党纪政纪法规规定的情节分为（　　）。

A. 情节较轻　　　　　　B. 情节较重

C. 情节严重　　　　　　D. 情节特别严重

【参考答案】ABC

【答案解析】党纪政纪法规规定的情节分为：情节较轻、情节较重、情节严重。无情节特别严重。

17. 违纪行为人在组织作出处分决定前死亡或者在死亡后发现其曾有严重违纪行为的，适用的处分规则是（　　）。

A. 党纪应给予开除党籍处分的，开除其党籍

B. 党纪应给予严重警告处分的，给予严重警告

C. 政纪给予降级处分的，按规定降低其待遇

D. 政纪不再给予处分

【参考答案】AD

【答案解析】违纪行为人在组织作出处分决定前死亡或者在死亡后发现其曾有严重违纪行为的，党纪除应给予开除党籍处分的，开除其党籍，其余的只做书面结论，不再给予党纪处分；政纪不再给予处分。

18. 关于公务员受记过、记大过、降级、撤职处分后的规定，下列说法正确的有（　　）。

A. 不得晋升工资档次

B. 处分期内均取消年终一次性奖金

C. 参加年度考核，不得确定为优秀等次

D. 参加年度考核，只写评语，不定等次

【参考答案】ABD

【答案解析】受记过、记大过、降级、撤职处分的期间，参加年度考核，只写评语，不定等次。

19. 违纪所得处理，下列做法中正确的有（　　）。

A. 违纪行为所获得的经济利益，应当收缴或者责令退赔

B. 违纪行为所获得的职务、职称、学历学位、奖励等利益，建议有关组织、部门、单位按规定予以纠正

C. 涉嫌犯罪所得款物，应当随案移送司法机关

D. 经认定不属于违纪所得的，应当在案件审结后依纪依法予以返还

【参考答案】ABCD

【答案解析】四个选项所述的做法，都是关于违纪所得处理的正确做法。

20. 下列情形中，实行税收违法案件一案双查的有（　　）。

A. 案件处置出现重大失误，纪检干部严重违纪的

B. 重大税收违法案件存在税务机关或者税务人员涉嫌违法违纪行为的

C. 检举税务机关或者税务人员违纪违法行为，线索具体的

D. 税务机关或者税务人员侵犯公民、法人和其他组织合法权益等行为的

【参考答案】BCD

【答案解析】案件处置出现重大失误，纪检干部严重违纪的，属于纪检监察案件一案双查的情形。

21. 税务人员涉嫌（　　）的，稽查部门应将有关证据和材料，转交所在税务局纪检监察部门。

A. 虚开、非法买卖发票、偷税、逃税、骗税、抗税

B. 为涉案当事人通风报信、提供伪证、说情，影响案件查处

C. 索取、收受贿赂，利用职务之便为自己或者他人谋取利益

D. 经商办企业或者在企业入股分红，以及其他违反规定从事营利性活动

【参考答案】ABCD

【答案解析】选项中的四种情形，稽查部门在检查中发现的，都应当妥善保存有关证据和材料，并按规定转交所在税务局纪检监察部门。

22. 巡视工作要围绕"四个着力"，突出工作重点，着力发现副省级以上领导干部特别是党政一把手在（　　）等方面存在的不正之风和腐败问题。

A. 廉洁自律 　　　　　　B. 执行八项规定
C. 遵守政治纪律　　　　　D. 选人用人

【参考答案】ABCD

【答案解析】"四个着力"是指着力发现副省级以上领导干部特别是党政一把手在廉洁自律、执行八项规定、遵守政治纪律、选人用人等四个方面存在的不正之风和腐败问题。

23. 关于巡视机制，《中国共产党巡视工作条例》明确了（　　）的"三个汇报机制"。

A. 省委书记、省长听取各巡视组汇报
B. 省委常委会听取巡视汇报
C. 五人小组听取领导小组综合性巡视汇报
D. 领导小组直接听取各巡视组汇报

【参考答案】BCD

【答案解析】"三个汇报机制"之一，是省委常委会听取巡视汇报，而不是省委书记、省长听取各巡视组汇报。

24. 关于巡视责任，下列说法正确的是（　　）。

A. 党委（组）书记是党风廉政建设第一责任人
B. 巡视工作领导小组组长是巡视工作第一责任人
C. 巡视组组长是落实巡视监督责任第一责任人
D. 全体巡视工作人员要有重大问题应当发现而没有发现就是失职、发现问题没有如实报告就是渎职的"两职"观念

【参考答案】ABCD

【答案解析】关于巡视责任的四种说法，都是正确的。

25. 关于巡视成果运用和巡视整改，下列说法正确的是（　　）。

A. 立行立改、分类处置

B. 事事有人抓、件件有着落

C. 党委（组）对巡视整改负主体责任，党组书记要签字背书

D. 整改情况要及时公开、整改不力要严肃问责

【参考答案】ABCD

【答案解析】关于巡视成果运用和巡视整改的四种说法，都是正确的。

26. 税务系统巡视工作，要依据《中国共产党巡视工作条例》规定，坚持（　　）基本原则。

A. 统一领导、分级负责　　B. 党要管党、从严治党

C. 实事求是、依法依规　　D. 群众路线、发扬民主

【参考答案】ACD

【答案解析】"党要管党、从严治党"不是巡视工作的基本原则。

27. 督察内审部门的具体职责，包括"控""督""审""联""评""谏"六个方面。下列说法中与"联""谏"有关的是（　　）。

A. 推行内控机制建设，抓好内控制度与内控监督平台建设，促进内控机制的建立健全和有效执行

B. 配合审计署等部门的监督、审计工作，协调督促审计监督决定及有关事项的落实

C. 组织实施税务系统财务、基建、政府采购和主要领导干部经济责任审计，对发现的问题进行处理，维护财经纪律和国家资金安全

D. 通过内部监督揭示问题倾向和潜在风险，注重从体制机制制度层面分析原因和提出建议，发挥预警、提示、建议等资政参谋作用，服务党组治税管队

【参考答案】BD

【答案解析】"联"：配合审计署等部门的监督、审计工作，协调督促审计监督决定及有关事项的落实；承担"监督检查工作联席会议"办公室职责，协调检查计划，统筹监督资源，增强监督检查工作合力。"谏"：通过内部监督揭示问题倾向和潜在风险，注重从体制机制制度层面分析原因和提出建议，发挥预警、提示、建议等资政参谋作用，服务党组治

税管队。

28. 督查内审实施阶段，对数据的采集与分析应用，下列做法正确的有（　　）。

　　A. 采集数据前，调查被督察审计单位的组织结构和信息系统分布应用情况，结合督察审计项目，提出数据采集需求

　　B. 根据前期调查和数据采集需求，制订具体数据采集方案，将电子数据采集、整理和验证后推送给督察审计人员

　　C. 对采集数据验收后，通过数据分析，发现督察审计线索，获取督察审计证据

　　D. 对数据采集和应用进行目标评价，对数据采集需求和数据分析方法等进行修正和完善，对数据采集模板、分析方法等成果收集归档

【参考答案】ABCD

【答案解析】对数据的采集与分析应用，四种做法都是正确的。

29. 按照审计主体，可以将审计划分为（　　）。

　　A. 国家审计　　　　　　B. 部门和单位审计
　　C. 社会审计　　　　　　D. 纪委审计

【参考答案】ABC

【答案解析】按照审计主体，可以将审计划分为国家审计、部门和单位审计和社会审计。纪委不是审计部门。

30. 下列选项中，属于内控机制建设主要内容的有（　　）。

　　A. 加强风险评估　　　　B. 完善防控措施
　　C. 应用信息技术　　　　D. 优化内控环境

【参考答案】ABCD

【答案解析】内控机制建设的主要内容包括加强风险评估、完善防控措施、应用信息技术、优化内控环境、实施动态管理。

（三）判断题

1. 对于在党内担任两个以上职务的，党组织在作撤销党内职务处分决定时，如果决定撤销其一个职务，必须撤销其担任的最低职务。

（　　）

【参考答案】×

【答案解析】《中国共产党纪律处分条例》第十一条规定，撤销党内职务处分，对于在党内担任两个以上职务的，如果决定撤销其一个职务，必须撤销其担任的最高职务。

2. 中国共产党第十九届中央纪律检查委员会第三次全体会议上提出要坚定不移推进全面从严治党，巩固发展反腐败斗争压倒性胜利，为决胜全面建成小康社会提供坚强保障。（　　）

【参考答案】√

3. "见善如不及，见不善如探汤。"这句话指的是，党的各级组织要敢于较真碰硬，从点滴抓起，从具体问题管起，及时发现问题、纠正偏差。（　　）

【参考答案】×

【答案解析】"见善如不及，见不善如探汤。"这句话指的是，对腐败分子，要抓早抓小，有病就马上治，发现问题就及时处理，不能养痈遗患。要让每一个干部牢记"手莫伸，伸手必被捉"的道理。

4. 《中国共产党纪处分条例》适用于违犯党纪应当受到党纪追究的党组织和党员。（　　）

【参考答案】√

5. 当前形式主义、官僚主义表现依然突出，要把力戒形式主义、官僚主义作为加强作风建设的重要任务。（　　）

【参考答案】√

【答案解析】根据习近平总书记在湖北考察时的重要讲话。

6. 党委监督即是纪委监督。（　　）

【参考答案】×

【答案解析】党委监督不等于纪委监督。党委监督是全方位的监督，包括对党员的批评教育、组织处理、纪律处分等工作。纪委监督重点是履行监督执纪问责的职责。

7. 主动交代违法违纪行为的、检举他人重大违法违纪行为情况属实的，政纪适用从轻处分。（　　）

【参考答案】√

【答案解析】政纪从轻处分的情形：一是主动交代违法违纪行为的，二是主动采取措施有效避免或者挽回损失的，三是检举他人重大违法违纪行为情况属实的。

8. 做领导工作本来就是"苦差事"，为了人民利益必须放弃自己个人利益。   （ ）

【参考答案】×

【答案解析】领导干部必须坚持为人民服务的宗旨，为了人民的利益不惜牺牲自己的利益。但是人民利益与个人利益并不是绝对对立的，应把实现人民利益和个人利益结合起来。

9. 始终坚持以人民为中心的政治立场，着力解决扶贫和教育方面的突出问题，不断厚植党执政的政治基础和群众基础。   （ ）

【参考答案】×

【答案解析】始终坚持以人民为中心的政治立场，着力解决群众反映强烈、损害群众利益的突出问题，不断厚植党执政的政治基础和群众基础。

10. 纪律检查机关是党内监督的专门机关和执行党的纪律的职能部门，履行监督、执纪、问责职责。   （ ）

【参考答案】√

【答案解析】纪律检查机关是党内监督的专门机关和执行党的纪律的职能部门，是党内监督的专责机关，履行监督执纪问责职责。

11. 基层税务机关是直接负责税收征管和为纳税人服务的一线单位，是全部税收工作和战斗力的基础。   （ ）

【参考答案】√

【答案解析】基层税务机关作为一线单位，直接负责税收征管、为纳税人服务，是税收工作和战斗力的基础。

12. 纪检和监察机关都是党内机构。   （ ）

【参考答案】×

【答案解析】纪检和监察机关是两个不同的组织机构，党的纪律检查机关是党内机构，行政监察机关是政府机关。

13. 个别党员领导干部，不信马列信鬼神，在家中长期供奉菩萨，每

逢组织考核、职务晋升等重大事件均祈求神灵保佑，其行为违反了政治纪律，情节严重，应给予开除党籍处分。（　　）

【参考答案】√

解析：根据《中国共产党纪律处分条例》第六十三条。

14. 受理党员的控告和申诉，是纪律检查机关的工作职责。（　　）

【参考答案】√

【答案解析】《中国共产党章程》对党的纪律检查机关的职责作了明确的规定，其中包括受理党员的控告和申诉。

15. 国家行政监察是指监察机关根据《中华人民共和国监察法》赋予的职权，对所有国家机关及其工作人员实施监督。（　　）

【参考答案】×

【答案解析】国家行政监察的对象是国家行政机关、国家公务员和国家行政机关任命的其他人员。

16. 纪检监察部门有权了解、查询，但不可以复制被监督对象的有关文件、资料。（　　）

【参考答案】×

【答案解析】纪检监察部门有权了解、查询、复制被监督对象的有关文件、资料。

17. 纪检监察机关可以不经本级党委（组）同意，直接向上级纪检机关反映报告、请求复查、提出申诉。（　　）

【参考答案】√

【答案解析】纪检机关可以不经本级党委（组）同意，直接向上级纪检机关反映情况，对同级党委处理案件的决定有不同意见，可以请求上级纪委予以复查；发现同级党委或其成员有违犯党的纪律的情况，在同级党委不给予解决或不给予正确解决的情况下，有权向上级纪委提出申诉。

18. 经立案调查，有严重违纪事实并涉嫌违法的，应给予开除党籍处分，并移送司法机关追究刑事责任。（　　）

【参考答案】√

【答案解析】参考《中国共产党纪律处分条例》，严重违纪违法，情

第六章　监督管理　251

节严重，影响恶劣，应开除党籍，并追究刑事责任。

19. 税务系统纪检监察部门负有监督检查责任、执纪审查责任、问责追究责任。（　　）

【参考答案】√

【答案解析】纪检监察部门履行监督、执纪、问责职责。

20. 某地级市税务局纪检组须每半年向省税务局党委、纪检组书面报告1次履行监督执纪问责情况。（　　）

【参考答案】√

【答案解析】省以下税务局纪检组每半年向上一级税务局党委、纪检组书面报告1次履行监督执纪问责情况。

21. 在纪律审查中发现党的领导干部严重违纪涉嫌违法犯罪的，应立即移送行政机关、司法机关处理。（　　）

【参考答案】×

【答案解析】在纪律审查中发现党的领导干部严重违纪涉嫌违法犯罪的，应当先作出党纪处分决定，再移送行政机关、司法机关处理。

22. 对党的领导弱化、党的建设缺失、全面从严治党不力、维护党的纪律不力、推进党风廉政建设和反腐败工作不坚决不扎实，造成严重后果的，由纪检监察机构直接作出问责决定。（　　）

【参考答案】×

【答案解析】按照《中国共产党问责条例》及税务总局党组实施办法，属于纪检监察职权范围的，由纪检监察机构直接作出问责决定，属于党组或其他部门职权范围的，纪检监察机构及时提出问责建议。

23. 纪检监察机关要重点审查不收敛不收手、问题线索反映集中、群众反映强烈，现在重要岗位且可能还要提拔使用的领导干部。（　　）

【参考答案】√

【答案解析】纪检监察机关要依规依纪进行执纪审查，重点审查不收敛不收手、问题线索反映集中、群众反应强烈、现在重要岗位且可能还要提拔使用的领导干部。

24. 涉及地方人民政府及其工作人员的信访举报事项，纪检监察部门查办并将调查结果移送相关政府部门。（　　）

【参考答案】×

【答案解析】信访举报事项涉及地方人民政府及其工作人员的，不予受理，直接转送有权处理的单位处理。

25. 对不属于税务纪检监察部门受理的信访举报，应在 7 日内告知举报人向有权处理的单位提出。（　　）

【参考答案】×

【答案解析】对不属于税务纪检监察部门受理的信访举报，应在 15 日内告知举报人向有权处理的单位提出。

26. 税务纪检监察部门接听电话举报要做好电话录音，受理网络举报要及时截图保存。（　　）

【参考答案】×

【答案解析】接听电话举报要认真做好记录，受理网络举报要及时下载打印。

27. 上级税务纪检监察部门及领导批转的信访举报材料，按照批转意见立即办理。（　　）

【参考答案】√

【答案解析】接到上级纪检监察部门批转的违纪违法线索和材料后，要填写登记表，按照批转意见立即办理。

28. 对不属于本级税务机关纪检监察部门管辖范围的信访举报件，以交办方式指定有关单位调查处理。（　　）

【参考答案】×

【答案解析】对不属于本级税务机关纪检监察部门管辖范围的信访举报件，且不需要汇报结果的，经监察部门领导批准后，转交有关单位或部门依照有关规定处理。

29. 上级指定由本级查办的信访件，承办单位应直接组织查办，不得再行转办。（　　）

【参考答案】√

【答案解析】上级指定查办的信访案件，下级不得再行转办。

30. 对于匿名信访举报案件，纪检监察部门可以不予理睬。（　　）

【参考答案】×

第六章　监督管理

【答案解析】纪检监察机关提倡实名举报，对实名举报和匿名举报都要认真对待，妥善处理。

31. 监督执纪工作以上级纪委领导为主，线索处置、立案审查在向同级党委报告的同时必须向上级纪委报告。　　　　　　　　　　　（　　）

【参考答案】√

【答案解析】这一说法是正确的。

32. 对于情节轻微的信访举报案件，可以将被举报信件转给被举报人，提醒被举报人改正违法违纪行为。　　　　　　　　　　　　（　　）

【参考答案】×

【答案解析】不得将信访举报材料转给被举报人。

33. 利用U盘、硬盘等设备存储、传递、处理信访举报件，必须加载保密措施。　　　　　　　　　　　　　　　　　　　　　　　　（　　）

【参考答案】√

【答案解析】不得在无保密措施的载体上存储、传递、处理信访举报件。

34. 信访工作人员的家属与被检举人有利害关系，但不影响问题公正处理的，可以不予回避。　　　　　　　　　　　　　　　　　　（　　）

【参考答案】×

【答案解析】信访工作人员本人或近亲属与被检举、控告问题有利害关系应当回避。

35. 从事信访举报管理工作的人员，为便于匿名信访案件的办理，可以假想举报人。　　　　　　　　　　　　　　　　　　　　　　（　　）

【参考答案】×

【答案解析】任何单位和个人不得以任何借口和手段打击报复举报人及其亲属或假想举报人。

36. 信访工作人员违反工作纪律、回避规定、打击报复他人、构成犯罪的，应依照党纪政纪有关规定给予处分。　　　　　　　　　　（　　）

【参考答案】×

【答案解析】构成犯罪的，移送司法机关依法追究刑事责任。

37. 纪检监察案件查办的主体是纪检监察部门，客体是党员、党组织

和监察对象违犯党章、党纪政纪和国家法律法规的行为。（　　）

【参考答案】√

【答案解析】主体是纪检监察部门，客体是党员、党组织和监察对象违犯党章、党纪政纪和国家法律法规的行为。

38. 纪检机关对反映同级党委委员、纪委常委，以及所辖地区、部门主要负责人的问题线索和线索处置情况，应当向上级纪检机关报告。
（　　）

【参考答案】√

【答案解析】这一说法是正确的。

39. 审查谈话、重要的调查谈话和暂扣、封存涉案款物等调查取证环节应当全程录音录像。（　　）

【参考答案】√

【答案解析】这一说法是正确的。

40. 纪检机关案件审理，坚持审查与审理并进，审查人员参与审理。
（　　）

【参考答案】×

【答案解析】坚持审查与审理分离，审查人员不得参与审理。

41. 被审查人涉嫌犯罪的，应当由案件监督管理部门协调办理移送司法机关事宜。执纪审查部门应当在通知司法机关之日起7个工作日内，完成移送工作。（　　）

【参考答案】√

【答案解析】这一说法是正确的。

42. 党员受到开除党籍处分，三年内不得入党。（　　）

【参考答案】×

【答案解析】《中国共产党纪律处分条例》第十三条规定。

43. 监督执纪"四种形态"之间不可以转化。（　　）

【参考答案】×

【答案解析】监督执纪"四种形态"之间可以转化。

44. 经立案调查，有严重违纪事实并涉嫌违法的，应给予开除党籍处分，并移送司法机关追究刑事责任。（　　）

【参考答案】√

【答案解析】严重违纪违法，情节严重，影响恶劣，应开除党籍，并追究刑事责任。

45. 对符合《中国共产党纪律处分条例》第十九条、第二十条规定的，以及对存在问题不重视、整改不到位、屡教不改，在纪律审查过程中对组织隐瞒或欺骗的，应当从监督执纪"四种形态"中的下一种形态转化为上一种形态。（　　）

【参考答案】×

【答案解析】应当从上一种形态转化为下一种形态。

46. 采取诫勉方式的，可以通过谈话诫勉、书面诫勉、录频诫勉三种形式进行。（　　）

【参考答案】×

【答案解析】采取诫勉方式的，可以通过谈话诫勉或书面诫勉两种形式进行，没有录频诫勉形式。

47. 采取函询形式的，党员干部应实事求是就函询事项作出说明，实施部门应当对其说明情况进行抽查核实。（　　）

【参考答案】√

【答案解析】采取函询形式的，党员干部应实事求是作出说明，实施部门应抽查核实。

48. 对行政机关公务员的处分有，警告、严重警告、记过、记大过、降级、撤职、开除。（　　）

【参考答案】×

【答案解析】对行政机关公务员的处分中，没有严重警告这一类。

49. 主动交代违法违纪行为的、检举他人重大违法违纪行为情况属实的，政纪适用从轻处分。（　　）

【参考答案】√

【答案解析】政纪从轻处分的情形：一是主动交代违法违纪行为的；二是主动采取措施有效避免或者挽回损失的；三是检举他人重大违法违纪行为情况属实的。

50. 不论何种违纪行为，党纪处分时，都可以适用减轻处分的规则。（　　）

【参考答案】×

【答案解析】党纪处分只有开除党籍处分一个档次的违纪行为，不适用减轻处分的规则。

51. 党纪处分应当给予警告处分，又有减轻处分的情形的，免予处分。（ ）

【参考答案】√

【答案解析】警告是最低一档的处分，如若减轻处分，则给予免予处分。

52. 对行政机关公务员免予处分，在于他并未构成违纪。（ ）

【参考答案】×

【答案解析】免予处分的行政机关公务员并不是不构成违纪，而是其违纪的情节轻微，本人经过批评教育又改正了错误的，才免予处分。

53. 对免予处分的人员，由于其违纪行为的事实，其晋职、晋级、晋升工资档次受到一定影响。（ ）

【参考答案】×

【答案解析】对免予处分的人员，其晋职、晋级、晋升工资档次都不受影响。

54. 党员有两种以上应当受到党纪处分的违纪行为，如果其中一种违纪行为应当受到开除党籍处分的，即给予开除党籍处分。（ ）

【参考答案】√

【答案解析】党员有《中国共产党纪律处分条例》规定的两种以上（含两种）应当受到党纪处分的违纪行为，如果其中一种违纪行为应当受到开除党籍处分的，即给予开除党籍处分。

55. 受到处分的违纪行为人复核、申诉期间暂停处分的执行。（ ）

【参考答案】×

【答案解析】复核、申诉期间不停止处分的执行。

56. 党纪处分的对象必须是党员，行政处分的对象必须是行政事业单位工作人员。（ ）

【参考答案】×

【答案解析】党纪处分的对象必须是党员，行政处分可以是党员，也可以是其他行政事业单位工作人员。

57. 对犯错人员，必须同时给予党纪政纪处分。（   ）

【参考答案】×

【答案解析】给予党纪处分不一定要给予行政处分；反之亦然。当犯错人员所犯错误较大，而其错误行为涉及党纪和政纪两个方面，才给予党纪和政纪处分，比如开除党籍、开除公职（即所谓"双开"），留党察看、行政降职等处分。

58. 降级、撤职处分解除的，恢复原级别、原职务。（   ）

【参考答案】×

【答案解析】解除降级、撤职处分的，不视为恢复原级别、原职务。

59. 党纪除开除党籍处分外，在受处分期间有悔改表现，并且没有再发生违法违纪行为的，处分期满后应当解除处分。（   ）

【参考答案】×

【答案解析】党纪没有处分期和解除处分的规定。政纪有处分期和解除处分的规定。

60. 处分规定相关法规适用根据法规位阶的不同，遵从"上位法优于下位法"原则。（   ）

【参考答案】√

【答案解析】遵从"上位法优于下位法"原则，即两个法规都可适用时，适用上位法规；上位法规无规定或规定不明确的，适用下位法规。

61. 触犯刑法规定被判刑罚的，政纪给予开除处分，党纪除过失犯罪被判处三年以下有期徒刑以下刑罚的，均应给予开除处分。触犯刑法规定未被判处刑罚的，一般给予重处分，触犯刑法规定，一般给予从重处分。（   ）

【参考答案】√

【答案解析】触犯刑法规定被判刑罚的，政纪给予开除处分，党纪除过失犯罪被判处三年以下有期徒刑以下刑罚的，均应给予开除处分。触犯刑法规定未被判处刑罚的，一般给予重处分，即政纪给予降级以上处分，党纪给予撤职以上处分。

62. 违纪行为人在组织作出处分决定前退休或死亡的，依然要给予党

纪、政纪处分。   (　　)

【参考答案】×

【答案解析】违纪行为人在组织作出处分决定前退休或死亡的，政纪不再给予处分。

63. 税务机关以外的国家机关或者工作人员涉嫌违反税收法律、行政法规或者其他违纪违法行为的，由纪检监察部门依照有关规定处理。

(　　)

【参考答案】×

【答案解析】由纪检监察部门依照有关规定移送有权机关处理。

64. 检举涉税当事人税收违法行为同时检举税务机关或者税务人员违纪违法问题的，稽查部门和纪检监察部门组成联合检查组，同时进行检查、调查。   (　　)

【参考答案】×

【答案解析】一般先由稽查部门实施税务检查。违纪违法线索具体的，稽查部门和纪检监察部门可组成联合检查组，同时进行检查、调查。

65. 巡视组组长是固定的。   (　　)

【参考答案】×

【答案解析】关于巡视机制，《中国共产党巡视工作条例》明确了巡视组长不固定、巡视的单位不固定、巡视组与巡视对象的关系不固定的"三个不固定"机制。

66. 巡视组不可以抽查核实领导干部报告个人有关事项的情况。

(　　)

【参考答案】×

【答案解析】关于巡视组的权限，《中国共产党巡视工作条例》明确巡视组可以采取"抽查核实领导干部报告个人有关事项的情况"等措施。

67. 巡视组履行执纪审查的职责。   (　　)

【参考答案】×

【答案解析】纪检监察部门履行执纪审查职责。

68. 巡视工作人员有重大问题应当发现而没有发现就是渎职。(　　)

【参考答案】×

【答案解析】巡视工作人员有重大问题应当发现而没有发现就是失职、发现问题没有如实报告就是渎职。

69. 党委对巡视整改负监督责任，党委书记要签字背书，整改不力要严肃问责。（　）

【参考答案】×

【答案解析】党委对巡视整改负主体责任。

70. 巡视组可以调阅、复制有关文件、档案、会议记录等资料。
（　）

【参考答案】√

【答案解析】巡视组有权调阅、复制有关文件、档案、会议记录等资料。

71. 对于巡视发现的问题和线索必须要按规定进行统一处置。（　）

【参考答案】×

【答案解析】对于巡视发现的问题和线索必须要按规定进行分类处置，做到事事有人抓、件件有着落。

72. 巡视移交事项，纪检监察和有关部门要优先办理。（　）

【参考答案】√

【答案解析】纪检监察和有关部门要优先办理巡视移交事项。

73. 对巡视工作中的重要情况和重大问题，巡视组可以不向巡视工作领导小组报告。（　）

【参考答案】×

【答案解析】对巡视工作中的重要情况和重大问题，巡视组应及时向巡视工作领导小组报告。

74. 对督察审计发现的重大问题，报经税务机关负责人批准后，直接移送司法机关处理。（　）

【参考答案】×

【答案解析】对督察审计发现的重大问题，报经税务机关负责人批准后，移送稽查、人事、纪检监察等部门处理。

75. 督察内审工作的组织开展主要包括准备阶段、实施阶段、督审阶段、整改阶段四个阶段。（　）

【参考答案】×

【答案解析】督察内审工作的组织开展主要包括准备阶段、实施阶段、报告阶段、整改阶段四个阶段。

76. 在督查审计实施阶段，督察审计组要向被督察审计单位及相关部门进行调查了解，收集资料。（　　）

【参考答案】×

【答案解析】向被督察审计单位及相关部门进行调查了解，收集资料，应在督查审计准备阶段进行。

77. 督察审计组全体成员要进行查前培训，就督察审计内容、方法、政策依据等进行学习和交流。（　　）

【参考答案】√

【答案解析】在督察审计实施前，督察审计组全体成员根据实施方案，就督察审计内容、方法、政策依据等进行学习和交流，即查前培训。

78. 督察审计有关事项属于机密，在被督察审计单位应注意保密。（　　）

【参考答案】×

【答案解析】督察审计组在现场工作期间，应当在被督察审计单位公示督察审计有关事项，接受监督举报。

79. 测评内控，是督查审计工作组织开展的重要环节。（　　）

【参考答案】√

【答案解析】测评内控，是督查审计实施阶段的重要环节。

80. 督察审计组对督察审计发现的问题，须向被督察审计单位或个人反馈，并听取陈述或申辩。（　　）

【参考答案】√

【答案解析】督察审计组对督察审计发现的问题，向被督察审计单位或个人反馈，听取被督察审计单位或个人的陈述或申辩。

81. 督查审计组召开退出会议，表明督查审计工作全部完结。（　　）

【参考答案】×

【答案解析】退出会议，仅表明督查审计实施阶段的结束，督查审计工作后续还有报告阶段、整改阶段。

82. 审计具有有偿性。　　　　　　　　　　　　　　　　（　）

【参考答案】×

【答案解析】社会审计（即民间审计）是由依法成立的社会审计组织（主要是会计师事务所）接受委托人的委托所实施的审计，具有有偿性。

83. 国家审计与政府部门审计，作为内部审计，二者相辅相成、互相促进。　　　　　　　　　　　　　　　　　　　　　　（　）

【参考答案】×

【答案解析】国家审计作为一种外部审计，与政府部门内部审计相辅相成、互相促进。

84. 税务局系统内部审计，既是一种独立的经济监督行为，也是一种司法监督行为。　　　　　　　　　　　　　　　　　　（　）

【参考答案】×

【答案解析】税务局系统内部审计，不是司法监督行为。

85. 财务收支须贯彻"量入为出"的原则。　　　　　　　（　）

【参考答案】√

【答案解析】是否贯彻"量入为出"的原则，是财务收支审查的内容之一。

86. 直辖市和副省级城市所辖区国家税务局所属的税务分局局长、税务所所长以及市级国家税务局稽查局局长一律纳入审计范围。（　）

【参考答案】×

【答案解析】是否纳入审计范围，由各直辖市和副省级城市税务局依据情况自行确定。

87. 在领导干部每个任期内至少对其进行1次经济责任审计。审计可以在任中进行，也可以在离任时进行。　　　　　　　　　（　）

【参考答案】√

【答案解析】这一说法是正确的。

88. 对在同一岗位任职满5年的领导干部应当进行任中经济责任审计。　　　　　　　　　　　　　　　　　　　　　　　　（　）

【参考答案】×

【答案解析】对在同一岗位任职满3年的领导干部应当进行任中经济

责任审计。

89. 各级国家税务局党委书记不论实际履行经济责任与否，都须进行经济责任审计。（　　）

【参考答案】×

【答案解析】各级国家税务局党组书记不实际履行经济责任的，可以不进行经济责任审计。

90. 审计评价应当有充分的审计证据支持，对审计中未涉及、审计证据不适当或者不充分的事项不作评价。（　　）

【参考答案】√

【答案解析】现有审计技术、手段、条件难以鉴证的事项，不纳入审计评价。

91. 领导干部履行经济责任过程中存在的问题应当负有的责任，应当按照直接责任、间接责任、主管责任、领导责任等责任类型做出界定。（　　）

【参考答案】×

【答案解析】无间接责任这一类型。

92. 疏于监管，致使所分管部门和单位发生重大违纪违法问题或者造成重大损失浪费等后果的，应当承担直接责任。（　　）

【参考答案】×

【答案解析】应当承担主管责任。

93. 经济责任审计结果和审计发现问题的整改情况应当作为被审计领导干部考核、任免和奖惩的重要依据。（　　）

【参考答案】√

【答案解析】经济责任审计结果应当作为被审计领导干部考核、任免、奖惩的重要依据。

94. 税收管理信息系统，应设置风险预警和防控功能，强化流程控制。（　　）

【参考答案】√

【答案解析】税收管理信息系统，未设置风险预警和防控功能的，要逐步进行功能拓展，强化流程控制。

95. 各级税务机关要把内控机制建设作为"一把手工程",主要负责人发挥牵头抓总作用。（　　）

【参考答案】√

【答案解析】要把内控机制建设作为"一把手工程",各级税务机关主要负责人牵头抓总。

96. 新开发的业务软件要具有内控功能,不具备内控功能的一律不能立项。（　　）

【参考答案】×

【答案解析】新开发的业务软件要具有内控功能,不具备内控功能的原则上不能立项。

97. 监督执纪工作应当坚持双重领导体制,以同级党委领导为主,线索处置、立案审查等在向同级党委报告的同时应当向上级纪委报告。（　　）

【参考答案】×

【答案解析】《中国共产党纪律检查机关监督执纪工作规则》规定,监督执纪工作应当坚持双重领导体制,以上级纪委领导为主。

98. 纪检监察机关应当对问题线索综合分析,按照谈话函询、初步核实、暂存待查、予以了解四类方式进行处置。（　　）

【参考答案】√

【答案解析】见《中国共产党纪律检查机关监督执纪工作规则》。

99. 谈话应当由纪检监察机关相关负责人或者承办部门负责人进行,不能委托被谈话人所在党委主要负责人进行。（　　）

【参考答案】√

【答案解析】《中国共产党纪律检查机关监督执纪工作规则》规定,经批准可以委托被谈话人所在党委主要负责人进行谈话。

100. 对党员触犯刑法规定,一般给予从重处分。（　　）

【参考答案】√

【答案解析】触犯刑法规定被判刑罚的,政纪给予开除处分,党纪除过失犯罪被判处三年以下有期徒刑以下刑罚的,均应给予开除处分。触犯刑法规定未被判处刑罚的,一般给予从重处分,即政纪给予降级以上处分,党纪给予撤职以上处分。

101. 《中国共产党纪律处分条例》规定,在办理涉及群众事务时刁难群众、吃拿卡要的,将受到党纪处分。（   ）

【参考答案】√

【答案解析】《中国共产党纪律处分条例》规定,在办理涉及群众事务时刁难群众、吃拿卡要的,将受到党纪处分。

102. 《中国共产党问责条例》规定,实行终身问责,对失职失责性质恶劣、后果严重的,不论其责任人是否调离转岗、提拔或者退休,都应当严肃问责。（   ）

【参考答案】√

（四）简答题

1. 以习近平同志为核心的党中央把纪律建设作为全面从严治党的治本之策,把纪律挺在前面,坚持纪严于法、纪在法前,执纪必严、违纪必究,真正使纪律成为带电的高压线。党的十九大把纪律建设纳入党的建设总体布局。《中国共产党纪律处分条例》三年内两次修订,再次释放出以铁的纪律管党治党的强烈信号。新修订的《中国共产党纪律处分条例》坚持的党的纪律处分工作原则是什么？

【参考答案】（1）坚持党要管党、全面从严治党。（2）党纪面前一律平等。（3）实事求是。（4）民主集中制。（5）惩前毖后、治病救人。

【答案解析】参考新修订的《中国共产党纪律处分条例》。

2. 某师范学院教师张某是中共党员。张某在微博上多次公开发表反对党的改革开放政策的文章,编造政治谣言损坏党和国家形象,造成不良社会影响。张某受到党内严重警告处分,并被行政撤职。这样处理恰当吗？请结合《中国共产党纪律处分条例》加以论述。

【参考答案】处分是恰当的。《中国共产党纪律处分条例》第四十六条规定:"通过网络、广播、电视、报刊、传单、书籍等,或者利用讲座、论坛、报告会、座谈会等方式,有下列行为之一,情节较轻的,给予警告或者严重警告处分；情节较重的,给予撤销党内职务或者留党察看处分；情节严重的,给予开除党籍处分:（一）公开发表违背四项基本原则,违背、歪曲党的改革开放决策,或者其他有严重政治问题的文章、演说、宣言、声明等的;(二)妄议党中央大政方针,破坏党的集中统一的;(三)丑化党和国家形象,或者诋毁、诬蔑党和国家领导人、英雄模范,或者歪曲党的历史、中华人民共和国历史、人民军队历史的。"

【答案解析】张某在微博上多次公开发表反对党的改革开放政策的文章,编造政治谣言损坏党和国家形象,造成不良社会影响,身为师范学院教授,同时又是一名党员,违反了以上第一、第二和第三条的规定,必须严肃处理。

3. 某区税务局领导干部全面从严治党不力、维护党的纪律不力、推进党风廉政建设和反腐败工作不坚决不扎实,造成严重后果。纪检监察部门如何履行问责追究责任?

【参考答案】按照《中国共产党问责条例》及国家税务总局党组实施办法,属于纪检监察职权范围的,由纪检监察机构直接作出问责决定,属于党组或其他部门职权范围的,纪检监察机构及时提出问责建议。在纪律审查中发现党的领导干部严重违纪涉嫌违法犯罪的,应当先作出党纪处分决定,再移送行政机关、司法机关处理。

4.《中国共产党廉洁自律准则》是中国共产党执政以来第一部坚持正面倡导、面向全体党员的规范全党廉洁自律工作的重要基础性法规,为党员和党员领导干部树立了一个看得见、够得着的高标准,展现了共产党人的高尚道德追求。请简要回答,该准则对党员领导干部廉洁自律规范提出了哪些要求?

【参考答案】党员领导干部除了要模范执行党员廉洁自律要求外,还必须遵守以下四个方面的要求:廉洁从政,自觉保持人民公仆本色;廉洁用权,自觉维护人民根本利益;廉洁修身,自觉提升思想道德境界;廉洁齐家,自觉带头树立良好家风。

5. 税务机关如何推进反腐倡廉建设,实现"不敢腐、不能腐、不想腐"?

【参考答案】(1)认真学习贯彻习近平总书记关于全面从严治党的重要讲话精神,把党风廉政建设和反腐败工作置于税务系统全面从严治党的新格局中。(2)税务机关应当结合自身实际,通过加强监督执纪问责,依规依纪开展信访处置和案件查办工作，运用监督执纪"四种形态"，抓早抓小；认真开展巡视巡察、督察内审和内控机制建设工作。

【答案解析】围绕如何推进反腐倡廉建设展开简述，除参考答案外，其他言之有理亦可。

6. 习近平总书记把党章赋予纪委的职责，凝练为监督执纪问责，要求坚决防止"灯下黑"。如果你是一名纪委人员，你将如何履行好监督执纪问责责任，并就防止"灯下黑"提出你的建议。

【参考答案】在监督上，认真处理党员群众信访举报和对干部一般性违纪问题的反映，及时找干部核实，让干部把问题讲清楚；在执纪上，重点盯住"三方面人员"，对监督中发现的严重问题，依规依纪执纪审查；在问责上，对履行党内监督职责不力、管党治党责任缺失、巡视整改不落实的，都要严肃追究责任。

提出建议：各级纪委要以更高的标准、更严的纪律要求纪检干部，坚决克服监督缺失、执纪不严、问责不力的现象，坚决纠正能力不足、作风不实、律己不严的问题，坚决查处执纪违纪的人和事，勇于清理门户，切实解决"灯下黑"问题，努力建设一支忠诚干净担当的干部队伍。

7. 税务部门是国家重要的经济管理和行政执法部门。面对全面从严治党新形势、新任务、新要求，税务系统如何加强党风廉政建设？

【参考答案】（1）高度重视基层税务机关党风廉政建设。各级税务机关和广大税务干部要把思想和行动统一到习近平总书记重要讲话精神上来，统一到中央关于推动全面从严治党向基层延伸的部署要求上来，切实加强基层党风廉政建设，打造政治坚定、勇于担当、清正廉洁的税务铁军。

（2）抓牢压实主体责任。各级税务局党委履行全面从严治党主体责任；党委书记是履行全面从严治党主体责任的第一责任人；党委成员对分管单位的全面从严治党工作负领导责任；党建工作部门负责统筹协调、组织推进全面从严治党主体责任的落实；各职能部门按照职责范围协助党组落实全面从严治党主体责任。

（3）认真履行监督责任。税务系统各级党组织及领导干部要以实践"四种形态"为抓手落实党风廉政建设主体责任；各级纪检监察部门要履行监督责任，强化监督执纪问责，切实把纪律和规矩挺在前面。

【答案解析】国家税务总局党委认真学习贯彻习近平总书记关于全面从严治党的重要讲话精神，联系税务部门实际，突出税务特色，着力构建税务系统全面从严治党新格局。要求各级税务机关要把党风廉政建设和反腐败工作置于税务系统全面从严治党的新格局中。具体要求：(1) 高度重视基层税务机关党风廉政建设。(2) 抓牢压实主体责任。(3) 认真履行监督责任。

8. 信访举报工作是党风廉政建设和反腐败工作的重要组成部分，是纪检监察部门重要的基础性工作。税务系统处理纪检监察信访举报，应坚持的基本原则有哪些？

【参考答案】处理纪检监察信访举报应坚持六个基本原则：以党章和法律法规为准绳；以事实为依据；处理重要信访问题，坚持民主集中制或行政首长负责制；维护信访举报当事人的合法权益；属地管理、分级负责，谁主管、谁负责；解决实际问题同思想教育相结合。

【答案解析】税务系统纪检监察信访举报工作，应坚持以党章和法律法规为准绳；以事实为依据；处理重要信访问题，坚持民主集中制或行政首长负责制；维护信访举报当事人的合法权益；属地管理、分级负责，谁主管、谁负责；解决实际问题同思想教育相结合等基本原则。

9. 2018 年，中共中央办公厅印发了《关于深化中央纪委国家监委派驻机构改革的意见》，为推动全面从严治党和反腐败斗争向纵深发展提供了有力保证。如果你是一名监督执纪工作人员，请简述深化派驻机构改革应当遵循的原则。

【参考答案】(1) 要牢固树立"四个意识"，坚持和加强党对派驻机构的全面领导。(2) 要充分发挥"派"的权威和"驻"的优势，重点盯住被监督单位领导班子及其成员，提高发现和解决问题的能力。(3) 要着力强化日常监督，用好近距离、全天候、常态化的独特优势。(4) 要精准把握和有效行使监察权，依法开展监察监督。(5) 要坚持分类分层次推进。(6) 要坚持打铁必须自身硬，持续深化转职能、转方式、转作风，打造忠诚干净担当的派驻机构干部队伍。

10. 2019 年 1 月 11 日至 13 日，在北京举行了中国共产党第十九届中央纪律检查委员会第三次全体会议，全会总结改革开放40年来纪检监察工作，并形成了一些认识和体会。这些认识和体会是什么？

【参考答案】一是始终坚持强化党的全面领导的根本原则，坚决维护党中央权威和集中统一领导，保证党的路线方针政策和党中央重大决策部署贯彻落实。二是始终坚守协助党委推进全面从严治党的职责定位，坚定不移推进党的建设新的伟大工程，不断以党的自我革命推动党领导的社会革命。三是始终坚持以人民为中心的政治立场，着力解决群众反映强烈、损害群众利益的突出问题，不断厚植党执政的政治基础和群众基础。四是始终肩负起推进反腐败斗争的重大任务，坚持标本兼治、固本培元，构建不敢腐、不能腐、不想腐的有效机制。五是始终铭记打铁必须自身硬的重要要求，以改革创新精神加强纪检监察机关自身建设，当好党和人民的忠诚卫士。

后　记

　　为了深入探索新时代税务教育培训的新思路和新方法，通过案例解析和实践操作等形式帮助税务干部提高业务水平和专业能力，中央财经大学税收教育研究所组织策划、编著了"税务干部培训教学题例精解"丛书。

　　中央财经大学税收教育研究所从全国税务系统邀请了数位既有丰富税收实践经验又有扎实理论基础的专家和业务骨干，于2018年2月在西安召开专题研讨会，集中讨论了编写大纲和具体要求；此后，又以不同形式组织各分册撰稿人对初稿进行了数次讨论和修订。

　　本套丛书首发《综合管理》《税收政策法规》《税务稽查》《纳税服务》四个分册。其中，《税务稽查》分册由国家税务总局邢台市税务稽查局景志伟执笔；《纳税服务》分册由国家税务总局陕西省税务局闫强执笔；《综合管理》和《税收政策法规》两个分册由中央财经大学税收教育研究所组织编写。中央财经大学贾绍华教授、首都经济贸易大学丁芸教授、原北京市国家税务局副巡视员焦建华女士、国家税务总局国际税务司原副巡视员王更生先生分别对相关分册进行了细致审核，提出了宝贵的修改意见。

　　本套丛书的编著得到了国家税务总局原副局长程法光先生

和郝昭成先生的悉心指导；郝昭成先生并作序。中央财经大学学术委员会主任李俊生教授、副校长马海涛教授、财政税务学院汤贡亮教授对本套丛书的编著给予了关怀和指导；贾绍华教授为本套丛书的策划、组织编写和出版倾注了大量心血，提出教材创意和编写思路，组织各位撰稿人、审稿人多次讨论修改大纲，审核修改稿件，协调出版工作。国家税务总局陕西省税务局张东先生，国家税务总局天长市税务局姜培忠先生，上海高顿教育集团董事长李锋先生、税务研究院执行院长杨赢女士给予了鼎力支持和帮助。

在这套丛书即将付梓面世之际，恰逢祖国七十华诞，时值中央财经大学建校七十周年！让我们在习近平新时代中国特色社会主义思想和十九大精神的指引下，紧紧围绕税收中心工作和当前税收工作主题、主线、主业，以《2018—2022 年全国税务系统干部教育培训规划》为遵循，为我国税务教育培训工作做出应有的贡献！

编　者

2019 年 4 月